王世强 著

社区服务项目设计

SHEQU FUWU
XIANGMU SHEJI

第三版

中国社会出版社

国家一级出版社·全国百佳图书出版单位

图书在版编目（CIP）数据

社区服务项目设计 / 王世强著 . -- 3 版 . -- 北京 ：
中国社会出版社，2024.3
　　ISBN 978-7-5087-6990-5

Ⅰ.①社… Ⅱ.①王… Ⅲ.①社区服务－中国 Ⅳ.
①D669.3

中国国家版本馆 CIP 数据核字 (2024) 第 049601 号

出 版 人：程 伟		终 审 人：王 前	
责任编辑：刘延庆		策划编辑：刘延庆	
责任校对：卢光花		封面设计：时 捷	

出版发行　中国社会出版社　　　　地　　址：北京市西城区二龙路甲 33 号
邮政编码：100032　　　　　　　　编 辑 部：(010)58124831
营销中心：金 伟　010-58124836　　四川、重庆、云南
　　　　　孙武斌　010-58124841　　北京、天津、广东、山西、海南、湖南、陕西
　　　　　朱赛亮　010-58124842　　江苏、安徽、山东、广西、宁夏、新疆
　　　　　卫 飞　010-58124845　　浙江、上海、河南、青海、湖北、甘肃、西藏
　　　　　平 川　010-58124848　　河北、吉林、黑龙江、内蒙古、辽宁
　　　　　朱永玲　010-58124829　　福建、江西、贵州
网　　　址：shcbs.mca.gov.cn
经　　　销：新华书店

印刷装订　北京昌联印刷有限公司　　开　　本：170 mm×240 mm　1/16
印　　张：17.75　　　　　　　　　　字　　数：270 千字
版　　次：2024 年 3 月第 3 版　　　印　　次：2024 年 3 月第 1 次印刷
定　　价：62.00 元

中国社会出版社微信公众号　　　　　　中国社会出版社天猫旗舰店

前　言

改革开放之后，我国市场经济体制的确立打破了传统的计划经济模式，实现了经济、社会和文化等各领域的全面进步，同时也使过去的社会关系发生改变。其中最明显的表现是，"单位人"转变成了"社会人"。政府逐渐改变了在社会生活中的地位和作用，减少了对经济和社会生活的直接干预。与此同时，我国公民的权利意识在逐渐觉醒，对参与社会治理的要求越来越高。

在经济大发展的形势下，社会建设领域逐渐得到我国政府的重视。政府相关部门高度重视社会发展的重要性，不断完善和改进城市管理中的各项制度和规范，使其能够更加适应现代社会发展的要求。社会工作首先是将社区作为切入点，完善社区服务。社区成了政府为社会和公众提供服务的重要载体，而社区建设和社区管理的主要内容就是社区服务。

在基层，社区承载着民众生活的方方面面。在新的社会背景下，社区服务已经成为党和政府改善民生的重要工作内容。政府的许多职能已经向社区转移，社会化的服务也逐步转向社区。因此，社区服务在我国的政治、经济、社会和文化发展中具有不可忽视的作用。随着社会的发展，我国的社区服务设施越来越完善，服务内容越来越拓宽，服务对象越来越广泛，服务方式越来越先进。因此要不断完善社区服务体系，扩大社区服务对象的范围，提高社区服务质量，使居民更加信任社区、支持社区工作、响应社区号召，实现社区居民"学有所教、劳有所得、病有所医、老有所养、住有所居"。

与此同时，我们也应该看到，随着我国社会转型的不断加快，社会的各个方面都在发生变化，比如城市迅速扩张、城镇化步伐逐步加快以及城市外来人口急剧增加，这些导致了人们的思维模式、行为模式和交往模式都发生了改变，人们的需求更加个性化。但现有的社区服务存在服务内容有限、质量不高的问题，服务对象和工作主要集中于民政领域，缺乏使用专业社会工作方法开展的高质量服务。为了提高社区服务的质量和专业性，很多社区都招聘了专职的社区工作者，有些社区还建立了社工服务站。街道办事处对社区居委会的资金开始使用项目制的形式进行管理，社区工作者都要具备申请项目和执行项目的能力。但是从目前的情况来看，社区工作者的项目管理意识还比较薄弱，缺乏社区服务项目的设计和执行能力。

社会组织中有很大一部分是扎根社区、服务社区的，尤其是一些社会工作事务所和社区社会组织，能够在政府的支持下，整合企业、基金会和志愿者等各类社会资源，同时结合自身优势，为社区居民提供直接有效的服务。2012年以来，我国的政府购买服务工作开始在各地快速推进，购买的重点就是各类社区服务项目。在购买服务的项目支持下，社会组织的数量、规模和质量都在不断提升。社会组织通过项目运作，运用科学方法评估社区居民的需求，通过实施专业服务满足社区居民的多元化需求。在这种情况下，原有的社区服务格局逐渐被打破并不断发生变化，社会组织作为一支新兴力量成为社区服务的重要供给主体。但是，还有很多社会组织的服务内容存在不专业、不深入和不系统的问题，局限在节假日慰问孤寡老人、捐赠旧衣物、去打工子弟学校支教、捡拾垃圾等几项活动上，其项目设计和管理能力迫切需要提升。

中央社会工作部的成立有助于加强对社会工作的统筹、协调和指导。首先，中央社会工作部的成立将有助于提高社区服务项目的规范化程度和服务质量。中央社会工作部将负责拟订社会工作政策，指导城乡社区治理体系和治理能力建设，推进党建引领基层治理和基层政权建设，协调推动行业协会商会深化改革和转型发展，指导混合所有制企业、非公有制企业和新经济组织、新社会组织、新就业群体党建工作等，这些职责有助于提高社会工作服务的规范化程度和服务质量。其次，中央社会工作部的成立将有助于推动社区服务项目的创新和发展。中央社会工作部将统一领导全国性行业协会商会党的工作，协调推动行业协会商会深化改革和转型发展，这将为社区服务项目的创新和发展提供更多支持和保障。最后，中央社会工作部的成立将有助于提高社区服务项目的协同性和整体效益。中央社会工作部将统一领导国家信访局，指导人民信访工作，指导人民建议征集工作，这将有助于提高社区服务项目与其他相关领域的协同性和整体效益，促进社会服务事业的综合发展。

笔者多年来一直致力于对社区服务以及政府购买服务的研究，近年来也在参与社区服务以及社会组织培育孵化方面的工作。在此过程中，深感广大社区工作者、社会组织工作人员和社区志愿者都需要社区服务项目设计的指导，需要体系化、逻辑化和具体化的社区服务项目方案，用以指导社区服务项目的设计和实施，本书即有助于满足他们的这一需求。

本书共分为16章，第一章是社区服务项目概述；第二章到第四章是分析社区服务项目的立项、执行和结项；第五章到第八章是以社区各类人群为服务对象的项目设计，包括社区老年人服务项目设计、社区未成年人服务项目设计、社区残疾人服务项目设计、社区其他重要群体服务项目设计（包括社区妇女、辖区单位职工、社区失业人员、社区刑满释放人员、社区服刑人员、流浪乞讨人员、社区患病居民、社区戒毒康复人员）；第九章到第十五章是社区各领域服务项目的设计，包括社区邻里守望服务项目设计、社区文化体育服务项目设计、社区环境保护服务项目设计、社区公共安全服务项目设计、社区心理健康服务项目设计、社区法律服务项目设计、社区婚姻家庭服务项目设计；第十六章是社区多元共治项目设计，包括文明劝导队、居民议事厅、居民自管会三种社区治理机制。

本书适合作为社区管理与服务、社区发展与社会工作等专业课程的教材，使学生能够系统地、全面地了解社区服务的工作内容和基本方法，了解社区服务项目书撰写方法，能够建立社区服务项目的逻辑框架，为他们接下来从事社区服务工作打下坚实基础。

　　本书对于政府、社区居委会、社会组织和志愿服务组织都有较强的实用价值，可作为这几个部门相关人员的指导用书。本书作为各类社区服务项目的汇总和集成，直接提供了开展社区服务的具体实施方案。各类组织经过挑选和组合，可以快捷地设计出最适合的社区服务项目方案。其一，对于政府。政府可以参考本书购买居民需要的社区服务项目，本书所列举的各类项目可作为政府购买服务项目的参考目录使用。其二，对于社区居委会。社区居委会在提供日常服务、完成本职工作的基础上，参考本书的内容提供更加完善的服务事项，实施多样化的项目设计和活动策划，覆盖更全面的社区群体。其三，对于社会组织。相当多的社会组织项目人员都为申报政府购买服务项目而绞尽脑汁，本书能为他们提供项目书内容的思路、方法和方案。其四，对于社区志愿服务组织。社区志愿服务组织开展的服务非常扎实、公益性强，但它们没有足够的资金和时间参加专业培训，导致项目设计能力和项目写作能力不足。各类志愿服务组织可以参考本书内容扩大服务领域和范围，申报街道、社区层面的公益创投项目，为居民提供更多、更专业的志愿服务。

　　衷心感谢中国社会出版社为本书出版给予的大力支持。

┃ 目 录 ┃

第一章　社区服务项目概述

一、社区服务

（一）社区服务的概念

1. 社区的概念

社区是社会的基本细胞。1887 年，德国社会学家 F. 滕尼斯（Ferdinand Tönnies）最早在《共同体与社会》一书中把"社区"这一名词引入社会科学，当时他使用了德文"Gemeinschaft"，中文译为"社区"。滕尼斯认为，社区是一个以情感为纽带的社会生活共同体，在这里人们拥有共同的文化、价值观念和情感；人与人之间联系紧密，每个人都有自己的社会角色；社区的形成是自然而然的。20 世纪 80 年代后，随着我国社区服务和社区建设事业的兴起，学术界也开始重视对社区的研究。1984 年，费孝通先生提出了社区的定义："社区指在特定的地域范围里的，由多个社会群体或社会组织所组成的，在生活上互相关联的大集体。"

在我国社区工作的实践领域中，使用最广泛的社区概念来自 2000 年《民政部关于在全国推进城市社区建设的意见》。意见指出："社区是指聚居在一定地域范围内的人们所组成的社会生活共同体"，并指出我国城市社区的范围"一般是指经过社区体制改革后作了规模调整的居民委员会辖区"。这既概括了社区的基本特点，也指出了我国城市社区既有地域特征，也有基层政权的特点。

社区作为居民生活的社会共同体，包括地域、人口、组织结构、文化、认同感等基本要素。

2. 社区服务的概念

社区服务是指政府、社区居委会以及其他社会力量直接为社区成员提供的公共服务和其他物质、文化和生活方面的服务。社区服务不只是一些社会自发性和志愿性的服务活动，而且是有指导、有组织和有系统的服务体系。社区服务不是一般的社会服务产业，它也不同于经营性的社会服务业。同时，社区服务并不是完全无偿性的服务，也包括一些营利性的低偿服务。

（二）社区服务的相关理论

1. 福利多元主义

1986 年，美国社会学家罗斯（R. Rose）提出了福利多元主义理论，开启了社会福利多主体研究的新视角。首先，他认为，国家作为公民福利的提供者其重要作用不容小觑，但也不应该是垄断的角色。其次，他主张不应该让国家单独承担社会福利，福利是全社会的产物，同时也应该融入市场和家庭在提供社会福利中的作用。因此，应充分认识到国家、市场和家庭三者相互配合的机制，在社会福利来源上保持多元主体共同分担、相互补充。[①]

2. 新公共服务理论

以美国公共管理学家罗伯特·登哈特（Robert B. Denhardt）为代表的学者在对新公共管理理论进行研讨时，创立了一个新的公共管理理论，即"新公共服务理论"。"新公共服务理论是关于公共行政在将公共服务、民主治理和公民参与置于治理系统中心地位所扮演的一系列思想和理论角色。"[②] 新公共服务理论是以公民为中心的治理理念，把公民放在整个治理体系中的最重要部分，以此推崇公共服务精神，来提高公共服务的价值、体现公民意识，用一种基于公民权、民主和为公共利益服务的新公共服务模式来代替以经济

---

① ROSE R. Common Goals but Different Roles：The State's Contribution to the Welfare Mix［M］// ROSE R，SHIRATORI R. The Welfare State East and West. Oxford：Oxford University Press，1986.

② 珍妮特·登哈特，罗伯特·登哈特. 新公共服务：服务，而不是掌舵［M］. 北京：中国人民大学出版社，2004.

理论为基础的公共管理模式。

新公共服务理论对新公共管理理论的批评和改进主要体现在三个方面：一是公共管理者不只是企业家，除了必须具备的足智多谋以外，还要注意其他方面。二是探讨了公共管理应当是以民主、公正为主还是以效率为主的问题。新公共管理理论将经济、效率和效益作为价值基础，忽略了公共管理中对管理人员公正的要求，不能履行公共行政保护民主和公正的职能，也不能达到其道德水准的要求。公共行政必须是一种民主治理，政府用公共行政来更好地符合和达到社会公平目的。三是探讨了公共服务消费者的身份问题。新公共服务理论认为其消费者更重要的是作为公民的身份，而非作为顾客的身份。

3. 市民社会理论

市民社会理论主张人生而自由和平等、享有若干基本人权，社会成员的权利优先于国家的权力。市民社会思想反对专制主义，肯定社会自我组织的能力。在马克思的著作里，市民社会是一个非常重要的概念。马克思在创立唯物史观时曾频繁使用这个概念。马克思认为："市民社会是一个社会组织，它是直接从生产和交往中发展起来的。"市民社会是与政治国家相分离的独立社会，这种政治国家与市民社会的二元分离就是把市民社会本身的权力还给市民社会。

4. 治理理论

英文中的"治理"（Governance）概念源于古典拉丁语和古希腊语，原意是控制、引导和操纵。在 20 世纪 70 年代末，治理理论开始兴起。俞可平认为："治理是指在一个既定的范围内运用权威维持秩序，满足公众的需要。治理的目的是在各种不同的制度关系中运用权力去引导、控制和规范公民的各种活动，以最大限度地增进公共利益。从政治学的角度看，治理是指政治管理的过程，它包括政治权威的规范基础、处理政治事务的方式和对公共资源的管理。它特别地关注在一个限定的领域内维持社会秩序所需要的政治权威的作用和对行政权力的运用。"① 治理对传统的国家和政府权威提出挑战，它

---

① 俞可平. 治理与善治［M］. 北京：社会科学文献出版社，2000.

不认为政府是国家的唯一权力中心，各种公共机构和私人机构只要其行使的权力得到了公众的认可，就可能成为权力中心。

（三）国内外社区服务的发展

1. 西方国家社区服务的发展

社区服务是工业化和现代化的产物，最早起源于西方国家。西方发达国家的工业革命带动了城市的发展，也造成城市的失业人口日益增多，贫困问题层出不穷。在这种情况下，社区服务作为资本主义早期社会福利的一种形式便应运而生。1869 年，英国伦敦成立了慈善组织会社，这是第一个以济贫为主要功能的社区服务组织，也是世界上第一个社区服务组织，对英国其他城市以及欧美产生了重大影响。1877 年美国布法罗（Buffalo）成立了美国第一个慈善组织会社，随后慈善组织会社运动在英美风行，带动了社区服务的兴起。不久之后，英美兴起了睦邻组织运动，并建立了一批各具特色的社区服务中心，促进了社区服务的发展。第二次世界大战后，随着西方发达国家的人口结构、社会结构、家庭结构和生活方式的变化，社会问题更加突出，随着居民生活质量的提高，对社区服务也提出了更高的要求。与此同时，这些国家纷纷建立了资本主义福利制度，促进了公共服务的发展，社区服务因此进入新的发展阶段。

2. 我国社区服务的发展

中华人民共和国成立后，我国发展了作为单位福利制度补充的民政福利服务。民政福利服务由民政部门主管，国家统一拨款，为孤寡老人、孤儿等单位体制保障覆盖不到的群体提供补充性的基本生活保障。20 世纪 80 年代中期，以国有企业改革为标志的经济体制改革进入高潮，社会转型加剧，社会结构发生转变，企业走向市场。与此同时，企业职工由"单位人"转变为"社会人"，原本由国家包揽的单位福利保障被释放给社会，社区开始承担越来越多的保障服务功能。

在这样的历史背景下，1986 年民政部在全国社区服务工作座谈会上首次公开提出"社区服务"概念，并提出在城市开展社区服务的工作要求，提出在政府的领导下，通过社区成员之间互助性的服务活动，解决社区内的社会问题。1989 年 10 月，民政部在杭州召开全国城市社区服务工作经验交流会，在总结各城市社区服务工作经验的基础上，要求全国的街道和居委会广泛开展社区服务。此后，我国各城市社区服务建设进程明显加快。同年 12 月颁布的《中华人民共和国城市居民委员会组织法》提出，"居委会应当开展便民利民的社区服务活动，可以兴办有关服务事业"。

1991 年，民政部在北京首次召开全国社区服务工作研讨会，与会者就社区服务的内涵和外延、地位和作用、组织和管理、发展和提高等方面进行了讨论，明确了社区服务本质上是社会福利工作，主要包括针对社区民政对象开展的为老服务、助残服务以及优抚服务等，以及面向全体居民的各类便民利民服务。1992 年，中共中央、国务院下发《关于加快发展第三产业的决定》，首次将社区服务列入第三产业范畴，并赋予其优先发展地位。1994 年 2 月，民政部等 14 个部门联合发布《关于加快发展社区服务业的意见》，首次提出了"社区服务业"这一概念，并明确了社区服务的产业属性。在当时，这两个文件极大地推动了我国社区服务的发展。1995 年，民政部发布《全国社区服务示范城区标准》，在全国范围内掀起了创建社区服务示范城区的热潮，各地的特色做法和优秀经验不断涌现。

2000 年，民政部发布《关于在全国推进城市社区建设的意见》，发展社区服务被确定为社区建设的重点，城市社区服务事业走向全面发展。2006 年，国务院下发《关于加强和改进社区服务工作的意见》，进一步阐明了新形势下加强和改进社区服务工作的指导思想、基本原则和主要任务，明确提出了加强和改进我国社区服务工作的一系列政策。

2007 年，国家发展改革委与民政部共同发布我国第一个社区服务发展规划——《"十一五"社区服务体系发展规划》。该规划对中国社区服务的现状及问题进行归纳总结，作出"发展全方位、多层次的社区服务业"，"以社区服务站为重点，构建社区、街道、区（市）分工协作的社区服务网络"，"以体制改革和机制创新为动力，建立健全社区服务组织体系"的重要部署。同时，要求驻社区的机关、团体、部队和企事业单位应积极支持和参与社区建设；鼓励培育形式多样的社区慈善组织、文体组织、学习型组织，扶持为老年人、残疾人、困难群众提供生活服务的非营利性机构，大力发展社区互助协会、老年协会、体育协会和法律援助协会等。2011 年 3 月，第十一届全国人大第四次会议通过的《中华人民共和国国民经济和社会发展第十二个五年规划纲要》，提出"强化社区管理和服务功能"的重点任务，专门提出建设"提升城乡社区服务能力"的重大工程，为城乡社区服务体系建设描绘了美好蓝图。2011 年，国务院办公厅印发《社区服务体系建设规划（2011—2015年)》，提出要切实履行政府公共服务职责，提升社区基本公共服务水平，推进社区基本公共服务均等化，满足社区居民多层次、多样化需求。2022 年 1 月，国务院办公厅印发《"十四五"城乡社区服务体系建设规划》，对"十四五"时期城乡社区服务体系建设作出全面部署，从完善服务格局、增强服务供给、提升服务效能、加快数字化建设、加强人才队伍建设等方面，明确主要指标、行动计划和重大工程等。

经过 30 多年的发展，我国已初步建立起区、街道、居委会三级社区服务体系。当前，社区服务已经成为我国社区的基础和核心，为满足居民日常生活和精神生活开展了大量工作。社区服务是对社会服务的完善，也是对社会保障制度的补充。

（四）社区服务的提供主体

在社区服务的多元供给机制中，社区服务应该由街道办事处及社区居委会、社会组织和市场组织三方共同提供，而非由街道办事处及社区居委会一方包办。

1. 街道办事处及社区居委会

随着我国城市管理重心下移，街道办事处和社区居委会承担了更多的社区服务职责。社区居委会不是一级政权组织和行政组织，而是基层群众自治组织。社区居委会既是社区服务的管理者，也是社区服务的提供者。社区居委会在社会建设中的地位、价值和功能非常重要，有协助政府有关部门做好管理和服务工作的职责。《中华人民共和国城市居民委员会组织法》规定，居民委员会的任务之一是："协助人民政府或者它的派出机关做好与居民利益有关的公共卫生、计划生育、优抚救济、青少年教育等项工作；向人民政府或者它的派出机关反映居民的意见、要求和提出建议。"

社区服务的核心力量是社区居委会工作人员，他们的工作极为重要，对他们的综合素质要求也较高。他们要能够扮演多种角色，既要调查、收集和分析居民需求，也要推进和落实社区服务的提供，还要担任协调者和中间人的角色。

2. 社会组织

社会组织是指经各级人民政府民政部门登记注册的社会团体、民办非企业单位和基金会。关于社会组织有不同的称谓表述，如非营利组织（NPO）、非政府组织（NGO）、第三部门、民间组织等。社会组织具有非营利性、非政府性、自治性、公益性和志愿性等基本特征。近年来，随着政府简政放权和逐渐放开对微观事务的管理，社会组织开始凭借自身优势参与社区服务，发挥着越来越重要的作用。目前，参与社区服务的社会组织主要是社会工作事务所、养老助残服务组织以及各类社区志愿服务组织。社会组织由于自身的公益性、灵活性和专业性，可以很好地满足社区居民的需求，帮助他们解决实际困难。但总体来说，社会组织在社区服务供给中所占的比重仍然有待提高。

3. 市场组织

有些企业在社区中看到了商机，为广大居民提供经营性的社区服务，并从中获取利润。有些企业出于承担企业社会责任的考虑，与社区开展共建活动，企业员工为社区里需要帮助的人提供志愿服务，这也有利于提高企业品牌形象和丰富企业文化内涵。

（五）社区服务的服务对象

社区服务的服务对象，广义上是针对社区的所有成员，为他们提供多元化的服务。但是，根据社区服务的福利性、公益性的特点，实际上社区服务首先是针对社区中的困难群体，比如老年人、未成年人、残疾人、失业人员、外来务工人员、妇女等。

根据马斯洛需要层次理论，人的需求分为生理需要、安全需要、社交需要、尊重需要和自我实现需要。通常来说，人们只有在满足关乎生存的生理需要和安全需要之后，才会上升到情感及精神方面的需要。在相对落后的社区推进社区工作，居民的生理需要和安全需要占了极大比例；在比较富裕和发展程度高的社区，居民的需要以情感、精神和自我实现方面为主。

二、社区服务项目

（一）社区服务项目的概念和特征

1. 社区服务项目的概念

（1）项目的概念。项目是一个组织为实现自己的既定目标，在一定的时间、人员和资源约束条件下，所开展的一系列独特的、复杂的并相互关联的活动。"项目"和"活动"是不同的概念。"活动"只是单独的一次事件，没有逻辑性、持续性和系统性。而"项目"的时间跨度比"活动"更长，所包含的活动程序更多，在复杂程度上要更大。一般情况下，一个"项目"是由多个有前后逻辑关系的活动组成的。

项目设计是一项系统工作，包括需求调研和分析、目标制定、实施方案策划、评估安排、制定预算等多个阶段。在需求调研和分析阶段，要认识和分析问题，再进行需求评估；在目标制定阶段，要界定总目标和分目标，然后建立目标的优先次序；在实施方案策划阶段，要制订实现目标的可行性方案、选择合适的可行性方案、决定资源需求和争取资源，再制订行动计划；在确定方案之后，再明确项目的评估方法和财务预算。

（2）社区服务项目的概念。社区服务项目是指以社区居民为对象，以满足社区居民的特定需求为目标，通过调动和整合社区内外资源，满足服务对象需求，消除或减少社区问题，促进社区和谐发展的项目活动。社区服务项目是把社区服务的内容项目化，即在社区服务的过程中，是以项目管理的机制提供服务。

2. 社区服务项目的特征

当前，大量的社区服务项目是通过政府购买服务形式运作的。在政府购买服务的背景下，社区服务项目的特征主要包括以下方面：

（1）因需求而设立。社区服务项目的运作，目的是解决社区问题、满足社区需求和提升社区居民能力。因此，社区服务项目的重要特征是根据需求设立项目。如果社区没有需求，该项目就失去了存在的必要性。

（2）资金来源于政府购买服务。政府购买服务的发展推动了社区服务项目的运作。政府购买服务项目是有一定周期的，一般不超过一年。项目结束后，如果想继续运作该项目，则需要重新向政府提出申请。

（3）引入竞争机制。在政府购买社会组织服务的过程中，引入了竞争机制，不同机构之间通过相互竞争获取项目支持，这就有利于提升社区服务的水平和质量，使居民能享受到更高质量的服务。

（4）遵循项目的监督管理流程。社区服务项目的运作要遵循项目管理的流程和规范，比如项目要经过立项、中期和结项等环节，而且要符合项目管理的财务要求，在项目实施过程中要接受持续的督导、监测，以提升项目管理水平。

（二）社区服务项目的实施主体

在政府购买服务的背景下，社区服务项目的实施主体主要涉及社会组织和社区居委会。

在各地的政府购买服务中，相当一部分购买的是社会组织开展的社区服务项目。这些社会组织主要包括正式登记注册的社会组织和未登记注册的社区志愿服务组织。一般来说，正式登记注册的社会组织专业性较强，有一定的资源和项目优势。比如某些社会工作事务所和社区服务中心，能高质量地服务社区人群，极大地弥补社区居委会在专业背景和人力资源方面的不足。同时，社会组织的社区服务也能带动社区社会组织的成长。无论是社区管理还是社区服务，社会组织都是社区非常需要的力量。同时，社区志愿服务组织凭借其扎根基层社区的优势，也是提供社区服务的重要力量。比如人民调解志愿服务队、安全志愿服务队、助老志愿服务队、助残志愿服务队、巾帼志愿服务队、文体志愿服务队等，能够在社区开展可持续的志愿服务。

社会组织开展社区服务项目，使社会组织成了连接政府和居民之间的桥梁，可以将居民的真实需求及时反馈给政府，同时将政府的政策传达给社区居民，从而减少了政府与居民之间的矛盾与冲突。而且，社会组织通过整合资源，可以在一定程度上弥补政府对社区服务资源投入的不足，减轻了政府在社区服务方面的负担。

社区居委会虽然不是政府购买服务项目的承接主体，但是它们有各类专项资金可供使用，也能向上级申请项目，还可以和社会组织合作开展项目。因此，社区居委会也是社区服务项目涉及的重要主体。

（三）社区服务项目的类型

总体来看，在社区开展的社区服务项目可以包括三类：针对社区重点群体的服务项目、针对社区重点领域的服务项目和社区多元共治项目。

1. 针对社区重点群体的服务项目

此类服务项目是针对社区重点群体，按照不同群体的需求提供相应的社区服务。社区重点群体主要包括老年人、未成年人、残疾人、妇女、辖区单位职工、失业人员、刑满释放人员、服刑人员、流浪乞讨人员、患病居民、戒毒康复人员等，这也是社会工作应该关注和重点服务的群体。针对重点群体的服务，要考虑到这些人群的特点、需求以及实际困难，提供有针对性、个性化的服务。

2. 针对社区重点领域的服务项目

此类服务项目面向社区的全体居民，是根据不同服务领域提供相应的社区服务。针对社区重点领域的服务项目主要包括社区邻里守望服务项目、社区文化体育服务项目、社区环境保护服务项目、社区公共安全服务项目、社区心理健康服务项目、社区法律服务项目、社区婚姻家庭服务项目。这些服务项目与社区居委会的工作密切相关，但由于服务的专业性较强，还需要借助社会力量提供服务。

3. 社区多元共治项目

多元主体参与社区服务是发动居民自我管理、自我服务的力量进行社区治理。社区多元共治项目是一种提供社区服务的新机制，其主要包括文明劝导队、居民议事厅和居民自管会。

第二章　社区服务项目的立项

社区服务中的"服务"指的是公共服务。公共服务是指政府运用公共权力和公共资源向公民提供的各项服务，包括城乡公共设施建设，发展教育、科技、文化、卫生、体育等公共事业，为社会公众参与社会经济、政治、文化活动等提供保障。政府购买服务，是指通过发挥市场机制作用，把政府直接提供的一部分公共服务事项以及政府履行职能所需服务事项，按照一定的方式和程序，交由具备条件的社会力量和事业单位承担，并由政府根据合同约定向其支付费用。

一、项目申请立项的渠道

近年来，我国政府加快了政府购买服务的步伐，越来越多的地方政府开展了政府购买服务，购买服务的资金数额在逐年增加，实施购买服务的政府职能部门越来越多。在购买服务中，政府可以采用公开招标、邀请招标、竞争性谈判和单一来源采购等多种方式确定承接主体。其中，公开招标方式是政府购买服务的主流。在这种情况下，项目申报单位了解通过哪些渠道申请购买服务项目十分重要。

（一）国家层面的项目申请渠道

在国家层面，民政部、文化部、科技部、中国残联等部门都在实施政府购买服务，社会组织可以申报这些部门购买的项目。民政部的政府购买服务涵盖了各类社区服务项目，其他国家部委或部门的购买服务是在本业务范围领域内购买。

我国各地社会组织都可以申报中央财政的社会组织扶持项目。中央财政资助社会组织的首次尝试是在 2012 年，当时中央财政安排 2 亿元专项资金，用于支持社会组织参与社会服务，这是中央政府首次通过建立公共财政资助机制加强对社会组织的培育和扶持。项目主要资助社会组织开展扶老助老服务、关爱儿童服务、扶残助残服务、社会工作服务、能力建设和人员培训等领域的社会服务活动和能力建设，不资助基建、研究、宣传类活动。

中央财政资助社会组织项目通常在每年 2 月发布公告，每个组织只能申报一个项目。全国性社会组织的项目申报书提交给民政部社会组织管理局；地方性社会组织的项目申报书提交给各省级民政部门，省级民政部门进行初审后将推荐名单提交给民政部社会组织管理局。项目资金在各省进行分配，每个省份的分配额度为 200 万 ~ 600 万元，资助 10 个左右项目。项目资金分两次拨付，项目签约后第一次拨付 70% 的资金，项目中期评估通过后再拨付剩余的 30% 的资金。

（二）地方层面的项目申请渠道

在地方层面，社会组织申请政府购买服务项目的渠道较多。以北京市为例，北京市一直重视对社会组织的培育扶持工作，政府购买服务的资金投入力度较大，从市级、区级到街道级、社区级均有实施政府购买服务。

1. 市级层面的项目支持

北京市的社会组织可以向北京市的市级相关部门申请购买服务项目。北京市民政局、总工会、残联、团市委、妇联等诸多部门都在开展政府购买服务。

（1）民政局购买服务。北京市民政局的购买服务包括福利彩票公益金资助社会组织开展公益服务项目和"三社联动"购买社工服务两大部分。①北京市民政局利用福利彩票公益金资助社会组织开展公益服务项目。民政重点工作主要包括社会精准救助、居家养老、矛盾调处、法律援助、社区建设、民政基础保障等；社会公益服务主要包括扶老助老、扶残助残、扶贫济困、社区公益、减灾防灾、行业诚信建设、社会组织培育扶持七大领域；京津冀协同发展主要是促进京津冀协同发展和非首都核心功能疏解。②北京市民政局"三社联动"购买社工服务。"三社联动"是指社区、社会组织、专业社工人才之间的联动,目的是创新社区服务提供方式、培育社会组织发展和提升社工人才队伍专业能力。按照"受益广泛、群众急需、服务专业"的原则,重点围绕各类困难群体、特殊人群和广大群众的个性化、多样化社会服务需求,提供专业服务。"三社联动"项目主要提供社区老年人服务、特殊家庭服务、政策支持服务、构建资源整合平台以及其他服务。

(2)工会购买服务,购买职工服务类项目。2016 年,北京市总工会以"暖·聚合社会组织,服务首都职工"为主题,围绕职工家庭服务计划项目、员工职业帮助项目、农民工关爱服务项目、职工权益维护项目、其他服务项目 5 个方面购买服务项目,项目数不少于 100 个。

(3)残联购买服务,购买助残服务类项目。从 2014 年开始,北京市残联开展了定向购买助残服务的试点工作,目前购买资金总额为 7000 万元。北京市残联购买服务的范围包括:《关于做好政府购买残疾人服务试点工作的意见》(财社〔2014〕13 号)规定的政府购买残疾人服务试点项目目录,北京市残疾人基本公共服务目录,北京市残疾人事业发展"十二五"规划中明确的与保障和改善民生密切相关领域的公共服务项目,北京市社会建设工作领导小组办公室颁布确定的《政府购买社会组织服务项目》中涉及残疾人服务领域的内容。北京市残联购买服务适用于经过市残联认定的北京市残疾人社会组织,2015 年北京市残联共认定了 125 家残疾人组织。

2. 区级层面的项目支持

从北京市各区相关部门发布的购买服务公告来看,对社区服务项目资助的力度较大。

北京市朝阳区立项的项目如:安贞街道幸福安贞·智慧生活——网络互助养老服务项目、安贞街道幸福黄寺——悦行动项目、八里庄 E(驿)爱空间社区助老服务计划项目、朝外街道学生与居民安全体验参与项目、朝外街道"活力社区"居民自治支持计划项目、大屯街道困难家庭增能服务项目等。

北京市东城区立项的项目如:东城区职业乞讨现象社会化协同治理及外展救助服务项目、东城区困境未成年人救助服务项目、东城区救助站设立社工岗项目、婚姻法律咨询项目、社区防灾减灾项目、社会工作专业人才领导力培训工作坊项目、互助式养老项目、社会体育指导员骨干技能提高培训项目、《安贞"家"苑》社区报项目、社区居民多元参与·协商共治模式建设项目等。

3. 街道层面的项目支持

街道层面是政府购买服务的新兴增长点。街道（乡镇）资金的使用相对比较灵活，在购买服务中的开放性较强。在未来，街道层级购买服务将是社会组织的重要资金来源渠道。街道层面项目支持的形式是，街道拿出一部分财政资金，通过公益创投的方式来支持社区志愿服务组织的公益服务项目，为它们提供一定数量的"种子资金"，从而培育社区公益带头人和公益团队的发展。

4. 社区层面的项目支持

社区层面购买服务的资金主要是使用社区党组织服务群众专项经费和社区公益事业专项补助资金。

（1）社区党组织服务群众专项经费。社区党组织服务群众专项经费主要用于为社区和党员群众办实事、解难题，具体包括社区公共设施建设和维护，社区各类为民服务活动的开展，社区内特困党员群众的帮扶救助，社区公益性便民服务场所和服务设施的建设、维护，以及社区群众迫切需要解决的其他服务事项。北京市每个社区的党组织服务群众专项经费的金额为20万元，有些街道还会再配比3万~4万元。

（2）社区公益事业专项补助资金。《北京市社区公益事业经费专项补助资金管理办法》规定："社区公益事业补助资金主要用于购买服务项目，培育发展社区民间组织，以及开展社区文体、社区教育、社区治安、社区精神文明建设等公益事业活动所需要的活动场地、活动器械、活动宣传、活动奖品、活动劳务等费用。"2005年起，北京市级财政每年为每个社区拨付8万~15万元作为社区公益事业专项补助资金，用于支持社区的公益事业。社区公益事业专项补助资金可以用于支持社区便民服务队、志愿者服务队、社区文体队伍等。目前，北京市已经有些社区把社区公益事业专项补助资金用于购买社会组织的服务。

二、项目设计的原则

在社区服务项目的立项评审中，主要是考察项目的设计是否合理，对项目领域、目标设定、受益群体确定、项目模式、活动方案等方面进行考察。

（一）项目领域的原则

项目申报单位进行项目的设计，首先要考虑选择哪个服务领域，或者考虑不选择哪个服务领域，这就应该考虑以下4个方面。

1. 契合政府购买服务目录范围

项目申报单位申请的项目首先要符合政府购买服务的目录范围，否则就不符合最基本的前提条件。政府各部门在发布的购买服务公告中都包含有目录范围，不同部门的购买服务目录范围有所不同，与该部门的职能领域关系密切，项目申报单位需要根据购买目录的范围设计项目。项目申报单位要申请某个部门的政府购买服务项目，就要研究每一类项目的内涵和范围。

2. 符合政府的政策导向

政府部门的政策导向会随着社会的发展而发生变化，政府的重点工作转变以及主管领导变动也对政府购买服务施加影响作用。项目申报单位如果能够将自身发展与政策导向结合起来，会提高申请的成功率。比如，北京市的政府部门比较支持社区居民动员与自治、京津冀一体化和社会组织党建类的项目，重点包括以下项目：（1）综合性项目。项目适用面广，针对区域面临的社会问题提出系统的解决方案，可同时在若干地区推广实施。（2）环保类项目。如环保宣教、垃圾分类、废品置换等项目。（3）扶贫类项目。如困难群众陪伴照顾、文化教育等项目。（4）党建类项目。如党员教育培训、党建品牌培育、社区民主协商等。

3. 回应社会关注热点问题

社会群体是否关注是项目能否获得支持的重要因素，也是项目能够实现预计目标的前提和基础，项目设计要考虑到社会关注的热点。目前，社区居民普遍关注的热点问题包括：空巢老人和失独老人服务、残疾人服务、失业人员职业技能培训、儿童课后托管服务、妇女儿童权益维护、社区治安巡逻服务、社区法律服务、社区便民服务、社区环境治理、文体娱乐休闲服务、楼道楼门服务管理、老旧小区管理提升、停车管理服务、邻里融合等。如果项目申报单位申请的项目能够结合这些热点问题，就能够具备项目实施的群众基础。

4. 发挥机构自身优势

项目申报单位要分析自身的优势与长处，在自己擅长的领域申请项目，避免在自己不擅长的领域申请项目。要充分结合自身的资源优势及核心竞争力来开展项目，这种资源优势是指该机构的业务领域背景、人力资源储备、管理经验和社会单位合作关系等。

（二）目标设定的原则

项目申报单位申请的项目都要设定一个目标，这个目标要符合三个原则。

1. 具体明确

项目的目标应该是具体的而不是宽泛的，不能是太过于宏观的描述，要用比较具体的语言描述项目所要达到的目标。

2. 可衡量

项目要把抽象的宏观目标变为实际的、可衡量的目标，不能只是停留在口号或空话上。比如，项目的服务对象有多少人、提供服务的具体形式、活动的次数有多少、服务对象的人群类别等，都要具体明确。目标的可衡量有利于项目申报单位规范严谨地实施项目，也有利于第三方评估机构顺利进行项目监测与评估。

3. 可达成

项目的目标应该是能够达成的，而不是不可能达成或很难达成的。申报的项目应与该机构从事的具体服务领域相匹配，不宜是完全不熟悉的崭新业务领域。而且，项目申报单位应有相匹配的专业人才、人员数量和落地社区的基础。需要注意的是，项目服务的目标群体（如空巢老人、残疾人等群体）中的所有人都参与项目活动是不可能的，如果项目申报书提出目标人群100%

全覆盖的话，就是不可能实现的。

（三）受益群体确定的原则

项目都有明确的受益群体，在项目过程中，受益群体的选择不能是随意性的，应该遵循一定的原则去选择受益群体。

1. 明确受益群体的范围

在受益群体范围的选择上，项目申报单位应注意3个方面：

（1）受益群体应具体和聚焦。项目应针对某个特定对象，比如老年人、残疾人或未成年人，重点满足他们的一种需求。受益群体的范围与机构的定位相关，专业机构更应该有明确的服务定位和业务范围，如果集中力量针对某个群体提供服务，更可能做到项目的专业化和精深化。

（2）明确受益群体的选取方式。受益群体的选择过程更应突出公益性，要在项目书中说明以什么标准或逻辑确定服务对象，应优先考虑困难群体的需求。

（3）注意受益群体的地域性。本地项目的受益群体应该是本地居民，如果超出了地域范围就不可能被支持。比如组织居民到外地植树造林，实施地域和受益群体就不在本地，这个项目就不符合地域性的原则。

2. 了解受益群体的迫切需求

项目申报单位应先进行需求调研，了解受益群体的需求，然后再申请立项，而不是自己想做什么就做什么。项目申报单位应进入社区，通过资料分析、小组访谈、参与式观察和问卷调查等方式，了解服务对象的个性化、特殊性需求，比如老年人、残疾人、未成年人等群体的需求。密切关注这些服务对象最迫切需要解决的问题和需要提供的服务，要做到雪中送炭，而不是锦上添花。

3. 受益群体形成一定规模

政府购买服务项目不是私人服务，项目要突出公共性，服务尽量覆盖更多的人群。适当安排一些培训、讲座、沙龙等活动，很多居民都可以参与，使项目能够覆盖社区的绝大多数居民。项目不能只是服务少量人群，这种项目的公共性是不够的，而且人均服务成本偏高。比如有的项目的资金数额是十几万元，但是只服务于十来个人，项目的受益面过窄，不能达到政府购买服务资金的目标。一般情况下，每个政府购买服务项目的直接受益人数不能少于50人。

4. 重点将困难群体作为受益群体

政府购买服务项目是市场提供机制的补充，尤其是福利彩票公益金支持项目要突出将困难群众作为受益群体。以课业辅导项目为例，应重点针对低收入家庭子女、外来务工人员子女、残疾家庭子女等开设，普通家庭子女更适合以付费形式去市场培训机构学习。

项目重点针对的人群可以包括：（1）老年人。我国老龄化比例逐年升高，北京市某些老旧小区的老龄化率达到70%以上。在老年人中，应重点服务高龄老人、空巢老人、失独老人、失能失智老人等。（2）未成年人。重点服务未成年人中的低收入家庭子女、外来务工人员子女、流浪乞讨儿童、服刑人员子女、残疾家庭子女、患有重大疾病的未成年人。（3）残疾人。残疾人是社区服务的重点对象，为视力残疾、听力残疾、言语残疾、肢体残疾、智力残疾、精神残疾、多重残疾等残疾人提供服务。（4）贫困低收入家庭。贫困低收入家庭主要包括低保家庭、低收入家庭、发生重大暂时困难的家庭，他们的需求体现在社会救助和职业技能培训方面。（5）患病人群。患病人群主要包括慢性病患者、癌症肿瘤患者、罕见病患者、心脏病患者、精神病患者、自闭症患者，患病人群特别需要身体康复方面的服务。在社区中，患病人群和老年人、低收入群体在很大程度上是重叠的。

（四）项目模式的原则

项目在进行设计时，要考虑该项目的模式是否具备可行性、专业性、可持续性、可复制性和创新性。

1. 具有可行性

项目的可行性即该项目是否具备实施的基础。有些项目的初衷比较好，但是无法完成，这就要考虑项目的可行性如何。可行性应考虑以下方面：

（1）机构的实施团队是否具备足够的执行能力，是否已经具备相关的实务工作经验。项目方向是否与机构的业务领域、团队能力相匹配。

（2）如果项目实施需要与其他单位合作，该机构是否能获得合作单位的外部支持。比如，社区服务项目是否能获得街道及社区负责人的支持，是否有社区内外的必要资源。

（3）机构是否能动员到足够的服务对象。有足够的服务对象参与是项目顺利实施的基础。对某些人群的动员和服务可能要比想象中困难很多，有些机构在设计项目时过于理想化。比如，针对流浪乞讨群体的救助项目，服务对象是很特殊的群体，其中很多人自我封闭、拒绝与外界进行交流，与他们的接触和服务都存在困难。再比如，针对低保群体的职业技能培训项目，有些低保人员即使身体能力允许，宁可维持现状也不愿意参加技能培训和寻找工作，动员他们参与项目会比较困难。

2. 具有专业性

项目要体现出一定的专业性，即项目在理念、方法和管理机制等方面具有专业水准。社会组织是由具备专业背景的全职工作人员构成的，在项目中要能够体现出"专业人做专业事"，能够发挥本机构的专业特长及服务优势。比如运用社会工作、心理学、法律、音乐、医疗、科技等方面的专业知识，能够具备专业上的核心竞争力，使受益群体得到有针对性的专业服务。

3. 具有可持续性

项目的可持续性是指项目的需求是持续发生的，而且该服务模式可以持续满足服务对象的需求，因此项目才能具备可持续性。比如，给社区老年人提供心理慰藉服务项目，社区里每年都会有新的老人，他们普遍存在心理服务需求，而且项目的服务手段可以满足老年人的心理需求，这种项目就具备了可持续性。但是有些项目不具备可持续性，比如某向山区小学捐建图书角项目，没有明确如何维护图书和使用图书，捐赠的图书没有真正发挥作用，学校也没有持续需要图书的主动性，这个项目就是不可持续的。

4. 具有可复制性

项目的可复制性是指项目具有可示范的可能，由于项目服务模式的有效性、需求普遍性和易操作性，可在更大范围内进行复制推广，其他地区和机构可以学习掌握，而不需要具备特殊的前提条件。在政府购买服务过程中，有些好的项目易于推广，适合其他机构在类似条件的其他地区复制借鉴。

5. 具有创新性

项目的创新性是指项目具有某些与众不同的特质，从而具备自己的独特性。项目的立项评审往往是差额评选，在征集到的大量备选项目中，具有创新性的项目更加吸人眼球，更容易从中脱颖而出。项目的创新性主要体现在两个方面：

（1）针对的社会问题具有创新性。这种创新性是指发现了新的需要解决的社会问题，项目针对的服务对象或其存在的问题是此前很少被关注到的，比如近几年的青少年手机成瘾问题。

（2）解决社会问题的方法具有创新性。某些项目运用新的服务方法或选择新的观念视角，解决一直存在的社会问题。比如，使用音乐疗法治疗老年痴呆和精神疾病、通过美术方法缓解儿童自闭症以及利用积分兑换有机食品的方法，在方式上都比较具有创新性。

（五）活动方案的原则

项目的活动方案是项目设计的主体部分，即在一定的时间内，项目要开展什么活动、提供什么服务。

1. 提供的是服务而不是硬件建设

政府购买服务购买的是"服务"而不是"物资"，项目强调人对人之间的软性服务。项目不能设计成单方面给钱给物的活动，比如，不是给居民住宅安装电灯或在社区安装休闲椅，也不是给社区居民楼安装电梯或修路盖房。这就要求，项目不能停留在单纯的捐款捐物层面上，而是要把项目资金投入直接服务中。有些机构往往忽略了这一点，以为只要是给大家做好事就都是合理的。比如，有的服务项目的预算资金中，硬件的购置费用占到了一半，这样的项目就偏离了政府购买服务的规范要求。

2. 活动设计应有前后逻辑性

社区服务项目首先是一个项目，而不是一个活动，也不是几个活动的拼接罗列。项目是有前后逻辑关系的服务活动的有机组合，是由普遍到个体、由浅入深开展服务的过程。比如，社区居民心理服务项目，通常是先开展社区需求调查和调研分析，然后开展参与面广的讲座培训，再开展部分人员参与的沙龙、小组活动，之后针对个别人的特殊问题，开展一对一的个案辅导和咨询，最后进行总结提升和自我评估。

3. 服务活动与目标相对应

（1）围绕核心主题设计活动。社区服务项目要围绕项目的核心主题来设计活动内容，在活动方案中不要安排与项目主题无关的活动，否则会偏离项目的目标和初衷。比如，项目主题是亲子教育，就要紧密围绕亲子关系开展各项活动，不要列入与之没有关系的养老服务、残疾人服务等活动。

（2）项目的活动不能零散化。一个项目不要涉及太多领域，整个项目不能零散化，不是活动搞得越多越好。有的项目涉及的领域活动过多，什么服务都想做，导致什么都很难做好。有的项目囊括了广场舞培训、孤寡老人慰问、摄影培训、法律咨询等诸多领域，这就不可能做得精细。

4. 服务手段多元化

虽然项目的活动不能涉及太多领域，但是在开展某一项服务的时候，服务的手段应该多元化，不要过于单一。服务的手段是指对某一类人群的服务手法，比如讲座培训、小组活动、个案辅导等形式。如果一个项目只有讲座这一种形式，其服务手段就过于单一，不符合社区服务的要求。在活动设计中，可以考虑采取多样化的形式。比如，空巢老人照料项目可以采取上门慰问、心理咨询、家政服务等形式；亲子教育项目可以采取读书会、故事会、家长沙龙、绘本课程等形式；社区法律宣传项目可以采取社区宣传、讲座培训、知识竞赛等形式。

三、项目立项报告的撰写

社区服务项目书主要是立项报告和结项报告，有些情况下还需要提交中期报告书。立项报告和结项报告有不同的结构和侧重点，立项报告侧重于论证项目的必要性和可行性，说明申报机构有足够的能力来完成该项目，描述项目将会产生的社会效果、项目的可持续性等；结项报告侧重于说明预期工作的完成情况。

（一）立项报告撰写的准备工作

1. 确认撰写工作的参与人

在准备立项报告时，首先要明确机构中的哪些人要参与立项报告撰写工作。参与立项报告撰写的人员主要包括两部分：

（1）项目主管及一线项目人员。项目申报单位要对做什么项目、如何设计该项目进行讨论，由项目主管负责牵头，一线项目人员参与策划。立项报告不是短时间闭门造车写出来的，而是基于一线人员在日常服务中，通过挖掘社区的实际需求得来的。因此，项目申报单位在平时就要考虑下一年的项目如何设计。在某些情况下，还要找利益相关方和专家进行咨询和论证，这样的项目设计出来才可以有效实施。但有的立项报告没有经过充分讨论和反复修改，提交的时候仓促应付，然后交给执行团队去做，由于没有充分考虑到实施中可能遇到的问题，往往出现绩效目标过高或合作单位不配合的问题，导致项目无法按计划完成。

（2）财务人员。立项报告中的最后一部分是财务预算，这部分的专业性较强。政府购买服务对各项明细支出都有明确的财务规定，必须有财务人员参与和负责把关。如果项目预算的费用做得不符合规范要求，就无法通过立项评审，而且在项目实施的过程中，财务方面很容易出现问题。

2. 资助方向分析

项目申请机构要分析所申请的政府购买服务项目的资助方向，如果设计的项目活动不符合资助方向，其结果就会徒劳无功。在撰写项目书的时候，要了解该政府部门资助过哪些领域的项目，这有助于提高项目中标的概率。

3. 服务对象需求分析

在立项报告中，非常重要的是明确所在社区服务对象的需求。项目申报单位通过需求调查，了解服务对象的需求是什么，再根据服务对象的需求设计相应的服务内容。在这一阶段，要了解需求的迫切性、典型性与代表性。

4. 资料收集

项目申报单位通过文献收集、实地走访调查、召开焦点会议等方式，收集服务对象及所在社区的相关信息。

5. 服务方案比较分析

针对迫切需要解决的问题，寻找解决该问题的若干种可行性方案，设计相应的服务内容和提供服务的先后步骤，再进行对比分析，尽量采取创新有效的解决方案。

6. 项目书撰写

在明确项目方案的思路之后，项目申报机构可以组织撰写项目书。在项目主管的协调下，与项目合作单位进行沟通，先完成项目书的初稿，再进行内部交流与反馈，以及向专家及督导进行咨询，然后提交立项报告终稿。在项目书写作过程中，项目人员对项目的背景、必要性、可行性、创新性和可持续性等重要方面，要非常明确和了解。

（二）立项报告的框架内容

立项报告包括诸多板块内容，每一个部分的准备及撰写都需要给予重视。

1. 项目名称

立项报告的项目名称是给外界的第一印象。名称是对项目的实现目标、服务群体和服务方式的高度概括，名称应该简单明了、通俗易懂、总揽概括，最好能具有品牌特色。

2. 项目总体概述

项目总体概述是概括说明项目的目标、服务对象、服务方式、解决问题方法、实施方案以及预期成效。

3. 申请机构介绍

申请机构介绍是说明项目承接机构资质背景、以往工作经验、执行团队能力以及合作单位情况等。在这一部分，要对本机构的发展历程和现状作简要介绍，结合项目内容，描述团队的分工、职责与组织运作。

4. 项目必要性

项目必要性是描述该社会问题及服务群体需求产生的背景环境，说明服务群体的现状、问题及需求，从中找出症结所在。通过背景文献资料，对实地调研所获得的信息进行论证，附上相关背景资料和基础数据，阐述该项目实施的必要性和紧迫性。要抓住服务对象最迫切的需求，提出相应的解决方案及途径，从而解决现实问题。

5. 项目目标

在明确项目背景和目标群体的需求之后，要明确项目的目标。项目目标是根据其希望解决的问题及服务对象的需求而确定的，与希望解决的问题之间有内在逻辑关系。项目目标分为三个层次：一是总体目标。总体目标是总体上的、宏观的描述。二是具体目标。具体目标比较明确、具体，是总体目标的细化。三是绩效目标。绩效目标是量化的，描述具体实施效果。绩效目标要考虑自己是否能够实际完成，以及项目资金是否可以保障。

6. 实施方案及进度安排

这一部分占据项目书的主要篇幅，它是项目书的主体部分。实施方案是描述项目从需求调研阶段、具体实施阶段到评估总结阶段的全过程，在其中要列举开展哪些活动内容。项目的阶段划分要有弹性，阶段划分是以项目的活动进度为重心来安排的，同时要设置项目评估的环节。

7. 预期效果

项目的预期效果包括项目产出和成功指标。项目产出主要包括受益者的覆盖面、服务对象得到的改变、满意率或成功率、附带的社会经济效益等。项目的预期效果指标要注重量化描述，可以量化的应尽量量化。

8. 监测与评估方法

对项目过程实施监测和评估，是确保项目目标能够完成的重要保证，在项目书的实施方案中应列明自我监测与评估的内容。随着项目的发展进程进行评估，在发现问题后及时解决问题。监测与评估的方法主要包括：对服务对象进行个别访谈、服务对象满意度反馈的问卷调查、召开利益相关方参与的座谈会、参与式观察等。

9. 经费预算

经费预算是项目中计划的资金支出，应遵循真实、合理和全面的原则。

编制预算时注意的问题主要是：应列明开支的具体用途、单价、数量；具体预算应与项目活动的事项（包括需求调查、活动实施、评估等）有直接对应关系；综合考虑项目的全盘计划，留有合理余地；说明匹配资金情况。

四、项目财务预算的规范

政府购买服务项目必须遵守预算编制的规范。以北京市为例，政府购买服务经费预算编制的依据主要是《北京市市级社会建设专项资金管理办法（试行）》《北京市市级政府向社会力量购买服务预算管理暂行办法》等文件。同时，各级政府部门在其发布的政府购买服务公告中，也明确列明了预算规范。

（一）经费支出规范

各地政府购买服务对经费支出的要求都有所不同。以北京市大兴区为例，根据《大兴区使用社会建设专项资金购买社会组织服务项目实施指引手册》的相关规定，政府购买服务项目的经费支出应符合以下规范：（1）工作人员劳务费和志愿者劳务补贴。政府购买服务项目资金可以列支项目开展过程中产生的工作人员劳务费和志愿者劳务补贴，相关文件对工作人员劳务费和志愿者补贴等都有限额规定①。（2）会议（培训）费。相关文件对会议（培训）

---

① 大兴区政府购买服务对工作人员劳务费和志愿者劳务补贴的规定如下：（1）工作人员劳务费。工作人员（指本单位固定工作人员）劳务费按天数计算，每人每天不超过 150 元（包括餐费、交通费、水费、通信费等），提供餐、水、交通、通信的，原则上每人每天不超过 100 元。（2）志愿者劳务补贴。志愿者（指非本单位固定工作人员）劳务补贴按天数计算，每人每天不超过 50 元（包括餐费、交通费、水费、通信费等），提供餐、水、交通、通信的，原则上不给补贴。（3）专家劳务费。一般为每半天 300 元至 800 元，有副高级技术职称的专业人员每半天不超过 1000 元，正高级技术职称专业人员每半天不超过 2000 元，院士或全国知名专家每半天不超过 3000 元，费用中均包括餐费、交通费、水费、通信费等，不得再另外提供。（4）劳务费所占比例。以人力成本为主的服务活动，如专业社工服务、心理服务等，劳务费原则上不超过项目总经费的60%；其他服务活动，劳务费原则上不超过项目总经费的30%；鼓励更多地采取志愿服务方式。

费的标准都有明确规定①。（3）严格控制食宿费、服装费②、纪念品费③、大额现金支出④。（4）项目经费中可包含管理费。管理费主要用于项目策划、宣传、组织等与项目管理相关的开支⑤。（5）单独列支的交通费、通信费及餐费⑥。

（二）预算制定存在的问题

在社区服务项目的预算制定中，有些项目的预算存在较多问题，这些问题主要包括：

1. 按照最高限额确定项目金额再设计活动

这就颠倒了项目设计的逻辑顺序，没有按照服务群体的真正需求去设计活动，而是加入了不必要的活动事项或不必要地提高了活动次数。比如，对某一区域的群体做超出他们正常需求程度的培训或服务，导致项目立项后难以落实，活动开展遇到困难。

2. 经费支出的比例不合理

在项目资金的使用过程中，对各类人员的界定不清，工作人员与专家相混淆，导致人员经费的支出比例超过规定上限。

3. 经费结构与项目方案不符合

项目的预算支出结构与项目书中的实施方案内容不符合，有的活动没有列出相应的经费支持，而列了经费的活动在实施方案中却没有，这会导致申报的经费预算被削减。

---

① 会议（培训）费标准为每人每天不超过300元（包括食宿费、场租费、专家费、资料费、交通费等），不住宿的为每人每天不超过120元，区内执行的项目不允许包含住宿费、差旅费。
② 严格控制食宿费、服装费。工作餐原则上每人每餐不超过30元。活动用服装原则上每件不超过30元。
③ 严禁控制纪念品费，只可在调研活动中提供纪念品，其他活动不予提供。每件纪念品费用不超过5元，且只可提供消耗品作为纪念品（如肥皂、洗洁精、毛巾等）。
④ 严格控制大额现金支出，单笔支出不得超过1万元（含1万元），若超1万元需提前报区社会办，待批准后方可支出；宣传费、制作费、租赁费、培训费、会议费等达5000元以上（含5000元）的须提供合同或者协议；购买物品须提供明细；单笔2000元以上（含2000元）开支应使用转账支票、银行卡消费、网银转账等方式，不可直接使用现金结算。
⑤ 管理费不能超过项目总经费的2%。管理费与其他项目经费不可重复列支相同内容。
⑥ 项目经费中单独列支的交通费、通信费及餐费均不能超过项目总经费的1%。

第三章　社区服务项目的执行

项目申请立项成功之后，就可以开始准备执行。对于在社区执行的服务项目，项目执行机构应该按照法律法规的规定以及项目协议的要求，通过和社区及合作单位的对接，在社区开展服务项目。项目的执行过程可以分为准备阶段和实施阶段。

一、项目的准备阶段

（一）组建项目团队

1. 专职人员招募和遴选

项目执行机构都有专职工作人员，在承接了新的项目之后，应根据项目类型的不同，补充招募相应的专职工作人员。可以通过熟人推荐的方式进行招聘，也可以进行公开招聘，比如，通过招聘网站、微信公众号和微信群等方式进行线上招聘，也可以通过张贴海报、发放宣传单等方式进行线下招聘。

项目是否能够顺利实施，取决于项目的执行团队，也就是所有工作人员的工作能力和执行力。团队人员遴选的关键原则是认同，项目团队成员应对社区服务事业形成内心的认同，在项目实施过程中秉承相同的价值观和行为标准，大家朝向一个共同的目标而努力。

2. 志愿者招募和遴选

社区服务项目主要是公益性项目，具备在社会上招募志愿者的价值基础。

项目执行机构的专职人员是有限的，通常需要招募一批有公益心和服务意识的志愿者，他们能以无偿或低偿的形式为居民服务。实际上很多人都有奉献精神，都愿意为社区做些事，只是缺乏施展的平台。

（1）多种渠道招募志愿者。在招募志愿者的过程中，可以采取如下策略。

①利用互联网招募志愿者。通过网站、微信公众号等渠道，扩大招募工作的影响力。充分发挥"志愿北京"等互联网支持平台作用，广泛招募志愿者，还可以在网络平台上记录志愿服务时间、给予激励回馈，实现志愿服务的常态化运行。

②与驻区单位的党团组织合作。很多社区内都有驻区单位，比如政府部门、企业、学校、医院等，还有些社区的周边有企事业单位。这些驻区单位的党支部、团支部往往会有共建活动，他们不知道怎么开展活动、去哪里开展活动。项目执行机构可以建议他们去社区参与志愿服务，将这些驻区单位的青年职员纳入自己的志愿者队伍。

③与高校社团建立合作关系。与所在地区高校的青年志愿者协会、各学生社团积极联络，招募大学生志愿者，为志愿服务活动提供人力支持。

（2）善于利用各类志愿者。要善于利用不同年龄段和背景的志愿者，发挥他们的长处，为社区的公益服务作出贡献。

①老年志愿者。相对于为事业而打拼忙碌的年轻人，老年人对所在社区的归属感更强。老年人有更高的服务热情，有更充裕的服务时间，有更多的社会经验阅历，有为社会发挥余热的意愿，在处理突发状况时更有应对经验。他们长期居住在本社区，对服务对象的需求更了解。在社区服务项目中，根据老年人（主要是低龄、刚退休的老人）的生活阅历和身体状况，组织他们参与社区志愿活动。让老年人成为政策宣传员、治安巡逻员、环保监督员、邻里纠纷调解员、楼栋安全员、社区议事员，使他们在闲暇之余能够接触社会，为社区做一些力所能及的工作。

②企业志愿者。企业志愿者有不同的行业背景，他们可以为社区带来不同的文化和专业支持，传递人文关怀，使社区居民和受益群体能接触到社会上不同的人，参加不同类型的活动，丰富社区居民的知识，开阔他们的视野。

③学生志愿者。学生具有较强的青春气息，能够带动服务对象的生命活力，使服务对象对生活充满热情。学生参与志愿服务也是对自身进行思想道德教育的重要方式，有利于志愿服务精神的传承。

（3）严格遴选志愿者。志愿者的遴选要慎重，有些申请人纯粹是为了利益和名誉，还有些申请人不具备志愿服务的基本能力和素质。志愿者的遴选要经过面谈、培训、审核、试用等一系列环节。在服务过程中，志愿者的服务如果不符合要求，项目执行机构有劝退的权利。

（4）对志愿者进行分类管理。项目的服务对象往往是多样化的，活动形式和服务手段也是多元化的。从服务人群来看，有为老年人、残疾人、青少年等不同群体提供服务的志愿者；针对同一种人群，由于服务方式不同，有不同的志愿者，比如提供上门家政服务、心理疏导服务、医疗健康服务的志愿者；由于岗位不同，志愿者的工作任务也不同，比如有些志愿者是在机构内部做内勤或行政服务，有些志愿者是在外面做项目实施；志愿者还可以分为专业志愿者和非专业志愿者，这和项目内容有关，比如，在儿童教育服务项目中，学前教育、心理学、教育学专业的志愿者就被作为专业志愿者，化工、机械等专业的志愿者则是非专业志愿者。因此，项目对志愿者所需要掌握的技能各有侧重，项目执行机构要根据服务的类别，成立相应的志愿服务小组，对志愿者进行分类管理。

3. 开展团队培训

（1）社工培训。对机构专职社工进行项目管理、专业服务内容及能力培训，包括社区活动策划、沟通技巧、社工自我修养等内容，树立正确的社工理念，提高其服务技能与质量，并由其带领和指导志愿者开展具体服务。

（2）志愿者培训。在确定志愿者名单之后，要制定志愿者队伍管理的基本规章制度，做好统一管理和培训工作。根据不同社区的志愿服务需求，设计有针对性的志愿者培训课程，比如志愿精神、志愿者的权利和义务、志愿服务技巧、沟通技巧、团队合作等，提高志愿者队伍的凝聚力，促进志愿者个人成长。

（二）建立项目管理机制

项目管理机制是对项目的选定、计划和实施的过程，在有限的时间和资源条件下，为实现项目目标，所作的一系列决策和所采取的一系列措施。

1. 人员管理机制

（1）建立人员分工机制。项目不论大小，项目组成员一定要有工作分工。要设立专门的项目管理人员，实行项目负责人制，且负责人拥有带领团队的经验。根据项目任务情况以及机构的职能划分，编制一份工作人员任务书。项目执行团队的架构要清晰合理，有明确的人员分工及责任划分，每项工作都要做到分工明确、责任到人。

（2）建立人员沟通机制。人员沟通机制分为上行沟通、下行沟通和平行沟通。上行沟通是指下级的意见向上级反映，有层层传递和越级反映两种形式。下行沟通是领导者对员工进行的自上而下的信息沟通。平行沟通是组织中各平行部门之间的信息交流。通过有效的沟通机制，把项目管理的信息正确传达到相应的人员。

2. 进度管理机制

项目实施中要有紧迫感，一定要建立进度管理机制。项目执行机构要及时了解和监控项目实施过程，推动项目体系的规范化和制度化，将过程控制做到精细化和系统化，确保项目按时履约完成。

（1）编制详细的工作计划。根据项目协议中的时间节点规定，在项目实施方案的基础上编制详细的工作计划，将任务分解到项目团队各部门和责任人，各部门再根据每月实际需要完成的工作，编制月度工作计划。

（2）形成定期会议机制。定期的会议制度有助于形成项目组成员之间的良好沟通，也有利于人力资源、财务会计等相关人士及时掌握项目的执行状况，以确保项目的沟通顺畅。根据项目周期，可以每半个月召开一次项目执行人员例会。

3. 成本管理机制

项目都有固定的预算，在项目执行中应严格按照预算执行项目。社区服务项目的支出主要包括工作人员劳务费、志愿者补贴、专家费、场地费、材料设备费、交通费、印刷费、管理费、税费等。有些项目在执行过程中，原定预算不合理、外部因素变动是造成项目超支的主要原因。为了避免项目超支，项目执行机构可以采取有针对性的应急措施，及时调整项目方案，尽可能减弱它们对项目的负面影响。

4. 财务管理机制

项目的资金审批下达后，项目资金使用内容应与项目申报预算相一致。项目的资金要做到专款专用，不得挪用。由项目负责人及项目团队根据项目实施需要申请使用，不得用于与项目开展无关的支出，也不得由项目团队以外的人支配使用。项目资金在财务核算上应实行专账核算，即按照资金来源、资金支出分别设立专项明细账，准确核算、明细记录每笔经济业务的发生。

项目执行机构要建立资金使用审批制度，包括原始票据列支、明细购物清单、人员劳务成本指标造册、较大项目列支。同时，还要建立报表制度，需要编制项目收支决算表和项目收支报表。

5. 质量管理机制

质量管理是社区服务项目管理的核心。要打造精品项目，靠的是良好的质量保证体系，而质量保证体系的正常运行，需要有完善的质量管理制度的严格执行。政府购买服务项目的质量管理是要实现服务效能的要求，实现服务对象满意、购买单位满意、所在社区满意、其他利益相关方满意。负责项目实施的部门要定期进行内部评审，对内审中不达标的进行跟踪记录。要制定管控指标，对服务对象的满意度进行测评，出现不满意的情况要提出调整方案并进行检查。

（三）前期调研与需求评估

1. 了解社区基本情况

项目工作人员通过资料收集、实地参观等多种方法，了解街道、社区的发展历史和现状、困难群体（例如老年人、儿童、残疾人、特困人员、吸毒人员、社区矫正人员等）的数量及分布、文体活动场地情况、社区社会组织数量和服务情况及社区服务活动开展情况等，以便为项目执行提供基础资料。

2. 了解社区居民的服务需求

通过现场调研、开放空间、座谈会、沙龙等多种形式,邀请服务对象说明自己的具体需求。社区居民的服务需求是特指现有的社区服务所不能满足的那一部分需求。在调研之后,如果大家的需求都比较集中于某一方面,则说明该方面的需求就是具有普遍性、公共性的需求。

3. 初步设计实施项目的方案

结合社区的实际情况、居民的服务需求以及项目执行机构的能力资源,初步设计社区服务项目的方案,为项目的启动奠定基础。但初步的项目方案并非最终的实施方案,这个方案是在与合作单位洽谈的时候作为基础方案使用的。

二、项目的实施阶段

(一)合作方沟通

1. 确定合作方

社区服务项目的合作方主要包括驻区单位、社区商家、社会组织、志愿服务组织等,要与合作方提前进行沟通,确定合作的相关事项,以保障活动的顺利开展。当前,政府购买服务项目资金往往是来自市级、区级资金,通常不需要由街道、社区提供任何资金,只需要街道、社区提供场地和协助组织人员参加。这实际上是在帮助社区为居民提供公益服务,协助社区解决社会问题,社区的配合程度往往较高。

2. 确定项目实施地点

由于资金的限制,社区服务项目不可能覆盖全部街道或社区的所有人群。项目实施地点,主要是指具体的社区、学校、幼儿园、楼门等,从中选择若干家,作为项目的落地地点。在确认过程中,项目执行机构与对项目感兴趣、态度积极的社区居委或单位取得联系,确定项目的实施地点。

3. 开展项目研讨与细化方案

(1)与社区合作进行方案细化。项目具体方案要考虑到不同社区的特点和需求。项目执行机构按照合作方的需求，对项目管理、活动策划和社区参与等环节提出明确的要求，进行细致安排。与合作方一起，通过项目对接会的形式，对项目管理环节进行细致的设计，使之更加符合基层工作的实际。

（2）听取居民对活动设计的意见。在活动正式开始之前，通过发放问卷、召开座谈会等方式进行需求调研，有的放矢地开展活动。邀请项目的潜在服务对象、热心居民共同参与活动策划，根据他们的意见改进活动设计，使活动形式和内容更加贴近居民需求。

（二）进行居民需求和志愿者资源匹配

1. 建立居民服务需求档案

对社区中的空巢老人、留守儿童、外来务工人员、残疾人的数量及每个服务对象的住址、身体状况、服务需求、生活习惯和兴趣爱好等信息进行收集，录入服务对象综合信息平台，建立志愿服务需求档案。

2. 开展志愿服务对接

根据志愿者的个人特长、职业特点和服务意愿，对志愿者和服务对象进行有效匹配。采取一对一、一对多、多对一的综合包户方式，做好服务对接工作，结合服务对象的情况制订具体的志愿服务计划。

（三）准备活动物资和场地

1. 整合社区已有资源

可以使用"资源地图"方法，盘点社区的现有资源，挖掘和利用社区的特色优势资源，同时记录活跃度较低的资源，以便后续对其进行活化。

（1）拉近与辖区单位的关系。辖区单位（如学校、物业公司、大型企业等）有志愿者资源、资金物资资源和场地资源，这些资源都是项目得以顺利开展的宝贵条件。项目执行机构可以主动与辖区单位拉近关系，吸引它们更多地关注社区公共事务，在辖区单位中招募志愿者和募集捐赠物资，从而撬动更多的社会资源投入公益事业。

（2）尽量使用免费资源。社区服务项目应遵循厉行节约的原则，而且公益服务理应得到全社会的支持。项目活动需要的场地、设施尽量使用社区居委会或辖区单位的免费资源，比如社区文体活动中心、中小学的运动场、辖区单位的会议室等场地，以降低项目成本。在无法争取免费场地的情况下，再考虑通过租赁方式解决场地问题。

（3）充分发挥社区社会组织的作用。社区服务项目要调动各方面的积极性，让更多的有识之士参与进来。充分发挥社区社会组织和能人的作用，比如请书画社成员画宣传海报、请书法协会成员写春联。

2. 物资和场地准备

（1）物资准备。有些社区服务项目需要准备必要的物资，比如手工活动、书画活动、趣味运动会等。在活动开始前，清点已有的活动物资，确保采购的物资符合活动要求，同时开具的发票应符合财务报销要求。

（2）场地准备。社区文体活动、培训活动等项目都需要布置场地，具体包括桌椅摆放、横幅悬挂、光线控制、音响调整等。在场地准备中，不仅要布置好活动现场使用的道具，还要营造活动开展的良好氛围。

3. 获取服务对象名单

多数社区服务项目都是针对某类特定人群，要根据项目的目标，确定服务对象的范围和条件。在针对困难群体的项目中，可以联络街道民政科提供特困人员、残疾人和高龄老人等人员的名单。

（四）进行社区宣传和动员

宣传和动员是开展各项工作必要的前提和准备。在社区服务领域里，宣传和动员具有更加重要的意义。社区服务项目在正式实施前以及实施过程中，都要注意在居民群众中进行广泛的宣传和动员，扩大服务项目的受益群体和参与人数，营造良好的社区服务氛围。

1. 多渠道进行宣传

通过多渠道的宣传方式，使居民了解社区服务项目的目的、服务内容以及效果，提高项目在居民群众中的认知度，有利于扩大项目服务的覆盖面。

（1）召开社区动员会议。社区动员会议由社区主任主持，社区积极分子、楼门长参加，要准备一份项目活动的策划书向大家介绍，内容包括如何开展工作、项目实施、活动经费、活动内容等。在宣传和发动的过程中，先做部分人的工作，再由楼门长、志愿者以点带面进行宣传，以提升活动的参与率。

（2）利用社区宣传栏和社区网站进行宣传。利用社区现有资源（例如LED屏、宣传栏、展板等）作为媒介发布项目信息，并注明活动的时间、内容、受众。在街道、社区网站上发布项目信息，在网上开通微博和博客，通过社区的微信群、QQ群，也可以利用社区居民短信平台，对项目进行全面介绍推广。

（3）发放宣传资料。向社区居民发放列明项目活动内容的宣传单、折页等宣传资料。在宣传资料上，留下项目执行机构的联系电话和电子邮箱。将实施机构信息和活动刻录成光盘，发放到各社区居委会、服务中心及公共场所大屏幕进行播放，使更多的人能够知晓该项活动，从而在社区形成较大的覆盖面。

2. 广泛发动居民参与

社区服务项目有较强的公益性，公益性的一个重要方面就是参与的广泛性。因此，项目要吸引更多居民参与志愿服务。

（1）发动积极分子和楼门长。社区中的积极分子和楼门长能够发挥重要的带头作用，他们可以凭借自身影响力带动其他居民的积极性。选择态度积极的志愿者做典型，深入动员居民参与项目活动，同时利用口碑吸引更多居民参与。

（2）通过文体团队进行宣传。社区的文体活动参与人数众多，各类文体队伍如合唱队、舞蹈队都有很多成员，他们大多同时也是热心公益事业的积极分子，可以通过这些团体的渠道向居民扩散宣传。

（3）利用社区大型活动开展项目宣传。社区居民对综合服务活动的积极性，要高于单独组织活动的参与程度。项目执行机构要利用好社区文艺晚会、美食节等大型活动作为平台，借力开展项目宣传。

（4）考虑到各类居民的不同情况。目前的社区活动基本都是安排在工作日，参加活动的人员多数是年龄偏大的居民，这些老年人大部分都需要中午回家做饭、下午去学校接孩子放学，所以开展活动的时间可以短一些，尽量提早开始。全职妈妈也是参与社区活动的重要主体，但是，如果活动时间和她们照顾孩子的时间冲突，她们就很难参与。因此，可以多安排一些以家庭为单位参加的亲子活动。

（5）给予积极参与的居民一定奖励。为调动居民的参与积极性，可以在每次活动结束后，赠送小礼品作为鼓励。在培训类活动中，可以在参与者中评选出最大进步奖、风采之星等，鼓励居民更主动地参与项目活动。可以采取活动积分的方式，比如参与一次活动记一定的积分，根据参加次数核算总分，给参与较多者奖励一份礼品。

3. 让居民持续主动参与

社区服务项目要扩大项目的影响力及覆盖面，就要让社区居民了解和认可服务内容，提升社区居民的参与率，变被动参与为主动参与。

（1）打消居民的疑虑。①让居民了解相关政策。在项目开展中，有些居民误认为公益服务是诈骗而不愿接受服务，从而对项目开展产生负面影响。项目实施机构要加强对政策的宣传力度，向居民告知不收取任何费用，逐步打消居民顾虑。②让服务对象接受新的服务模式。有些社区服务项目的模式较新，居民不了解、不接受。比如，有些老年人及其家属对社区养老、互助养老心存疑虑，老人认为他们有儿女照顾，不需要别人为他们养老，或者将养老简单理解为到养老院接受统一服务，对新的社区养老服务模式不容易接受，这就需要项目工作人员对他们耐心地做工作。

（2）形成品牌吸引力。社区服务项目如果能够坚持不懈地定期组织活动，就可以让大家看到成果，从而不断地提高项目的参与度和影响力。项目活动的工作不要流于形式，要追求实际效果，这样才能逐步提升居民的认可度，促进社区服务项目的开展。

（五）实施社区服务工作

在进行社区宣传和动员之后，就到了社区服务工作的实施阶段。要更好地开展社区服务项目，应着重注意以下几个方面。

1. 完善活动的组织工作

按照活动特点划分，社区服务项目的类型可以分为户外服务活动和培训类活动，两类活动的开展有不同的注意事项。

（1）户外服务活动的组织。社区服务项目中的户外服务活动主要是趣味运动会、大型展览展示、户外拓展活动等。开展户外服务活动，往往面临户外场地协调和资金限制的问题。在这种情况下，可以动用各种伙伴机构资源，促进活动的顺利举办。合作单位可能基于安全、社会稳定和政策的考虑，导致场地协调不下来，如果户外的活动进行不了，可以改成室内活动。

（2）培训类活动的组织。社区服务项目中有很大比例是培训类活动，基本都是在室内开展，比如健康讲座、电脑培训、青少年兴趣课堂等。对于培训类活动的组织，应注意以下方面：①注重多种授课方式的使用。培训活动可以尝试打破讲授式培训的惯常模式，尤其是针对青少年的培训，要将参与式、互动式、游戏式与讲授式的培训形式有机结合，用问答的方式带动课堂气氛。注重学员的全程参与和经验分享，他们不仅是学习者，同时也是分享者和建设者。②形成良好学习风气。社区服务项目中的免费培训活动往往对学员缺乏约束力，甚至有的居民想来就来、想走就走。针对这种可能出现的情况，项目工作人员要对学员说明参与培训的要求和规则，对遵守规则积极参加培训活动的居民注重培养，形成良好的学习风气。③对学员适当给予鼓励。在兴趣类培训活动中（如书画班、电脑班、英语班等），学员的基础有高有低、接受能力参差不齐，领会慢的学员可能会失掉信心，项目工作人员要注意对他们多加鼓励。可以动员学习能力较强的学员与领会慢的学员互动，形成学员之间互帮互助的团体氛围。

2. 动员参与者实行自我管理

在每次活动中，项目执行机构不可能完全照顾到每个参与者，这就需要动员参与者开展自我管理。可以选举有责任心的参与者担任负责人，并将参与者分成若干个小组。每个小组通过自荐或推荐的方式选出组长、副组长，再自己挑选负责各事务的管理者。组长承担起活动联络、人员参与记录和组员筛选奖惩等工作，参与者如果有事情可以逐层反映汇报。在项目活动过程中，由参与者自我管理，不但能发挥参与者的主动性和积极性，还能增强参与者的组织认同感，减轻项目执行机构的管理压力。

3. 实施风险及应对策略

针对项目出现突发情况可能应对不足的风险，项目执行机构要在项目执行前，建立基本的突发情况应急预案，及时向有经验的专家顾问和督导请教，请他们协助作出合理决策，保证项目的顺利实施。

（1）控制管理风险

①避免发生沟通协调不畅导致的风险。项目执行机构与居委会和社区居民（服务对象）的沟通协调不到位，导致活动的配合度低，造成无法达到活动效果，甚至无法开展活动；项目团队成员缺乏沟通，导致在项目执行中出现问题影响项目进程。针对这一风险，要通过实地走访、现场考察等方式完善项目方案，使之贴近居民需求，提高居民对该项目的认同感；加大项目的宣传力度，拓宽项目的影响力；对居委会及相关单位负责人动之以情、晓之以理，使他们充分认识到实施项目的重要意义以及对社区发展的推动作用。

②考虑合作单位变化的预案。基层社区居委会每三年都面临换届工作，而且合作单位领导也可能出现变动，即使原来谈妥的项目也可能会因为领导的变动而变化，导致项目工作难以列入社区工作议程，影响项目在社区的顺利运行。针对这个风险，要提前做好预案，及早准备多个社区或单位作为后备合作单位。

（2）控制服务风险

①避免发生人身意外伤害事故。开展社区活动的首要原则是要确保人员安全，对于面临一定风险的活动，要向居民发放安全事项通知书，强化参与的安全意识。在室内活动中，要确保用电安全、防跌倒，选定义务安全员，进行定期检查和应急措施的演练。为防范志愿者侵害服务对象或遭受服务对象侵害，可以制定志愿者服务规范，包括人数配比原则、性别配比原则、不产生经济关系原则等。

②避免对服务对象的二次伤害。社区中的失独老人、残疾人、孤儿和刑满释放人员等特殊群体的心理比较敏感，如果在服务过程中不注意语言表述、神态等细节，就很可能对他们造成二次伤害。社会工作者和志愿者要了解服务对象的心理，由专业人士对志愿者加强指导，在服务过程中不伤及服务对象的自尊心。

（六）持续提高自身能力

1. 进行持续督导

年轻的社会工作者在开展项目活动的过程中，往往存在专业知识及技能不足的问题，比如小组带领及掌控的技巧不足。而且，由于项目人员还要参与较多的事务性工作，他们的精力有限，有时候无法按时完成项目活动。督导的作用在于，可以通过专业的视角，对项目人员进行专业力量和专业精神的提升。比如，督导可以对项目人员进行心理健康知识的讲解，讲解小组、个案工作的方法，进行现场情景演练，使他们掌握服务技巧和应急处理技巧。根据项目的进度，安排督导人员去现场协助一线工作人员，对他们的工作给予直接指导。

2. 重视志愿者的激励与能力提升

（1）对志愿者加强培训。定期举办志愿者培训活动，对志愿者进行志愿精神、理念以及专业知识的培训，向志愿者讲解在遇到突发事件时的处理方式，从而提升志愿者的综合能力，使志愿服务更具专业性。

（2）重视对志愿者的持续激励。志愿者在提供志愿服务的过程中，由于他们的动机不同，服务意愿和服务时间也不同，往往是在刚开始的一段时间服务热情较高，乐于积极参与志愿服务。但在一段时间过后，志愿者的新鲜感降低、重复性提高，他们的参与热情就开始下降，变得越来越不活跃。针对这些问题，需要通过分析志愿者的动态数据，加强对志愿者的关心呵护和精神激励。可以与企业进行合作，获取一些奖品类物资，作为志愿者们的福利。定期评选一批在活动中表现突出的优秀志愿者，为其进行颁奖，感谢志愿者们的付出，从而提升团队的工作积极性。

（3）定期进行总结和反思。每次服务活动结束后，由领队组织志愿者坐在一起，进行感想分享。这既可以让来自不同领域的志愿者们通过这种方式相互认识和熟悉，也是对整个志愿活动进行总结和反思，从而促进志愿服务的不断完善和提升。

（七）完善项目自身管理

1. 建立服务满意度反馈机制

建立服务满意度反馈机制，通过服务打分、问卷调查、座谈会等多种方式，收集反馈意见和满意度评分，随时回访、征求参与服务工作人员的意见和建议。确保服务能够按时、保质、保量完成，使项目按照既定的方向和进度进行。根据服务对象的反馈意见，对项目形式和内容进行针对性的调整，使服务内容更有针对性，形式更加灵活多样。比如，社区健康讲座，可以根据老年人对讲座内容的反馈意见，及时调整健康讲座的主题和形式。

2. 实施项目进度管理

（1）把控项目时间节点和资源投入。在项目进度的把控上，项目执行机构要把握好时间节点和资源投入。项目执行机构应按照项目协议的量化指标要求，投入人力、物力和其他资源。根据总的进度计划，制订出项目资源总计划和财务总计划，将这些总计划分解到每季度、每月、每周等各阶段，进行项目实施过程的实时控制。项目执行机构要按时实施项目活动，按时向政府或第三方机构提交中期报告和结项报告。

（2）及时调整项目计划。在项目执行过程中，项目执行机构如果发现原实施方案存在问题需要调整改变，比如项目实施地点变化、服务对象变化、服务次数变化等，在向购买方及第三方机构提出项目变更申请后，如果被批准同意，则可以相应地调整项目计划。

3. 组织项目自评会议

在项目进行结项评审之前，邀请内外部专家顾问举办项目自评会议，以总结项目成功的经验模式，提早发现自身问题。

（1）前期工作总结汇报。在项目自评会议中，由专家听取项目情况汇报、总结项目实施经验，整理好各项案例资料和绩效资料。对前期工作中存在的不足，项目执行机构要及时进行分析和改正。

（2）下一步工作部署。部署会由项目专家、项目管理人员、一线社工、志愿者、社区群众代表参加，针对项目运行过程中存在的问题，提出今后改正的意见，确保项目工作的顺利进行和目标的实现。

第四章　社区服务项目的结项

一、项目结项报告的撰写

结项报告是项目的服务活动全部完成后要写的一份总结报告，说明该项目目标的实际达成情况，以使得结项通过。结项报告的内容主要包括项目活动完成情况、计划调整情况说明、项目直接产出、项目间接产出和影响、项目成功经验和教训、机构成长、媒体报道情况、经费结算等。结项报告的撰写应注意以下方面。

（一）应具备基本的量化数据

1. 说明已经开展活动的名称、时间、人数

结项报告中的实施情况总结要对应立项报告中的实施方案，列明已开展活动的时间、名称、地点和参与人数。但是在有的结项报告中，只是描述活动举办了多少次，并没有说明活动的名称、时间以及参与人数。如果在结项报告中不列出这些具体信息，很难向评估机构证明活动已真实完成。

2. 量化说明项目的效果

要量化说明项目取得的效果，注重收集受益人的感受、体会等资料。在每次活动结束后，进行服务绩效评估，由服务对象匿名填写满意度调查表。比如对于健身类服务项目，可以用身体和健康改善数据来衡量改善成效。某项目的成效指标为：慢病控制有效率 70% 以上，年均医药费减少 1500 元以上。

（二）考核成效和实际效果

1. 活动不能搞形式主义

项目的实际效果是项目执行机构所立足的根本。要关注服务的具体效果是什么，不能只有活动完成的数字（比如活动次数、参与人数），而没有效果的体现。但是，很多机构把大量精力放在统计数据上，而忽视了项目的实际效果。

2. 注重参与者能力水平的提升

项目应注重居民在参与项目活动之后，其自身能力和意识水平的提升，以及在接受服务之后所得到的真正改变。倘若仅仅为达成活动的次数和人数，是很难实现服务的实际效果的。有些项目尽管完成了数量指标，但并没有真正起到作用，甚至起到的是负面作用。因此，结项报告是否能够说明资金的实际使用效果，服务对象有哪些显著改变，是项目执行机构获得政府及社会认可的关键所在。

（三）将实际达成和计划达成进行对比

在结项报告中应说明立项报告中的预期计划是否都已达成，是否还有未完成的服务或活动，以及该服务或活动没有完成的原因是什么。项目执行机构要将项目的实际执行情况与计划的各个事项进行逐个对比，重点是落地社区数量、服务对象类型、活动次数和活动覆盖人数的对比。

（四）总结项目模式和流程

项目执行机构在项目完成后，能够根据项目执行情况，总结项目的成功经验，形成一套可推广和可复制的服务模式。这些实践总结出来的服务模式，还可以分享给其他同类项目执行机构。例如，某盲人安全出行服务项目形成了《盲人安全出行服务指南》。该指南包括志愿者管理流程、盲人需求申报流程、服务对接管理流程、志愿者服务规范等，可供其他机构提供类似服务时进行借鉴。

（五）说明机构在大型活动中所起的作用

在不同的项目活动中，主办、承办、协办、参与活动的角色是不同的，其付出的工作量、人员投入和经费支出的差别很大。在结项报告中，要实事求是地说明项目执行机构具体承担的角色，并加以充分说明，而不能把仅仅是参与的活动当作自己主办的活动。

（六）最好有升华和提升

项目的结项报告中除了定量陈述预期目标是否完成以外，最好还能说明项目是否有所创新。也就是说，要对项目的意义及创新之处进行提炼和深层次挖掘，而不局限于对活动本身的简单描述。比如，阳台种菜项目的效果除了教会居民种菜以外，还可挖掘在此过程中，社区居民的邻里关系、邻里互助、社区参与、环境保护等方面是否有所提升，这是项目所期望实现的重要目标。

二、项目资料及财务资料的准备及审核

在项目结项审核的时候，项目资料的准备内容通常包括立项资料、管理资料和绩效完成情况资料。项目立项资料主要包括项目申报书、实施方案和立项批复文件。政府购买服务项目管理规章制度和相关文件主要包括《项目管理条例（制度)》《现金管理办法》《财务日常报销规范（制度)》《支票管理办法》等。

作为承接方的项目执行机构，要能证明自己已经提供了预计的服务，实现了对购买方的承诺。不同的项目或服务内容，要提供不同的支撑材料，支撑材料是对项目实施过程和质量的证明。项目的绩效资料包括：第一，项目实施各阶段情况报告，项目实施各阶段情况报告主要包括中期报告和结项报告；第二，项目绩效完成情况及收支明细表；第三，项目调整申请及批复（如有调整）；第四，项目开展活动的相关资料。不同类型的活动，在结项时

需要准备不同的资料，主要分为前期准备资料、现场资料留存、后期整理资料①。

绩效材料的整理要整齐有序，应按照实施方案列明的活动顺序建立相应的文件夹。在文件中，每个活动按照计划、中期总结和活动总结来排序，活动总结后面附上现场照片。调研、访谈类的项目，需要附上调查问卷、访谈提纲以及调查报告。

政府购买服务项目的财务资料审核比较严格，项目执行机构要遵守严格的财务规范制度。项目财务资料准备及审核的内容主要包括：第一，财务资料自查。项目要写财务报告，进行财务资料自查，包括审查财务支出标准是否合规、财务支出手续是否合规。在审查财务支出标准是否合规的时候，项目执行机构要查看自己是否存在违反财务支出标准的情况②；审查票据及报销、支出手续是否合规③。第二，绩效目标完成情况审核。绩效目标完成需要

---

① 不同类型活动的绩效资料主要包括：（1）培训类活动。培训类活动的绩效资料主要包括：活动通知、培训方案及课表、讲师介绍、课程 PPT 或讲义、参训人员名单及现场签到表、现场照片、参训人员满意度测评表及报告、活动总结、信息及其他媒体报道等。活动现场照片中须体现专项资金宣传（条幅、背投等形式），且在照片上显示拍摄日期，并在照片下方配注活动文字说明；每场活动均须提供现场签到表，为全部到场参加人员（非工作人员）的亲笔签名，不可代签；每场活动均须提供服务对象满意度测评表。（2）会议类活动。会议类活动的绩效资料主要包括：会议通知，会议议程，参会人员名单及现场签到表，现场照片，会议纪要，会议相关成果，会议总结、信息及其他媒体报道等。（3）服务类活动。服务类活动的绩效资料主要包括：活动通知，活动方案，参加人员名单及现场签到表，现场照片，服务对象满意度测评表及报告，活动总结、信息及其他媒体报道等。个案类服务须提供服务对象基本情况资料及每次个案访谈的记录，以及现场照片。（4）调研类活动。调研类活动须提供调研方案，调研对象（样本）名录，调研现场照片，调研工具（问卷、访谈提纲等），30～50 份调查问卷原件以及调研结果报告。

② 以北京市大兴区为例，自查的事项主要包括以下内容：劳务费支出（工作人员补助、专家费、志愿者补贴）是否存在超标的情况；是否有超标准购置资产的情况；1 万元以上的单笔支出是否已提前向政府报批；5000 元以上的采购支付是否有合同或协议；2000 元以上的单笔支出是否使用了转账支票、银行卡消费、网银转账等方式；劳务费比重是否低于 60%；项目管理费是否低于 2%；已支付劳务补助的，是否有再支付交通费、餐饮费、住宿费的情况。

③ 审查票据及报销、支出手续是否合规，预算执行情况是否无误。自查内容主要包括：劳务费的报销手续、审批是否完备，是否按时报税；票据真伪检验（国税或地税官网上可以验证）；预算结构性支出是否合理；节约额或超支额均属于改变用途，但如果金额较小，2% 内可不作变更申请。

注意的问题主要是：中期评估时，注意项目进度和资金使用量的配比。在中期评估时，可能存在的问题是项目进度慢，活动完成的比例不足50%，资金使用未完成50%。

三、项目结项存在的问题及建议

在项目的结项评审中，往往发现有些项目的结项中存在着不少突出问题，项目执行机构应采取措施避免出现这些问题。

（一）项目结项中存在的问题

1. 出现诚信问题

社区服务项目是公益性项目，应该遵守最基本的诚信原则，这也是项目执行机构的基本底线。但是，在项目的实施中，某些机构的诚信出了问题。

（1）绩效材料造假。在有些项目中，其活动并没有实际开展，但是提交报告谎称已经开展过了，拼凑使用虚假材料。在跨年度的延续性项目中，有的机构用前一年的照片资料冒充当年的项目资料。

（2）服务对象选取采取拼凑蒙混方式。项目执行中应遵循预期计划，服务于目标对象群体，但是有的机构为了方便执行项目，采取了拼凑蒙混的方式。比如，立项目标是要服务于某类困难人群，但在实施项目的时候，由于目标群体人数少或难以调动其积极性，就临时找来一些不相关的服务对象，由一般的居民群众或志愿者来参加，这就偏离了原定的目标，达不到项目的预期效果。

（3）项目转包。政府购买服务项目严禁转包行为，但是有的机构将申请下来的项目转包给其他机构执行。在项目执行中，本机构没有任何参与，只是从中赚取项目管理费。

2. 项目人员不能够保障项目工作

政府购买服务通常是一年一次的签约，承接机构的项目资金不稳定，全职工作人员较少，人员流动率较高。在某些机构，一个项目人员要同时负责多个项目，个人的工作量非常大，实习生和志愿者招募困难，大学生志愿者团队也不稳定。项目执行人员一旦接到新项目被抽调到其他项目团队，接替维持该项目运作的人如果不熟悉项目，往往会导致项目执行停滞。

3. 项目资金使用存在问题

政府购买服务购买的是服务，项目实施机构是通过开展各类服务使目标群体获益。但有些项目执行机构对购买服务资金的使用原则与规范没有详细了解，导致出现资金使用不当的问题。

（1）向服务对象发放现金补贴。比如，某儿童救助项目向处于困境的低收入家庭直接发放现金补贴，这就违背了项目资金的使用原则。

（2）项目资金用于购买物资，直接发放给了服务对象。比如，某项目执行机构直接给社区老人大量购买血压计、助听器等物资并直接发放；某助学项目直接购买图书送给落后地区的学校。

（3）有的项目将资金直接用于报销疾病患者的手术费或诊疗费，而不是给患者提供服务。

4. 档案管理存在问题

项目执行中的档案留存及管理非常重要，但是有些项目执行机构不重视这项工作，主要存在以下问题：

（1）绩效资料留存不全。有些项目执行机构的档案资料留存及管理意识非常薄弱，虽然将很多人力、物资投入项目中，但在活动过程中不注意保存绩效资料（如照片、签到表等）的记录，活动过后很难再去补救，导致由于资料不齐全而无法通过结项。

（2）不向评审人员提供支撑材料。在结项评审会现场，有的项目执行机构不向评审人员提供支撑材料。但是，评审人员必须要看到支撑材料才能评价项目是否可以结项，这就导致无法进行客观评价。比如，有的项目主要工作是编写一本案例集或制作光盘，但是现场没有提供案例集或光盘。有的结项报告中没有说明活动的时间、地点和受益人数，也没有活动照片作为支撑，这就无从判断活动是否已经完成。

（3）提供材料无法支撑活动情况。有的项目在结项评审时虽然提供一些材料，但是提供的材料不具有典型性和代表性，无法证实和支撑活动的情况，这也导致项目结项评审无法进行。

（二）项目如何进一步提升

针对项目结项中发现的问题，项目执行机构应该从以下方面着手，进一步提升项目的质量。

1. 重视项目档案管理

档案作为项目过程的原始记录，具有其他资料不可替代的作用。那些档案管理完善的机构，能够做到活动过程有记录、活动现场有照片、活动成果有备份，其评估结果就会更加理想。因此，项目执行机构要认识到档案管理的重要性，认真梳理、汇总档案。

但是，有些项目的资料不是那么容易获得，离婚家庭、智障人士、服刑人员或艾滋病患者等特殊人群不愿意拍照或留资料。比如，某离婚家庭调解项目，在调处过程中，由于离婚案件的隐私性质，当事人拒绝拍照、录像以及志愿者观摩。在这种情况下，为照顾当事人情绪，确保项目实施的质量，可不再拍照或者制作视频材料。

2. 实现项目的可持续发展

项目如果能够实现居民自治及自我运转，就具备了项目可持续发展的特征，从而能够持续为社区居民提供服务，更加容易为社区居民所接受。

（1）与项目各利益相关方建立合作关系。通过项目的组织实施，项目执行机构与相关的政府职能部门、街道、社区及领域专家就项目方案和内容进行协商讨论，逐步消除彼此之间的猜疑和不信任，建立默契合作关系，为下一周期的项目合作奠定基础。

（2）实现居民主动参与积极性提升。在项目实施后，居民的参与意识有了显著改变。过去社区居委会组织活动是邀请居民参加，现在是社区居民组织活动，社区居委会和社工起到协助作用，居民从中获得自我价值的满足。

（3）实现社区社会组织及带头人持续发挥作用。在项目结束后，项目执行机构能培育当地的社区社会组织发展起来，能够在社区自主组织居民活动。

社区带头人与普通志愿者不同，他们是小区里的热心领袖人物。这些人的策划、组织和管理能力越来越强，在社区的影响力越来越大，即使项目结束之后，他们还会一直在社区发挥作用。

（4）实现志愿者数量和能力的提升。在项目结束后，能够将社区内的志愿者凝聚起来，志愿服务团队从无到有、从弱到强，志愿者的人数得到显著增加，从一个人单干发展到多名核心骨干成员共同参与。项目执行机构协助选拔、培养和组建3~5人的骨干志愿者管理团队，支持管理团队独立运作项目。在社区开展的服务活动中，项目志愿者能具备独立操作的能力。同时，应该多培养年轻志愿者，他们是志愿组织可持续发展的保障。

（5）实现志愿者管理及志愿组织的规范化和制度化。志愿者管理的制度化包括以下三个方面：一是实现志愿者正式注册。志愿者成为当地志愿者协会的注册成员，依法享受志愿者的权利，履行志愿者的义务。二是建立志愿组织管理制度。志愿组织建立志愿者的组织制度、学习制度、考勤制度、活动制度和奖惩制度等，志愿者能自觉遵守组织的各项规章制度。三是志愿者团队成为法人组织。项目结束后，志愿者团队能够注册成为正式社会组织的，可以申请项目资助和招聘专职员工，不断扩大服务规模，形成持续的服务机制。

（6）实现社区关系网络可持续。社区关系网络的可持续对项目的可持续十分重要，它包括两个方面：一是服务对象形成关系网络。项目把居民动员起来，通过大型活动和小组活动，使居民之间建立互助的关系网络，这种关系一旦建立就会自然发展，给社区带来活力。比如，幼儿早期培养项目，家长通过参与绘本课程，在社区中找到志趣相投的朋友，搭建交流平台以后，即使项目结束，不再有外来组织的帮助，他们也可以继续组织绘本课程活动。二是社区与外部资源形成关系网络。社区与外部的专家、志愿者和资助方建立稳定的关系，都是在扩大本社区的社会资本。

3. 促使项目模式复制推广到其他地方

如果一个项目经过较长时间的实施，项目的模式比较成熟，各相关方都比较接受和认可，且项目达成不需要具备特殊的外在条件，这个项目就具备了可复制推广的价值。具备可复制性的项目，能够不断地扩大项目和组织的社会影响力。

（1）项目要有推广的可能性。项目要想在各地进行复制推广，首先是要具备推广的可能性。例如，某老年人健康讲座项目，通过讲座方式普及营养健康知识，使社区老年人意识到日常膳食营养对健康的影响，改善日常饮食营养摄入和日常膳食，合理搭配改善健康状况，降低慢性病发病率。这种模式也可在学校、企业进行推广，根据目标群体的特征设计讲座内容。比如，针对儿童，可以开展儿童营养、合理饮食的讲座；针对企业员工，可以开展慢性病预防、白领身体亚健康、饮食与运动关系的讲座。

（2）争取得到政府高层的批示。一个项目如果能够得到政府层面的关注，则对于扩大该项目的影响力和进行广泛复制具有重要意义。例如，某法律援助中心的离婚调解项目，其模式是为涉未成年人的离婚案件提供家事调解法律援助。项目执行结束后，该机构将该调解模式上报给民政部。民政部相关负责人批复指出："这一制度是一项很有创新意义的工作。"这个批复给予该机构很大鼓励，该机构考虑将涉未成年人离婚案件的调解模式复制到法院、婚姻登记机关和妇女儿童维权机构。

（3）品牌项目将具有更强的推广效应。有些项目经过长期实践，项目模式比较成熟，媒体广泛报道，在社会上形成了一定的美誉度，成为影响力较大的品牌项目。在这种情况下，有些街道、社区会主动与项目执行机构取得联系，希望能够相互合作，将该项目模式在当地进行复制。

第五章　社区老年人服务项目设计

一、社区老年人服务的背景信息

（一）老年人的相关概念

1. 老年人的概念

我国政府将 60 周岁及以上的人称为老年人。老年期可以更为详细地划分为三个阶段，按照国家标准，一般把 60～69 岁的人称为低龄老年人；70～79 岁的人称为中龄老年人；80 岁及以上的人称为高龄老年人。

在老年人群体中，还包括空巢老人、独居老人、失独老人、残疾老人、高龄老人、特困老人、失能老人等亚群体。其中：（1）空巢老人，是指无子女或子女不同住的老年人，空巢家庭一般分为老年夫妻一起居住和老人独居两种状态；（2）失独老人，家中唯一的子女离世，这样的家庭被称为失独家庭，家中的老人即被称为失独老人；（3）失能老人，是指按照国际通行标准，吃饭、穿衣、上下床、如厕、室内走动、洗澡六项指标中有五到六项做不到，丧失生活自理能力的老年人。

2. 我国老年人的数量

人口老龄化是指老年人口占总人口的比重逐渐增长的过程。按照联合国的标准，一个国家或地区，60 岁及以上人口占总人口 10% 以上或 65 岁及以上人口占总人口 7% 以上，则表明该国家或地区已进入人口老龄化社会。

我国自 1999 年进入老龄化社会以来，人口老龄化程度不断加重。截至 2021 年末，全国 60 周岁及以上老年人口 26736 万人，占总人口的 18.9%；全国 65 周岁及以上老年人口 20056 万人，占总人口的 14.2%。[①] 近年来，北京市人口老龄化呈现加速发展态势，第七次全国人口普查结果显示，截至 2020 年 11 月 1 日零时，全市常住人口中，60 岁及以上人口 429.9 万人，占 19.6%，其中，65 岁及以上人口 291.2 万人，占 13.3%。[②] 由于我国经济尚不发达，人口老龄化的加速使得我国的养老保障、医疗保障、老年设施等方面的建设面临巨大压力。

（二）我国老年人服务的相关法律政策

我国在 1996 年出台了《中华人民共和国老年人权益保障法》这部专门保障老年人权益的法律，此后该法于 2012 年修订，2009 年、2015 年和 2018 年进行了三次修正。其中规定："地方各级人民政府和有关部门应当采取措施，发展城乡社区养老服务，鼓励、扶持专业服务机构及其他组织和个人，为居家的老年人提供生活照料、紧急救援、医疗护理、精神慰藉、心理咨询等多种形式的服务。""地方各级人民政府和有关部门、基层群众性自治组织，应当将养老服务设施纳入城乡社区配套设施建设规划，建立适应老年人需要的生活服务、文化体育活动、日间照料、疾病护理与康复等服务设施和网点，就近为老年人提供服务。"此外，《中华人民共和国宪法》《中华人民共和国民法典》等法律中也有关于保障老年人合法权益的规定。

2013 年，党的十八届三中全会通过的《中共中央关于全面深化改革若干重大问题的决定》指出，"积极应对人口老龄化，加快建立社会养老服务体系和发展养老服务产业"。2020 年，国务院办公厅印发《关于切实解决老年人运用智能技术困难的实施方案》，提出我国将帮助老年人跨越"数字鸿沟"，让广大老年人顺利搭上智能技术的快车，共享信息化发展成果。2022 年 2 月，国务院印发《"十四五"国家老龄事业发展和养老服务体系规划》，提出要在"十四五"时期，推动老龄事业和产业协调发展，构建和完善兜底性、普惠

---

① 国家卫生健康委，全国老龄办. 2021 年度国家老龄事业发展公报［R/OL］.（2022 - 10 - 24）［2023 - 09 - 04］. http://www.nhc.gov.cn/lljks/pqt/202210/e09f046ab8f14967b19c3cb5c1d934b5.shtml.

② 谷玥. 北京核心区常住人口［N］. 北京青年报，2021 - 05 - 20.

型、多样化的养老服务体系，使老年人的获得感、幸福感、安全感显著提升。2022 年 10 月，民政部等 10 部门印发《关于开展特殊困难老年人探访关爱服务的指导意见》，提出到 2023 年底前，基本建立特殊困难老年人探访关爱服务机制；到 2024 年底，探访关爱服务普遍有效开展；到 2025 年底，特殊困难老年人月探访率达到 100%，失能老年人能够得到有效帮扶，探访关爱服务机制更加健全。

养老服务可分为机构养老、社区养老和居家养老等形式。我国绝大多数老年人都会选择居家养老，这在未来相当长的一段时间内都不会改变。我国政府制定了"9073"养老目标，即 90% 的老年人实现居家养老；7% 的老年人实现社区养老；3% 的老年人实现机构养老。其中，机构养老主要面向失能、失智的老年人，提供专业性强、标准化程度高的老年照护服务；社区养老和居家养老主要面向可以自理或部分自理的老年人，提供标准化服务与个性化服务相结合、基本服务与增值服务相结合的多种类型老年服务。

（三）老年人的需求

人口老龄化的发展使得家庭规模不断变小，社区的空巢、独居老人的数量不断增加，80 岁以上老年人行动不便加之各种老年病，政府和市场等传统服务主体无法满足老年人需求，如何满足老年人居家养老的愿望已成为全社会关注的问题。老年人在社会层面的需求主要包括医疗保障需求、心理慰藉需求、社会参与需求和日常照顾需求。

1. 医疗保障需求

身体健康状况下降是影响老年人生活质量的重要因素之一。当人的各种器官达到成熟期后，会逐渐地丧失其功能，这种现象就是老化。绝大多数老年人都患有不同程度的老年常见疾病，如糖尿病、高血压、关节炎、白内障、失禁、冠心病、骨质疏松、老年痴呆症、帕金森病等。按照世界卫生组织的健康标准，我国老年人中，身体健康的比例只有 43% 左右。同时，由于社区中的医疗、照料服务等社会保障体系设施不完善，容易出现老人因病致贫、最后看不起病的问题。医疗保障是老年人最为关注和渴望满足的需要，特别需要专业人士照顾，社区急需一批受过训练的高龄老人护理员。不能自理的孤寡老人病了无人照顾，存在就医难的问题，需要陪同就医、领取处方药；需要社区医院上门输液、定期体检；医药健康用药评估问题。

2. 心理慰藉需求

人在老了之后会有心理老化的现象。心理学意义上的老化是指老年人个体的感官过程的变化，他们在心理上有三种表现：一是固执急躁，变得不爱交际、性格任性。二是孤独抑郁，有些老人会出现孤独、压抑，情感日渐脆弱，导致自卑、烦躁、焦虑、多疑。三是失落依赖，老年人生活单调、注意力无法转移时，会产生内疚、负罪、失落和依赖，常因小事而长吁短叹。儿女不在身边的老人希望能有人经常陪伴聊天，需要有情感支持、自我价值肯定和被社会尊重。

3. 社会参与需求

提高老年人的生活品质，丰富老年人的精神生活，是社会治理亟待解决的重要问题。大多数老年人都希望在退休后有些事情做，能够接触社会、充实自己，需要有感情交流。很多老年人希望参与各类社区活动，比如书画、音乐、舞蹈，他们想加入社区老年活动站、诗社、书画社等兴趣组织，并成为志愿者为社区服务，从而被重视、被尊重，实现自身价值。

4. 日常照顾需求

很多老年人是独居状态，日常生活无人照顾或者是子女太忙无暇照顾。老年人由于身体不好，在日常生活方面存在一定的不便。老年人的生活需求主要体现在：一是社区服务设施需求。有些老旧楼房无电梯，老人需要陪同服务；有些平房小区院内的地面不平，晚间无照明；平房社区老年人的洗澡、如厕不便。二是老年人的日间照料需求。老年人的家政服务需求；老年饭桌的需求；老年人买菜、代购生活用品的需求；高龄老人上门理发的需求等。

老年人面临的问题及其需求具有复杂性和综合性，老年人的心理问题很多是由身体健康问题引发的，而心理状态不佳也加剧了身体健康水平恶化。单纯提供某种服务不足以彻底解决老年人面临的实际问题，还需要提供综合性的服务。

二、社区老年人服务项目设计

社区老年人服务项目的类型包括成立社区助老服务队、建立社区老年人服务档案、完善社区老年人活动场所设施和条件、社区老年人文体娱乐服务、社区老年人医疗保健健康服务、社区老年人日常生活服务及照料、社区老年人精神慰藉服务、社区老年人安全与权益维护等。

（一）成立社区助老服务队

社区中的空巢、独居老人生活上无人照顾、相对困难，十分需要精神慰藉。在社区成立助老服务队，其成员优先由社区热心居民组成，便于就近第一时间服务有需求的老人。重点为社区里的空巢、独居、高龄、残疾、患病、低保低收入、失能失智老人提供服务，为他们提供生活上的照料，陪老年人聊天，排解他们生活中的苦闷。

邀请社工师、康复师、心理咨询师等专家对志愿者进行培训，培训内容包括老年人心理疏导、家庭急救、安全防护、就医程序、家庭卫生等方面。培训后经过考核合格再上岗，避免志愿者在服务过程中对老年人造成无意识的伤害。服务形式可以是中年人服务于低龄老人、低龄老人服务于高龄老人，比如，50 岁中年人帮助 60 岁老人，60 岁老人帮助 70 岁老人。志愿者与老年人结对，形成 2 名志愿者 +1 名老年人的服务模式。为老人上门服务必须有两名志愿者协同，这样既能确保人力充足，又能有效处理服务过程中可能发生的意外情况。比如，老人突发疾病，一人能在现场给予有效照顾，另一人能及时打电话求助，向其亲属说明情况，避免产生误解。对低龄老人开展志愿服务培训，鼓励其回归社会，发挥余热，实现自我价值，推进积极的老龄化。通过开展服务，在社区营造尊老、敬老、孝老、养老的良好氛围，使老人们能够安享晚年。

（二）建立社区老年人服务档案

通过入户调查，对社区老年人的状况进行登记造册，筛选出符合服务需求的老年人。建立服务档案，包括受助老年人的需求、兴趣爱好、心理状态、常见疾病、服务内容和改善状况等。

1. 按照人群划分建立老年人服务档案

为社区内的失能老人、空巢老人、失独老人、残疾老人、低收入老人等重点老年人群体建立服务档案，健全老年人的基本信息，摸清每个社区老人的主要需求和分布情况。形成完善的服务记录，便于为重点老年人群体提供有针对性的服务。

2. 按照年龄划分建立老年人服务档案

整理调研基础数据，结合老龄工作台账梳理服务人群，分别按照60~69岁、70~79岁、80岁及以上建立台账，便于为不同年龄段老年人提供有针对性的服务。

（三）完善社区老年人活动场所设施和条件

1. 开设社区老年人日间照料中心

在社区开设老年人日间照料中心，把分散的日间照料、老年助餐、老年活动、康复健身等资源集成到一个空间，引入社会组织、医疗机构等专业资源，为老年人提供"一站式"服务。老年人日间照料中心应具有一定的硬件设施，包括固定床、折叠床、方桌、电视、微波炉、棋类、麻将等。老年人日间照料中心能够解决老年人的白天照料问题，为老年人提供全方位服务，其服务对象重点是空巢老人、独居老人、高龄老人和特困老人。

2. 建立社区老年人文体活动中心

有些社区的老年人文体活动设施匮乏，很多老年人赋闲在家、无事可做，造成身体退化严重。在社区设立老年人文体活动中心，可内设图书阅览室、乒乓球室、舞蹈排练室、书画工作室、棋牌室等，为老年人的各类文体活动提供场地。老年人文体活动中心是老年人休闲娱乐和文化活动的好去处，能够为老年人提供舒适的活动场所，使他们在家门口就能参加丰富多彩的文体活动，从而极大地提升老年人的文化内涵。

3. 设立社区老年人交流场所

在社区设立老年人交流场所，比如聊吧、茶社，给老年人提供一个沟通、交流的地方。老年人可以在这里畅所欲言，国家大事、社区新闻、家长里短都可以成为他们交流的话题。交流活动可以采取小型座谈会、沙龙、分享交流会等形式。

4. 安装"一键通"电子呼叫设备

2015年2月3日，民政部等10部门联合下发了《关于鼓励民间资本参与养老服务业发展的实施意见》（民发〔2015〕33号），明确提出"有条件的地方，可为居家老年人免费配置'一键通'等电子呼叫设备"。在老年人家中安装"一键通"电子呼叫设备，在社区养老驿站设立生命风险预警监测系统与小型呼叫中心，及时干预老年人的生命危险情况和及时预警，为政府、急救机构和老年人家属提供生命危险预警信息。在老年人突发疾病和需要紧急救治时，呼叫中心在第一时间将老人的既往疾病、用药及当前状况信息推送给急救机构，为抢救老人生命畅通通道和节省时间，为老年人创造更大的生存空间。

5. 完善社区老年人无障碍设施

（1）社区设施的无障碍改造。很多老旧居民楼没有扶手，特别容易摔倒，给老年人的出入带来不便。社区要着眼于细节，对社区的坡道、电梯、公厕等公共设施进行无障碍改造，为老年人创造一道安全的屏障，构建舒适、安全的社区出行环境。

（2）社区老年人居家设施的无障碍改造。对有肢体功能障碍、视力障碍和听力障碍的失能老人进行居家设施无障碍改造。其中，肢体功能障碍失能老人，居家改造内容包括室内轨道移乘，卫生间坐厕、沐浴扶手、门把手及各种开关改造，橱柜、晾衣架的可升降改造，地面防滑及坡道改造，声控系统、光控系统、电动声控系统及远程监测与互联系统等；视力障碍失能老人，居家改造内容包括声控系统、语音导航系统、助视器、阅读器等；听力障碍失能老人，居家改造内容包括发光指示系统、电子耳蜗、助听器、字幕等①。

（四）社区老年人文体娱乐服务

老年人有大量的空余时间，精神生活需求旺盛，他们迫切需要就近学习、就近活动。目前，老年人的文化生活贫乏，缺乏持续性和创新性。这就需要创新助老服务方式，探索老年文化服务的新途径，满足老年人"老有所学、老有所为、老有所乐"的需求。可以依托社区现有的老年活动室、老年健身活动设施，组织老年人开展各类文体活动。

1. 社区老年人健身锻炼活动

（1）组建社区老年人健身俱乐部。老年人健身俱乐部是老年人锻炼身体、沟通感情的平台，能够吸引更多的老年人加入；建立成员联系机制，方便老年人之间相互联络。

（2）组织老年人日常健身活动。组织社区老年人参加柔力球、健身操、门球等体育项目活动，定期集中组织老年人开展健步走活动；在社区设立健身活动室，购置安装多种健身器械，老年人可以来锻炼身体，提高老年人的身体素质和健康水平。

（3）推广老年人养生保健功法。向老年人推广养生保健功法，如太极拳、八段锦等项目，帮助老年人培元补气、疏通经络、活血生津，改善新陈代谢、增强心肺功能，从而提高老年人生理机能。

（4）举办社区老年人体育比赛。定期举办社区老年人体育比赛，展示健身操、武术、乒乓球、拔河、台球、跳绳等项目的训练效果，老年人能够互相交流健身互助成果、健身感受、健身故事，展现老年人积极、健康、活力的精神风采。

（5）入户健身运动指导。老年人健身的目的是增强体质、延年益寿，但运动中的误区反而会使健身适得其反。由健身指导员入户指导空巢、独居老人锻炼，让老年人掌握正确的健身方式方法。

---

① 提高失能老年人生活品质 建议从居家无障碍改造做起［N］．现代金报，2015－09－24．

2. 社区老年人文艺活动

低龄老年人参加文艺活动的积极性较高，文艺活动主要是唱歌、跳舞、书法、绘画、摄影、观影等。通过社区需求调研，掌握老年人参与文艺活动情况。根据社区不同特点，建立不同的文艺活动队伍，并设计开展培训，满足老年人的精神文化需求。

（1）社区老年人唱歌、跳舞活动。鼓励老年人参加多样化的文艺活动，比如唱歌、跳舞、听音乐等，培养老年人的艺术爱好。聘请专业指导教师为老年人授课，定期组织老年人在一起排练和培训，开展露天广场舞蹈学习与表演。通过文艺会演、比赛等方式，为老年人文艺活动搭建平台，调动老年人参与文艺活动的积极性。

（2）社区老年人书法绘画活动。在社区组建老年人的国画、书法、诗歌等兴趣小组，并开展培训学习活动。举办社区书法展览活动，邀请兴趣小组成员在春节为空巢老人撰写春联，同时也能为社区老年人提供展示才华的平台。

（3）社区老年人摄影活动。在社区成立老年摄影协会，举办摄影培训班，开展摄影基础知识、图片后期制作等课程培训，定期带学员外拍采风，并举办摄影沙龙。鼓励每个学员拍出优秀摄影作品，用镜头记录身边的美好景色及人物，老年人在摄影中相互切磋心得、交流经验，并举办老年人摄影作品展。

（4）社区老年人观影活动。在社区多功能厅定期为老年人放映电影，邀请专业人员为老年人讲解电影。选片以能够唤起青春记忆的老电影为主，同时注意新老结合、穿插播放，使老人不与社会脱节。

3. 社区老年人手工活动

在专业人员指导下，开展适宜老年人参与的手工活动，例如做丝网花、贴钻石画、绣十字绣、穿珠等。老年人在学习和练习手工制作的同时，可以锻炼手指灵活性，预防老年痴呆症，还能够相互交流、相互帮助，形成友好的互助氛围和学习氛围，从而提升老年人的精神面貌和生活热情。

4. 社区老年人科技应用学习

很多老年人对科技知识不了解，对互联网和智能手机的认知度较低，缺乏实践应用。有计划、有针对性地组织老年人参加科技应用学习活动，通过培训讲座、一对一辅导、上门指导和实际演练等多种方式，使老年人能够使用电脑、手机等智能设备，跟上时代发展的步伐。

（1）老年人学习电脑上网。在社区开设老年人电脑培训班，由大学生志愿者培训老年人使用电脑、互联网和电脑打字。学会使用电脑之后，老年人可以实现网上预约挂号、网上购物、网上缴费、网上银行，解决老年人外出购物不便的问题，使老年人的生活更加便利。

（2）老年人学习智能手机操作。智能手机发展速度很快，硬件更新迅速，各类 App 层出不穷，给我们的生活和工作带来了很大便利。对于有智能手机但不会使用的老年人，教会他们使用智能手机及常用 App，主要是学会如何连接无线网络，使用微信和支付宝，使老年人尽量与时代发展保持同步。建立社区老年人微信群和 QQ 群，使老年人可以通过 QQ、微信等软件和远方亲人视频连线、增进联系，并且扩大交友圈子、增进交流，提升老年人的幸福感；讲解美图秀秀、美颜相机等软件的使用方法，使老年人可以利用手机软件拍摄生活照片。

（3）老年人学习一体机操作。很多社区在建设智慧社区的过程中，配置了一体机，在一体机上可以实现买水买电，但是很多老年人不会使用。组织老年人参加一体机使用培训，使老年人熟练使用一体机来买水买电。

5. 老年人文化素养提升

在传统观念中，文化教育的对象更多是青少年群体，但老年人同样具有强烈的学习知识、开阔眼界的现实需求，并且由于他们进入了人生的另一阶段，学习愿望还非常强烈。

（1）组织老年人外出参观活动。由志愿者组织陪同老年人去博物馆、音乐厅、展览馆等参观学习，提升老年人的文化修养，改变生活方式，营造更好的文化氛围。

（2）开展老年人读书交流活动。举办老年人读书会活动，使老年人更多了解各类知识，丰富他们的精神世界。有些老人的视力下降，阅读起来有些困难，志愿者可以为他们读各类信息。

（五）社区老年人医疗保健健康服务

很多老年人患有各种慢性疾病，健康状况较差，他们的生活自理能力在逐渐减弱。这些老年人除了居家养老这一传统模式之外，迫切需要社区提供医疗保健服务。

1. 建立家庭保健员志愿服务队

在社区成立一支家庭保健员志愿服务队，邀请医疗专家定期对社区家庭保健员志愿者进行老年疾病的业务培训，提高家庭保健员的专业水平。家庭保健员与社区的残疾、孤寡、空巢老人结成帮扶对子，对老年人进行慢性病防治知识和技能的指导，提高老年人的自我健康管理水平。

2. 社区老年人健康体检活动

（1）开展社区老年人体检活动。定期集中开展老年人健康体检活动，体检项目主要包括测血压、测血糖、中医号脉、血常规、胸透、心电图、B超、测视力等，并配置体重秤、血压计、听诊器、血糖仪、体温计、视力表、皮尺等仪器设备。通过体检，老年人能够及时了解自己身体的状况，做到疾病早预防、早诊断、早治疗。

（2）开展社区老年人义诊活动。在"3·5"学雷锋日、"4·7"世界卫生日、"5·8"世界红十字日、"7·11"世界人口日、"12·5"世界志愿者日等纪念日，在社区人流密集地点或社区活动室开展针对老年人的义诊咨询活动。例如在社区开展听力义诊服务，为老年人开展听力检测、评估及助听器验配等服务。为前来咨询的老年人讲解日常保健和疾病预防知识，发放健康科普宣传资料。对于存在疾病风险的老年人，医生现场给予用药及饮食建议。

3. 成立社区"老年人病友之家"

根据不同的病种成立"老年人病友之家"，如高血压、糖尿病、冠心病、脑血管疾病四类慢性病的病友之家。结合疾病特点，定期组织病友之家成员开展健康讲座、病友沙龙、联谊活动等。在活动中病友们能够互相沟通、信息共享，从而提高老年人的慢性病防治意识和疾病监控能力，提升老年人的生活质量。

4. 社区老年人健康讲座与指导

老年人群体的健康水平较低，患有各类慢性病、老年病的比重较高，迫切需要保健知识及技能。健康讲座与指导可使老年人逐步树立"未病先防、既病防变"的观念，倡导健康生活理念，提高老年人科学防病治病的能力。

（1）老年人听力健康讲座。在"3·3"全国爱耳日，举办老年人听力健康知识讲座。随着年龄的增长，老年人的听觉功能会不断衰退，形成老年性耳聋。在讲座中，向老年人讲解如何通过自我保健来保护听力从而延缓听力衰退，以及讲解和演示佩戴助听器的方法。

（2）老年人帕金森病预防讲座。在"4·11"世界帕金森病日，举办老年人帕金森病预防讲座。帕金森病（Parkinson's disease，PD）是一种中老年人常见的神经系统变异性疾病，临床表现为静止性震颤、运动迟缓、肌强直和姿势步态异常等。近年来，帕金森病的发病已经开始呈现低龄化，中青年人帕金森病患者与日俱增，环境污染、装修污染、电磁辐射是帕金森病发病增多的重要原因。在讲座中，向老年人讲解帕金森病的防治办法，使老年人能够认识和了解帕金森病，出现早期症状时能够及时就诊。

（3）老年人急救自救指导。在"5·8"世界红十字日，在社区开展老年人急救自救指导培训。针对跌倒坠伤、交通事故伤和碰撞挤压伤等老年人常见的意外伤害，教老年人在救援人员、医务人员尚未到达之前，如何进行自救互救，提高老年人的应急救护能力。

（4）老年人肠道健康讲座。在"5·29"世界肠道健康日，举办老年人肠道健康讲座。对常见的肠道传染病进行讲解，介绍肠道疾病的传染源、传播途径、易感人群、临床症状、治疗方法及预防措施等，提高老年人对肠道健康的认识，增强防治肠道疾病的意识。

（5）雾霾天气下老年人健康防护指导。在"6·5"世界环境日，对老年人进行雾霾天气下的健康防护指导。冬天雾霾天气多，尤其是北方城市容易产生雾霾，老年人是易感人群。在培训中，告知老年人在遇到雾霾天气的时候，尽量减少外出活动次数和晨练次数，尽量在室内活动，以避免吸入大量有害气体。如果需要外出，应戴上口罩。

（6）阿尔茨海默病防治讲座。在"9·21"世界老年痴呆日，举办阿尔茨海默病防治指导。阿尔茨海默病（Alzheimer's disease，AD）又被称为老年痴呆，是一种起病隐匿的进行性发展的神经系统退行性疾病。在危及老年人群健康的疾病中，阿尔茨海默病已经成为全球第四大威胁老年人生命的杀手。在目前的科技水平条件下，攻克阿尔茨海默病是一个全球性难题。阿尔茨海默病的主要表现是记忆力下降、迷路、猜疑、交流困难，判断力和计算力下降。在讲座中，重点向老年居民介绍阿尔茨海默病的预防方法，比如药物预防、智力训练、精神调养、体育锻炼、起居饮食、音乐艺术等预防方法。

（7）老年人心脑血管疾病防治指导。在9月最后一个星期日的"世界心脏日"，举办老年人心脑血管疾病讲座。通过讲座，提高老年人对心脑血管疾病的整体认知，促使他们养成良好的生活作息规律、合理的生活方式，规避罹患心脑血管疾病的风险。

（8）老年人养生保健指导。在"10·1"国际老人节，举办老年人养生保健指导课堂。人到老年以后，身体机能、功能等各方面都呈现下降趋势，这时应把养生保健提上日程。做好养生保健能够缓解身体衰老，使身体机能保持年龄阶段的最佳状态。在讲座中，指导老年人在戒烟限酒、适量运动、合理膳食、心态调整等方面做好养生，引导老年人加强自我保健，防患于未然，实现健康长寿。

（9）老年人高血压防治讲座。在"10·8"全国高血压日，在社区举办高血压防治讲座。高血压是最常见的一种慢性病，也是对人类健康威胁最大的疾病。为老年人讲解高血压病的症状、危害、危险因素以及日常控制措施等，使大家了解高血压的危害性，提高老年人对高血压病的认识。

（10）老年人白内障防治指导。在每年10月第二个星期四的"世界视力日"，在社区举办白内障防治讲座。老年人的眼部疾病主要是青光眼、白内障、眼底黄斑变性、角膜炎、视网膜病变等，其中白内障是造成老年人失明最主要的病因。白内障不仅吞噬光明，也严重影响老年人的晚年幸福，给日常生活带来负担。通过对白内障疾病、防盲治盲知识的讲解，普及眼病防治知识，及早发现白内障，有效降低致盲率。

（11）老年人膳食营养健康指导。在11月第一周的"全国食品卫生宣传周"，举办老年人膳食营养健康指导活动。由专业老师为老年人讲授符合当季时节的营养菜肴和健康饮品。结合老年人的日常饮食行为习惯，针对不同情况制定不同的膳食指南。经过一段时间的学习之后，组织老年人参加美食比赛、聚餐分享和美食摄影展等活动。

（12）老年人糖尿病防治指导。在"11·14"世界防治糖尿病日，在社区举办糖尿病防治讲座。糖尿病是由遗传和环境因素相互作用而引起的一组糖代谢异常综合征，可以引发多种并发症，能导致患者残疾或者早亡，是当前影响居民健康、增加医疗支出的最主要疾病之一。对老年人进行糖尿病知识的普及，提高他们对糖尿病及其并发症的认识，掌握糖尿病的防治要点，进而降低糖尿病患者因病致残率和因病致死率，提高糖尿病防治水平。

5. 社区健康保健培训

（1）社区老年人用药指导。有些老年人由于不识字、子女不在身边或照料人不专业，造成用药错误，使这些老人陷入生活和疾病的困境。为老年人提供用药知识的指导，减少老年人重复用药和不规范用药带来的风险，定期协助清理过期药品，降低老年病的发生率，避免急性病发作及其并发症带来的风险。

（2）老年照护人员培训。对老年照护人员进行基础性照护知识培训，培训内容包括功能锻炼、用药指导、清洁卫生、生活护理、居家环境安全等方面，针对失能、半失能老人容易发生的问题，着重培训褥疮家庭护理、床铺整理、协助翻身、肢体残疾老人衣物更换、卧床老人洗头等老年护理知识。通过培训，提高照护者的基础照护能力，进而提升老年人的生活品质。

（3）老年人家属护理知识培训。有些失能、半失能老人的家属缺乏护理知识，需要专门的护理知识培训。通过护理知识培训，提高老年人家属的护理知识和技能，改善老年人生存、精神和营养状态。

（4）社工健康医疗和康复知识培训。对社区社工进行健康医疗和康复知识培训，这样可以使社工在服务老年人的时候，把科学的健康理念更好地传递给他们。

6. 陪同社区老年人就医

（1）陪伴社区老年人就医。患病老人需要定期到医院或社区卫生机构就医，对于很多老人来说，看病是一件很麻烦的事，让他们疲惫不堪。在空巢老人、行动不便老人有就医需求时，经过预约，由志愿者协助提供交通工具，陪伴老人到医院挂号、缴费、就诊、检查、化验、取药，协助老人上下楼梯、推轮椅，解决老年人看病难的问题。

（2）协助社区老年人整理就医资料。志愿者协助老年人整理近期身体指标监测记录、服药记录单、患病情况等身体情况档案，方便老年人在就医时提高就医效率，降低就医时间成本。

7. 社区老年人健康评估监测及护理

老年人的家庭康复存在诸多问题，比如专业水平低、照顾者无能力照顾、老年人长期独处、居家服务监管困难、失能老人个性化需求多等。上门健康评估监测及护理服务改变了以往到医疗机构求医看病的服务方式，使老年人足不出户就能享受医疗机构的服务。

（1）社区老年人健康评估建档。为老年人建立健康档案，指导老年人填写《健康风险评估问卷》，定期跟踪老年人的健康状况，协助老年人进行药物管理。

（2）上门健康监测服务。由专业医师上门对老年人进行评估，测量老年人的生命体征，查实有无严重疾病及其并发症以及长期卧床后的褥疮、感染、深静脉血栓等危险因素。生命体征健康监测能够及时发现老年人的异常状况，降低老年人的安全风险，减少老年人急性疾病发作或术后反复入院所造成的经济损失。

（3）社区老年人专业康复护理服务。针对空巢老人的身体情况，派遣康复护理师上门为老年人提供运动、神经、语言等系统的康复服务，进行老年慢性疾病指导和亚疾病调理干预，使老年人的身体状况、精神状态、生活自理能力等方面得到改善。

（4）喘息服务。因为要长期照顾家里的老人，有些子女无法外出活动、出差。喘息服务是通过提供短时间的代为照顾服务，使老年人的家庭成员能够得到一定时间的喘息放松机会。有了喘息服务之后，他们可以将老人临时交由社区老年人服务中心代为照料。

8. 社区老年人医疗健康应急救助

根据社区空巢老人分布和规模、日常应急救助需求等情况，组织招募一支由热心居民组成的社区医疗健康应急救助志愿者队伍；开设社区 24 小时志愿服务热线电话，进行突发性疾病和事故的应急救助。老年人发生紧急问题后可在第一时间施救，提高社区应急处理能力。

（六）社区老年人日常生活服务及照料

老年人受精神因素和身体条件的限制，对日常的生活琐事力不从心。有些老年人的子女不在身边，缺乏对老年人的照顾，导致老年人的生活状态不佳，迫切需要家政、饮食和出行等生活服务。针对孤寡老人、无人照顾的老人，提供日常生活服务及照料服务，协助其完成基本生存需求，并形成常态化服务。

1. 电访老年人生活需求

在社区建立助老志愿服务中心，由志愿者对老年人进行电话访问，了解空巢、失独老人的生活生存状况，了解他们是否已及时添加衣物，是否需要各项生活服务照料。

2. 敬老慰问解决困难

志愿者进入老年人家中或社区敬老院，重点走访慰问特困老人、高龄老人、失能老人、失独老人、空巢老人，了解他们的生活状况和身体情况，为老年人送去慰问品，听取他们对社区服务工作的意见，帮助老年人解决实际问题。

3. 老年人家政便民服务

由志愿者为老年人的生活带去便利，提供力所能及的援助。为空巢老人发放爱心联系卡，整合社区内的家政服务商，设立上门家政服务热线电话。老年人如果有家政服务需求，可拨打电话预约，以无偿或低偿形式为老年人提供服务。

（1）社区老年人理发、修脚、剪指甲服务。有些空巢老人由于生病，长期无法理发、剪指甲，给生活带来诸多不便。志愿者携带理发、修脚等工具，为社区或敬老院中的老人提供理发、修脚、剪指甲等服务。对于身体不便的老人，由志愿者提供上门理发服务。

（2）社区老年人助浴服务。很多失能半失能老人，日常生活主要是在轮椅和床上度过的，有些老人甚至一年不能正常地洗一次澡，只是家人或保姆用湿毛巾简单地给擦一擦。老人如果去公共浴室洗澡，那里人多、空气不好，安全和卫生都容易出问题。老人在公共浴室滑倒、猝死的事件时有发生，有些公共浴室怕担责任，常将老人"拒之门外"。由专业助浴人员为高龄、空巢老人提供助浴服务（包括集中助浴、上门助浴、上门擦浴等），能改善老人的个人卫生状况，避免因长期卧床带来的并发症。其中，自理老人以集中助浴为主、上门助浴为辅；半失能老人以上门助浴为主、集中助浴为辅；失能老人以上门擦浴为主。

（3）社区老年人助洁服务。部分老人由于行动不便，基本的家庭清洁都成了难题。组织敬老志愿者，携带抹布、扫帚和洗涤灵等清洁用品，到空巢、失能老人家中进行家庭卫生清洁，帮助擦窗户、打扫屋内卫生死角、整理清洗被褥衣服。

（4）社区老年人应急维修服务。在无物业管理的小区，为行动不便的老年人提供水、电、家用电器等应急维修服务，帮助疏通下水管道、解决暖气片漏水等问题，以解决老年人的燃眉之急。

（5）社区老年人代购代买服务。社区中高龄、行动不便老人有购买日用品、蔬菜米面、药品的需求时，由志愿者帮助老年人代购生活用品、代买水电，帮助老年人搬运蔬菜、水果和米面粮油等生活物资。

（6）社区老年人出行服务。老旧小区内的很多设施都没有达到无障碍化，导致老年人出行不便，尤其是无电梯住宅的问题更为突出。为有出行需求的老年人提供出行服务，使老年人不再为上下楼而烦恼，从而为他们进行人际交流提供便利条件。

4. 设立社区老年饭桌

很多空巢老人由于行动不便、身体机能退化，他们的一日三餐存在很大困难，有些老人只能应付了事，造成营养不良，对身体健康有很大负面影响。在社区开设老年饭桌，为社区的老年人（尤其是空巢、失能、低收入老人）

提供就餐服务。老年饭桌应合理设计菜谱、价格实惠，为老年人提供安全、可口、健康的饭菜。

（1）社区老年人集中就餐服务。社区居委会设立老年人集中就餐地点，由爱心餐厅或送餐公司提供饭菜，老年人持爱心卡到就餐地点就餐，餐后可到干净整洁的休息室午休。

（2）为社区老年人送餐上门。针对社区中行动不便的老年人，提供送餐上门服务。由志愿者组成送餐服务队，根据老年人的预约需求，将饭菜送到老年人的家中。老年人可选择按月结账或按次结账。

（七）社区老年人精神慰藉服务

目前，老年人的精神需求、心理问题日渐突出。在很多家庭中，子女只重视对老年人给钱给物，轻视对老年人的生活照料和精神慰藉。很多老年人因为患有疾病而心理压力过大，同时由于长期孤独生活而性情古怪、偏执，生活方式较为刻板、单调，甚至有抑郁自杀倾向，对老年人的身心健康产生了较大危害。

1. 招募心理慰藉志愿者

社区空巢老人的儿女常年不在身边，他们的生活比较枯燥，身边缺少说话的人。在社区招募有心理学知识的志愿者，定期为空巢老人提供心理慰藉服务，如电话问候、上门慰问、为老人读报、陪老人聊天等，帮助老人解开心结、快乐生活。

2. 定期陪老年人聊天

（1）上门探访老人。有些老年人长期生活在与外界隔绝的环境中，生活单调乏味，容易产生压抑和孤寂的情绪。对社区中的空巢老人、独居老人，志愿者定期上门探访交流，与老年人建立融洽关系，排解老年人的孤单，给予他们更多关爱，鼓励老人参加社区集体活动。通过聊天，老年人不仅可以收获青春活力，还可以从年轻人那里了解社会的新鲜知识。

（2）了解老年人需求。志愿者上门陪伴老人聊天的同时，主动了解老年人的基本需求，同时检查老年人家中的安全隐患。在了解老年人的需求之后，定期向社区反馈老人的基本生活情况。

3. 节日慰问活动

对于空巢、独居老人而言，越是节日越觉得寂寞。在春节、元宵节、端午节、中秋节、重阳节等节日，到老年人家中开展慰问活动。比如，在端午节，组织空巢老人一起包粽子；在中秋节，组织空巢老人一起吃月饼。在慰问活动中，志愿者与老年人一起交流，使老年人感受到社区的关怀，能够重新认识自我，保持生命活力。

4. 举办社区敬老活动

尊老敬老是中华民族的传统美德，也是先辈们传承下来的宝贵精神财富。尊老敬老，是中华民族强大凝聚力和向心力的体现。

（1）为老年人过生日。为社区当月过生日的老人举办集体生日会，为老人们表演文艺节目，给老人们送上自制生日贺卡、鲜花，给老人们吃生日蛋糕和长寿面。为孤寡老人上门祝寿，让老人们享受到儿女亲情，感受到社区的温暖。

（2）为老年人表演节目。定期组织社区文艺表演队伍为社区及敬老院的老年人表演唱歌、舞蹈、小品、健身操等节目，给老人们带去欢笑与温暖。

（3）为老年人庆祝金婚。为社区中 50 年以上婚龄的老人举办金婚庆典，在庆典上，金婚老人为彼此戴上戒指、喝交杯酒、为老伴送上鲜花，共同庆祝金婚纪念日。老年人为社区的年轻人讲述自己的婚姻故事，在社区弘扬珍爱家庭的婚恋观和家庭观。

（4）开展社区寿星孝星评选。举办社区寿星评选活动，对社区寿星进行慰问并颁发纪念品，请寿星向大家分享他们的长寿秘诀，比如积极健康的心态、愉悦身心的兴趣爱好、科学搭配的膳食、有规律的生活作息等。对社区孝星进行表彰，由孝星及其推荐人讲述其孝顺事迹，在社区弘扬孝亲敬老的传统美德。

（5）为老年人完成微心愿。对经济困难的空巢老人，争取和整合社会资源为其完成"微心愿"，即提供量身定制的"圆梦服务"，比如拍婚纱照、外出郊游、与远方亲人视频连线等。只要老人提出一个具体可行的愿望，志愿者就尽量去满足。

5. 社区老年人心理辅导

老年人由于退休、家庭成员的变化，人际交往范围缩小。孤独感对老年人的情绪产生不同程度的影响，加剧他们烦恼和恐惧的心理状态。如果不能得到及时的心理疏导和压力排解，会加剧情绪恶化。

（1）建立与老年人的信任关系。在初期走访过程中，倾听老年人诉说内心苦闷，为老年人讲解心理健康和保健知识，缓解老年人因身体疾患而产生的情绪问题，与老年人建立初步信任关系。

（2）老年人心理知识培训。普及老年人常见心理知识，以便老年人进行基本的心理疾病防治。重点对离退休综合征、更年期综合征、老年人消极心理（孤独、空虚、抑郁、焦虑、自卑等）、婆媳关系处理、面对死亡等心理问题进行培训，提高老年人自我心理疏导的能力，促使其恢复心理健康。

（3）老年人个案辅导。心理咨询师运用陪伴、尊重、理解和共情等心理咨询技巧，引导老人说出内心压抑已久的话，帮助其宣泄情绪。通过个体访谈的形式，使老人感受到自我价值与存在感，树立生活信心。

（4）老年人团体辅导。针对老年人的心理特点，设计团体辅导方案，帮助老人之间建立信任关系，拉近老年人之间的心理距离，使他们在生活中也能够互帮互助、相互陪伴。

6. 记录社区老年人人生故事

叙事缅怀不仅能帮助老年人梳理人生经历，也能将老人记忆的文化遗产或故事保存下来。然后，将老年人人生故事通过绘本、相册和故事会等形式展示出来，进行宣传和传播。

（1）撰写老年人人生回忆录。社区中有些老年人的个人经历十分丰富，比如是抗美援朝军人、知青或劳动模范，如果能留下历史记录，可以为年青一代提供了解前辈和了解社区的珍贵资料。组织志愿者为老人撰写回忆录、搜集历史老照片。回忆录详细记录老人当年的风采，并将制作好的回忆录交到老人手中，为他们当面解读回忆录。

（2）举办老年人人生故事分享会。在老年人人生故事分享会中，引导老年人一起回忆往昔，一起倾听、倾诉，在此过程中，大家彼此安慰、互相鼓励。通过互相分享，提升老年人的社交积极性、自信心和生活幸福感，能够欣赏自我、树立正面的自我形象，减轻老年人的孤独感和无用感。

7. 社区老年人照片拍摄

一张好的照片能引发老年人欣赏自己，珍爱生命并积极生活，促进家庭和谐。摄影志愿者用镜头为老人记录下一个个宝贵的瞬间，给老年人留下珍贵的人生记忆。

（1）为高龄老人拍摄个人照。组织摄影队入户，为社区中的 70 岁以上老年人拍照，拍摄能够展现老年人晚年幸福生活的真实瞬间。在拍照前先与老人沟通、聊天，让他们充分放松，再及时进行抓拍；为老年人建立个人影像库，配以文字说明；在拍摄之后，举办社区老年人照片展。

（2）为老年人拍摄全家福。社区中的有些老人常年独居，大多数老人没有全家人的合影。组织摄影志愿者为社区中三世同堂或四世同堂的家庭免费拍摄全家福照片，为家庭天伦之乐的时光留下珍贵纪念，为老人带去欢乐与亲情回归。

（3）为金婚老人拍摄婚纱照。金婚老人已经结婚超过 50 年，但由于经济条件的限制，大多数老人一直没有拍过婚纱照。联系专业摄影师为金婚夫妇拍摄婚纱照，为老人们留下珍贵的照片。拍完照片后，把照片做成年历或相册，作为礼物赠送给金婚老人。

8. 社区老年人婚姻介绍

在社区开设老年人婚姻介绍所，举办老人婚恋交友活动。对丧偶老人，理解并支持他们正当的心理需求，鼓励他们再婚。在社会工作者的支持下，为丧偶老人牵线搭桥，重组温馨家庭，缓解老人晚年的孤独感和失落感。

9. 其他重点老年群体心理服务

（1）退休老人适应社区。刚刚退休的老年人在心理上存在落差，日常生活倍感空落，脾气也变得古怪，出现种种"退休综合征"。在社会工作者的组织下，帮助刚刚退休的老年人适应社区生活，为这些老年人提供心理疏导服务，为他们搭建交流平台、组织各种形式的文体娱乐活动，动员他们积极参与社区事务，加入社区各类志愿服务队。

（2）外地老年人融入社区。社区中的外地老人越来越多，多数是来给子女照看孩子，往往至少要在社区住上一段时间。外地老人由于社会关系缺失、户籍限制、文化差异等原因，导致他们的心理失衡。社区融入活动能够为外地老人创造融入社区的条件和环境，组织外地老人参加文体娱乐活动，参加语言交流、礼仪知识、法律维权等方面的学习，搭建起老人之间沟通、交流的平台，使外地老人更快地融入社区生活。

（3）自杀倾向老人心理服务。发现并帮助社区中有心理障碍的老年人免于因陷入绝望而自杀，重点关注几个老年特殊人群：残疾老人、失独老人、失能老人、患病老人、居丧期老人等。特殊老年群体的心理危机，很多是长期存在、多次反复，甚至伴随终生的。针对有自杀倾向的老年人，要促使其恢复心理健康，降低抑郁情绪复发率，提高晚年生活质量。

（4）临终老人心灵呵护。当老年人的疾病进入终末期且治疗无效或者机体日益衰竭时，就进入了生命的临终阶段。临终老人所面临的死亡痛苦和恐惧会伴随他们 1 ~ 36 个月，在此期间，老人的心理会出现诸多非常态状况，如自杀等事件。对于临终老人，医院和养老机构往往不愿意收住；商业的精神慰藉价格昂贵，一般家庭难以承担，家属大多束手无策。社会工作者为临终老人进行心灵呵护、心理疏导能减轻老人的心理痛苦和恐惧，促使其由消极的应对方式转变为积极的应对方式，改善临终老人的心理状态。

（八）社区老年人安全与权益维护

1. 社区老年人居家安全服务

老年人的身体机能衰退，特别是视力和听力减退，造成行动迟缓、反应迟钝，是意外高发的特殊人群。有些老年人安全意识薄弱，缺乏居家安全、急救自救的常识，遇到突发情况不知道如何处理，往往加剧了意外事件的后果。

（1）老年人居家安全知识宣传。通过向老年人发放宣传册、座谈和举办讲座等形式，向老年人宣传居家用电用气安全、防火、防抢盗、交通安全、防食物中毒、防烫伤、防锐器划伤等知识，使老年人了解应对事故的方法，提高老年人的居家安全意识。

（2）老年人防跌倒宣传。据国家卫生部门统计，跌倒是我国伤害死亡的第四位原因，在65岁以上的老年人中则为首位[①]。很多老人居住在老旧小区中，房屋的洗手间与起居室地面存在高度差、照明设备不完善、缺乏防跌倒设施、没有紧急呼叫系统等适老设施。邀请专家到社区讲解老年人防跌倒知识，对导致老年人跌倒的生理因素、认知因素、环境因素、药物因素等方面进行分析，从加强锻炼、合理用药、改善环境、辅助安全设施、防止骨质疏松等方面给予建议，提醒老年人做好跌倒防范工作。

（3）老年人居家安全隐患排查。空巢老人在无人陪伴的情况下，在取暖、做饭时容易引发火灾并导致安全事故。由安全志愿者到空巢老人家中排查安全隐患，对厨房使用液化气情况、电器线路进行安全检查，当场指出房屋中存在的安全隐患，强调居家安全的重要性。指导老人自己查找居家安全隐患，提高老年人的安全意识。

2. 社区老年人法律服务

完善的养老服务体系与老年人法律保障密不可分。老年人涉及的法律法规主要包括继承、婚姻、赡养、维权等方面，经常发生赡养纠纷、医疗纠纷、遗产继承纠纷等案件。据北京市高级人民法院统计，在审理的继承纠纷中，因没有遗嘱而引发的纠纷高达73%。在遗嘱继承案件中，有将近60%的遗嘱因为缺少法律规定的要素，而被认定无效[②]。这说明老年人对法律知识的欠缺，对运用法律保护自己的合法权益认识不足。

（1）老年人法律宣传咨询服务。通过普法讲座、法律知识小竞赛、户外法律宣传展、法律热线解答等方式，使老年人了解更多的法律知识。有些老年人在权益遭受侵害后，不懂得用法律工具维护自己的合法权益。在社区开展老年人法律宣传咨询活动，以老年人权益保障法为核心，重点涉及老年人的遗嘱、分家析产、赡养、监护、继承等方面的法律问题，让老年人能够学

---

① 徐晶晶. 65岁以上老人摔倒成伤害死亡首因［N］. 北京晨报，2016–12–09.

② 车丽. 记者调查：我国公民遗嘱意识有待提高［EB/OL］.（2016–04–03）［2023–09–04］. http://china. cnr. cn/news/20160403/t20160403_521775483. shtml.

法、懂法，通过法律途径维护自身合法权益。

（2）老年人法律援助。司法部、全国老龄办在 2015 年 4 月印发了《关于深入开展老年人法律服务和法律援助工作的通知》，提出："进一步降低老年人法律援助的门槛，把民生领域与老年人权益保护密切相关的事项纳入法律援助范围。"针对空巢、高龄、失独及经济困难老年人的法律需求，邀请律师开展老年人法律援助工作，通过电话预约、网上预约、上门服务等方式为老年人提供法律援助。为有需求的老年人订立遗嘱或者遗赠扶养协议，为当事人代写法律文书。

3. 社区老年人防诈骗

在信息化日益普及的今天，各种高科技产品层出不穷地涌入人们的生活。与此同时，各种新型犯罪手段也随之出现。老年人上了年岁之后，信息来源闭塞、分析能力下降、头脑反应不敏捷、防范意识薄弱，上当受骗事件时有发生。针对这种情况，应在社区开展老年人防诈骗活动，提高老年人的防范意识。

（1）成立防骗安全防护队。在社区成立防骗安全防护队，通过口头宣讲、发放宣传材料、出黑板报等形式，向易受骗的高龄老人宣传防骗知识、讲解骗局种类和实例以及防诈骗的方法，增强老年人的防范意识和能力。防骗安全防护队的志愿者随时关注小区内的情况，发现可疑人物后，及时联系社区居委会采取相应措施，防止老年人上当受骗事件的发生。

（2）老年人预防金融诈骗。随着经济的不断发展，各类金融骗术层出不穷，由于老年人对金融知识不够了解，极易成为不法分子诈骗的对象。在社区开展预防金融诈骗知识讲座，提醒老年人在金融消费时注意安全，通过正确的渠道保障自己的资金安全。

（3）老年人预防电信诈骗。近年来，电信诈骗案件的发案率快速增长，老年人成为受骗的新群体。在社区开展老年人预防电信诈骗宣传活动，通过集中宣讲、制作宣传展板、发放宣传资料、接待居民咨询等方式，为老年人讲解电信诈骗的常见手段、特点和防范措施，提醒老年人防范电信诈骗要做到不轻信、不透露、不转账，提高自身的防范意识，防止上当受骗。

第六章 社区未成年人服务项目设计

一、社区未成年人服务的背景信息

未成年人作为国家和社会的未来，肩负着推动社会发展和延续人类文明的使命。未成年人在身体和心理上都未成熟，不具有成年人的体力和能力，其自身无法有力抵御物理伤害和心理创伤。他们是社会中的困难群体，需要来自国家、社会和家庭的更多关注和保护。

（一）未成年人的相关概念

"未成年人"，是指未达到法定成年年龄的公民。各国法律对成年年龄的界定不同。《中华人民共和国民法典》第十七条规定："十八周岁以上的自然人为成年人。不满十八周岁的自然人为未成年人。"《中华人民共和国未成年人保护法》第二条规定："本法所称未成年人是指未满十八周岁的公民。"由此可见，我国的法定成年年龄为十八周岁，未成年人是指十八周岁以下的公民。

"青少年""儿童"是与"未成年人"相关的重要概念。目前，我国各项立法尚没有关于"青少年""儿童"的定义，这两个概念不是法律概念，而是社会学概念，不同语境下的界定会有所不同。"青少年"，有的认为青少年的年龄是 25 岁以下，有的认为是 30 岁以下，有的认为是 35 岁以下，有的认为是 6~25 岁。"儿童"，在联合国《儿童权利公约》中是指"18 岁以下的任何人，除非对其适用之法律规定成年年龄低于 18 岁"。公约中所指的"儿童"实际上是广义概念，与我国"未成年人"概念是一致的。在我国，一般认为

"儿童"是比青少年年龄更小的一个年龄层次的群体，通常是 6 ~ 14 周岁。此外，不满 1 周岁的是婴儿；1 周岁以上不满 6 周岁的是幼儿。

根据 2020 年第七次全国人口普查数据，我国没有公布 18 岁以下人口的数据，只有 0 ~ 14 岁人口的数据。全国人口中，0 ~ 14 岁人口为 253383938 人，占 17.95%。[①]

（二）我国未成年人服务的相关法律政策

1991 年 9 月，第七届全国人大常委会第二十一次会议通过了《中华人民共和国未成年人保护法》（后于 2020 年 10 月 17 日第二次修订）。1999 年 6 月，第九届全国人大常委会第十次会议通过了《中华人民共和国预防未成年人犯罪法》。除了这两部法律以外，还有宪法、刑法、民法通则、婚姻法、教育法、义务教育法等法律法规都对保护未成年人作出了明确规定。

2021 年 4 月，国务院决定成立国务院未成年人保护工作领导小组，作为国务院议事协调机构。同年 5 月，由民政部、国家发改委联合编制的《"十四五"民政事业发展规划》中提出健全未成年人保护体系，包括健全完善未成年人保护法规制度、有效发挥未成年人保护工作协调机制作用、强化未成年人监护能力建设。

未成年人保护法具体规定了保护未成年人的指导思想、保护内容、保护工作的原则，对未成年人合法权利保护的方法与内容、侵害未成年人合法权益行为的法律责任等。该法第五条第二款规定："保护未成年人，是国家机关、武装力量、政党、社会团体、企业事业组织、城乡基层群众性自治组织、未成年人的监护人和其他成年公民的共同责任。"预防未成年人犯罪法具体规定了如何通过各种措施预防未成年人犯罪，对未成年人不良行为的预防和严重不良行为的矫治，以及未成年人如何对犯罪自我防范等内容。

（三）社区未成年人服务的需求

未成年人处于生理、心理发展的重要时期，处于思想和观念的形成期，

---

① 国家统计局. 第七次全国人口普查公报：第五号［EB/OL］.（2021 - 05 - 11）［2023 - 09 - 04］. http://www. stats. gov. cn/xxgk/sjfb/zdfb2020/202105/t20210511_1817200. html.

他们的可塑性较强。

未成年人的在校时间不足全年的三分之一，其余时间尤其是节假日，都是在他们生活的社区内度过的。他们需要玩耍，需要朋友，需要观察世界、交流信息、学习生活。社区环境的质量将直接影响未成年人的健康成长。社区未成年人的主要需求包括：（1）社区的开放活动空间少，需要社区建立青少年活动空间。（2）儿童放学后家长未下班的，儿童的接送问题，他们的作业无人辅导。（3）寒暑假的放假时间长，家长不在家、子女无人照顾，需要社区举办假期托管班。（4）幼儿园入托难。（5）特殊青少年群体的心理问题。青少年容易受周围环境错误观念的影响，思想观念容易产生偏差，比如青少年早恋和叛逆期问题、青少年网瘾问题等，都需要心理咨询师给予指导。（6）青少年生存能力缺失。青少年普遍需要进行预防意外伤害、人身安全方面的教育。

二、社区未成年人服务项目设计

社区未成年人服务项目的类型包括成立社区未成年人服务队伍、建设社区青少年活动空间、社区幼儿早期教育发展、社区儿童辅导托管、社区青少年兴趣培养、社区青少年医疗健康服务、社区青少年社会能力培养、社区青少年思想道德教育、社区青少年安全教育、社区青少年法律服务、社区青少年心理服务、社区困境儿童服务等。

（一）成立社区未成年人服务队伍

1. 成立关心未成年人成长志愿服务队

未成年人是需要重点关爱的社会群体。为更好地服务于社区未成年人，在社区成立关心未成年人成长志愿服务队，志愿服务队还可以分为若干小分队。其中，可以成立未成年人心理服务小分队，提高社区未成年人心理健康水平，定期走访慰问重点未成年人群体，开展心理健康讲座等活动；成立未成年人维权服务小分队，培养未成年人的维权意识，畅通未成年人的维权诉求、保护未成年人的合法权益。

2. 成立未成年人志愿服务队

组织未成年人成立志愿服务队，为社区的老年人、残疾人等困难群体提供精神关怀、卫生清扫、义务宣传、文艺表演等服务。通过参与志愿服务，未成年人能够在奉献中体验快乐，领悟健康成长的真谛。未成年人带领父母共同开展志愿服务，形成了志愿家庭模式，有效促进了和谐家庭建设，还能规避安全隐患。同时，未成年人的实际行动也可以感染身边的居民，带动社区居民共同参与志愿服务。

（二）建设社区青少年活动空间

建立社区青少年活动空间，为青少年开展活动提供场地条件。活动空间内设置心灵驿站、阅览室、舞蹈室、合唱室、健身室、科普室等主题活动空间，为青少年提供心理咨询、成长辅导、文化娱乐、学习辅导、社会参与、兴趣培养、家长援助等服务。社会工作者根据青少年的需求，制订科学的服务方案和计划，对青少年开展个案辅导、小组活动等服务。通过多样化的服务，更好地满足青少年课外活动需求，培养广泛的兴趣爱好，成为服务青少年的实践基地。

（三）社区幼儿早期教育发展

幼儿的早期教育培养越来越受到家长和社会的重视。幼儿时期是人生的起步阶段，他们开始作为一个独立个体去接触现实世界和感受外部刺激。联合国儿童基金会《2001 年世界儿童状况》报告将出生后的头三年定为最佳投资时机。2001 年国务院颁布的《中国儿童发展纲要（2001—2010 年)》中，将发展 0~6 岁儿童早期教育作为重要的关注点。在这个阶段，尤其需要给幼儿作出适当的引导，提升他们的智力水平，帮助他们形成良好的生活习惯。可以利用社区幼儿园、早教中心的教育资源，为幼儿家庭提供早教服务。

1. 社区亲子早教班

亲子早教班能为幼儿提供语言、运动、艺术和交往能力等方面的服务。早教班鼓励妈妈们发现和培育孩子的优势，促进幼儿成长，支持妈妈们在活动中的参与，帮助她们建立起彼此的支持网络。

（1）幼儿绘本亲子阅读。组织幼儿及其家长参加绘本阅读活动，满足幼儿家庭对早期教育的需要。大部分家长平时工作比较忙，缺乏与孩子之间的交流。在亲子阅读过程中，家长能拿出时间陪伴孩子阅读，从而促进亲子交流，促进家庭教育的发展。

（2）幼儿故事会。通过开展故事会活动，孩子们能听到有趣的故事，包括童话故事、神话故事、成语故事、启蒙故事等，使孩子们的阅读量得到明显增加，语言表达能力和思维能力得到增强。

（3）幼儿亲子游戏。开展适合在家庭中进行的亲子游戏和手工制作活动。亲子游戏主要包括手指游戏、传统游戏、音乐活动等，目的是丰富孩子和家长的亲子互动，增进亲子关系。

2. 社区幼儿智力拓展

在社区举办幼儿智力运动会，设立魔方、华容道、象棋、跳棋、五子棋、围棋等比赛项目。通过参与各类趣味活动，既能开发幼儿智力，也能培养幼儿的认知能力和良好行为习惯，促进他们身心健康全面发展。比如，魔方比赛可以培养幼儿的手、眼、口协调能力及反应能力，培养幼儿的想象力和团队合作精神；华容道比赛可以根据个人喜好，设置自己喜欢的不同布局，从而锻炼幼儿的脑力与动手能力。

3. 社区幼儿教育方式指导

（1）幼儿家长课堂及沙龙。在社区开展家长课堂及沙龙活动，通过分析育儿案例、分享幼儿早教文章、观看幼儿早教视频、讨论幼儿早教方法等方式，让家长了解幼儿心智发展特点、幼儿阅读特点、幼儿人际交往特点、亲子教育方法等。

（2）幼儿隔代教育指导。为祖辈提供隔代教育的科学、有效的指导，在照料幼儿过程中能够因材施教、有的放矢，从而促进幼儿健康、快乐地成长。

（四）社区儿童辅导托管

1. 社区儿童学习辅导

（1）社区儿童课业辅导班。生活在困难家庭中的儿童，尤其是外来务工人员子女和低收入家庭子女，由于教育资源分配不公平，缺乏在课业学习方面的科学指导，很难得到功课辅导和接触课外知识的机会。根据实际需求开办课业辅导班，组织志愿者为这些家庭的儿童补习课业，并开展课外功课辅导活动。

（2）社区儿童家长培训班。很多父母不懂得如何教育孩子或教育孩子的方式不科学，在教育孩子的问题上家庭矛盾越来越多。在社区开办家长培训班，为家长讲解儿童教育及学业提升的方法技巧，提高家长教育孩子的科学性。

2. 社区儿童托管班

儿童托管班通常是由社区提供场地，主要面向双职工家庭和低收入家庭的3~8岁儿童。托管班能给儿童创造良好的学习环境，由家长负担部分托管费，志愿者负责维护儿童的安全与纪律。

（1）日常儿童托管班。多数幼儿园和小学是下午4点左右放学，但是大部分家长往往在5点以后才能下班回家，比较难顾及自己的孩子。在这一个多小时的"真空时间"里，孩子的接送和照看让家长顾虑重重。针对社区低龄儿童（幼儿园的幼儿、小学生等）举办托管班，也叫"四点半课堂"，由社区志愿者帮忙接送，儿童在放学之后到社区进行学习或课外活动，避免因为无人看管而导致的安全隐患，解决双职工家庭的后顾之忧。志愿者辅导儿童写作业、复习和预习功课，与儿童一起做游戏和共同交流，帮助儿童形成良好的生活和学习习惯。

（2）寒暑假儿童托管班。在社区开办寒暑假托管班，解决寒暑假期间儿童看护难的问题。托管班的儿童在完成寒暑假作业之后，可以开展课外活动或夏（冬）令营，以及棋类活动、体育活动、观看电影、参观博物馆、安全知识讲座等，让孩子们享受丰富有趣的活动带来的快乐，度过安全、快乐、有意义的假期。

（3）特殊时期儿童托管班。近几年，我国部分城市恶劣天气增多，甚至导致中小学校停课。为减轻家长压力，社区在学校停课期间推出全天托管班，在学校停课的情况下接待学生，为其提供自习辅导、作业辅导等服务。

（五）社区青少年兴趣培养

每个人都有自己的兴趣爱好，有什么样的兴趣爱好，能直接反映一个人的思想倾向和精神面貌。通过评估青少年的兴趣需求，开展相应的兴趣小组活动，如阅读兴趣小组、科技兴趣小组、环保兴趣小组、体育运动兴趣小组等，促进青少年德、智、体、美、劳全面发展，丰富他们的课余生活，提高他们的自信心。

1. 社区青少年亲子阅读

（1）社区青少年亲子阅读。亲子阅读是提升青少年阅读水平、拉近亲子距离和促进两代人心灵交流的有效方法之一。家长在亲子阅读中提出一些问题让青少年思考，加深青少年对书中内容的理解，促使青少年主动阅读、主动思考、主动探索。

（2）社区青少年阅读比赛。青少年阅读比赛包括故事比赛、阅读之星、书香家庭评比等活动，有利于激发青少年的阅读兴趣。阅读比赛中，在限定的时间内，青少年阅读完自己所选定的故事段落。然后每个参赛选手结合自己的阅读感受和身边典型事例，以生动的语言讲述自己所阅读的故事。通过比赛，给青少年提供一个展示自我风采的机会，调动大家的读书热情。

（3）社区青少年图书捐赠活动。社区中的孤儿、外来务工人员子女以及贫困家庭子女，由于受到家庭经济条件限制，他们的阅读需求得不到满足。可以向居民募捐图书，扩大社区藏书量，在学校建立图书角，向外来务工人员子弟免费开放，使青少年有更多的书籍可以阅读。

2. 社区青少年体育活动

在当前我国青少年体质持续下降的背景下，开展青少年体育活动、增强青少年体质已经成为社会发展的一项紧迫任务。通过积极参与体育运动，让青少年们在运动中形成自信、勇敢、互相尊重、团队精神、乐于分享等品质。

（1）社区青少年集体户外拓展。邀请户外拓展专业教师，带领青少年参加户外拓展运动，通过互动、交流、做游戏等方式，促使青少年达到心理与身体的放松，培养青少年的团结协作和集体主义精神。

（2）社区青少年亲子趣味运动会。在社区举办青少年亲子趣味运动会，邀请家长和孩子一起做游戏，亲子趣味运动会设置"两人三足"、喊数抱团、趣味投篮、接力赛跑等比赛项目。通过亲子趣味运动会，增进家庭成员之间的感情，营造和睦的家庭氛围。

（3）社区青少年足球等体育项目培训。足球训练有利于青少年理解和运用足球规则，增强他们的团队意识、沟通能力、意志力、竞争意识和集体荣誉感。组织足球名人和球星进校园活动，与师生互动，现场展示球技风采，激发青少年对足球运动的兴趣。足球培训从基本兴趣开始培养，由教练讲解、示范，并带领大家一起实践。培训的主要技能包括踩球、敲球、拉球、运球、扣球、双脚盘带、假动作等。通过专业指导，培养组建有团队精神、能吃苦、有专业技能的青少年足球队。

3. 社区青少年艺术活动

为青少年开设文艺兴趣课程，如摄影课、表演课、芭蕾课、绘画美术课等，从而培养孩子们的兴趣爱好，促进青少年的全面发展并激发他们的艺术潜能。

（1）社区青少年音乐欣赏。音乐欣赏对于青少年的智力开发、性情陶冶和气质培养等方面都有重要作用。在社区开设音乐欣赏课程，向青少年介绍著名歌曲及作曲家，使他们了解歌曲背后的故事和文化，将音乐欣赏与心理疏导、文化传承结合起来，通过音乐欣赏来提升文化修养。

（2）社区青少年文艺会演。举办青少年文艺会演活动，为喜爱文艺的青少年提供展示艺术才华的空间和艺术提升的平台。由青少年表演乐器演奏、舞蹈、诗歌朗诵、歌曲等节目，在节目中融入文明、健康、环保、法治等元素，达到寓教于乐的效果。

（3）社区青少年美术教育。对青少年进行美术培训，开发他们的艺术潜能，挖掘和发展潜在绘画能力。将青少年的创意美术作品设计成艺术衍生品，比如家具装饰画、创意T恤、日用背包、创意台历等。

4. 社区青少年手工活动

动员社区青少年参加手工皂制作、面塑、园艺种植、软陶、纸艺、布艺制作、旧物改造、手绘涂鸦等各类手工活动。这些手工活动的制作简单易行，适合青少年手动操作，促使青少年从电子产品中走出来，培养他们的创造力和想象力。

（1）社区青少年手工皂制作活动。购买制作手工皂的模具和仪器，由专业老师教青少年制作手工皂，手工皂以植物油以及富于营养的花草、水果、药材、精油等为材料，制作成颜色各异的手工皂。手工皂的制作提倡环保理念，还可以将手工皂成品捐赠给社区中的其他儿童。

（2）社区青少年烘焙活动。通过参与烘焙活动，青少年既可以品尝美味的烘焙食品，又可以体验自己动手的乐趣，从小培养良好的劳动习惯和生活习惯。引导青少年把自己的成果与家人互相分享，培养他们的孝心与爱心。

（3）社区青少年园艺种植活动。组织青少年自己去种植蔬菜水果，使他们能够感受生命气息，培养青少年的责任感。他们吃自己种植的蔬菜水果，可以培养健康饮食的理念。在园艺种植活动中，带领青少年探索自然的奥秘，爱护生态环境。

5. 社区青少年科学文化知识学习

（1）社区青少年科普学习。组织青少年参与科普讲座、科普活动中心参观、DIY 小发明创造等活动，让青少年直接参与动手操作，使他们在玩耍中认识、体验和探究科学原理，促进青少年的科普知识学习。

（2）社区青少年传统文化学习。国学经典是华夏五千年文化的精髓，蕴含着中华民族的智慧结晶和传统美德，如孝、悌、忠、信、礼、义、廉、耻。青少年通过诵读国学经典，不仅可以弘扬优秀传统文化、启迪智慧，提升青少年的个人素养，还可以在潜移默化中培养自豪感和自信心。此外，还可以开展传统文化学习，比如共度传统节日、感受城市历史文化、文化古迹参观、书法国画培训、民族乐器培训等活动。

（六）社区青少年医疗健康服务

增强青少年体质，促进青少年健康成长，是关系到国家和民族未来的大事。青少年健康水平的高低，直接关系到全民的健康素质。当前，青少年的身体健康存在着一些不容忽视的问题，如青少年耐力、速度、爆发力、柔韧性和力量素质呈现下降趋势，青少年超重和肥胖比例继续增大，视力不良检出率过高等。

1. 儿童爱眼护眼

目前，儿童近视的发生率在激增，且呈现出低龄化趋势，甚至幼儿园的小朋友都已经戴上了近视眼镜。针对儿童开展爱眼护眼讲座，从眼球结构、近视的成因、日常科学用眼常识、眼健康常识、常见眼健康误区等方面进行介绍。组织专业医疗专家，定期进入社区、学校、幼儿园开展儿童视力筛查活动，为筛查出问题的儿童建立健康档案，跟踪服务，普及眼健康知识，做到早发现早预防。

2. 青少年营养健康提升

（1）青少年营养健康讲座。由于营养健康的知识普及不到位，很多青少年和家长都缺乏基本的营养健康意识。青少年喜欢吃不健康零食的现象很严重，家长和青少年不知道如何健康用餐，不知道如何挑选健康的食品。通过对青少年开展营养健康讲座，树立青少年的营养健康意识，培养青少年的健康饮食习惯，提高青少年的健康素养。

（2）家庭营养美食制作。组织青少年进行蔬菜烹饪和面点制作，教青少年学习如何合理搭配日常饮食，使他们能够做出营养又美味的食物，还能改善孩子厌食、营养不良等症状。

（七）社区青少年社会能力培养

很多家长只是关注子女的学习成绩，忽视了对他们社会能力的培养，造成青少年不适应社会、高分低能的问题。要培养青少年的独立生活能力，提高理性思维能力，使他们能够适应未来的社会生活。

1. 社区青少年认知能力培训

青少年的认知能力主要包括观察力、注意力、记忆力、想象力、思维能力、推理能力等方面。认知的发展主要表现为认知结构复杂化、合理化，认知结构各要素间的关系相互协调。青少年的认知能力十分重要，对于他们长大成人后的教育程度、职业发展和健康成长等都有重要影响。在青少年认知能力培训中，帮助青少年提高观察力和注意力等认知能力，促进青少年身心健康发展。

2. 社区青少年自信心培养

有些青少年由于缺乏自信、不敢表达自己，变得不敢和别人交流，从小形成了孤僻内向的性格。组织开展青少年自信心提升课堂，由青少年向他人介绍自己和展示才能，给缺乏自信心的青少年更多关注，引导他们多和其他青少年一起交流，不断提升青少年的自信心和语言表达能力。

3. 社区青少年人际交往能力训练

人际交往能力是衡量一个人情感智力水平的重要标志，良好的人际关系是青少年心理健康的重要前提。但是在日常生活中，由于电子产品的普及，很多青少年习惯于宅在家里，不愿意接触社会，不会与他人交流、沟通，产生了一系列社会问题。通过团队游戏、角色扮演、信任游戏、自我认知等活动，帮助青少年意识到人际交往的重要性。青少年在学习人际交往的过程中掌握表达、沟通、尊重等技巧，并对青少年的沟通障碍问题进行分析，提高青少年与他人合作的能力。鼓励青少年勇敢迈出人际交往第一步，去结交更多朋友，扩大自己的人际圈子。

4. 社区青少年生活技能训练

很多青少年是在父母的溺爱之下成长起来的，他们不具备基本的生活技能，独立生活能力较差。但是，生活技能对青少年的成长十分重要，青少年要生存就必须掌握一定的生活技能。在社区以家庭为单位，对青少年开展做饭、洗衣服、叠被子、缝补衣服、简单修理等培训活动，使青少年在生活能力上得到提升和成长。

5. 社区青少年理财消费教育

不少城市独生子女的头脑中没有勤俭节约的观念，他们不知道如何量入为出，花钱大手大脚，浪费现象随处可见。通过对青少年进行理财消费培训，向青少年普及金融常识、培养理财意识。结合实例，教育青少年认识人民币、了解货币形式；对如何管理好自己的零用钱给出建议；学习理性购物技巧，如列购物清单、还价等。促使青少年建立储蓄金钱的意识，理解父母肩挑家庭生活重担的辛苦，引导青少年树立正确的消费观、价值观。

（八）社区青少年思想道德教育

加强青少年的思想道德建设，是我国公民思想道德建设的一项重要内容。但是，有些青少年处处以自我为中心，自私、任性、好强、霸道，从不考虑别人的感受。2004年2月26日，中共中央、国务院印发《关于进一步加强和改进未成年人思想道德建设的若干意见》，明确指出，"在全面推进社会主义精神文明建设中，切实加强未成年人思想道德建设"。在青少年的教育工作中，"德"首屈一指。德育不仅是教育工作的任务，也是衡量人生价值的重要标准。

1. 社区青少年孝道教育

（1）社区青少年孝敬父母教育。孝敬父母是中华民族的传统美德，教育引导青少年从小养成孝敬父母的思想。让家长在家里组织子女开展"当一天爸爸妈妈"活动，要求青少年为父母、长辈做一件好事。在母亲节、父亲节到来之际，组织青少年开展各类感恩活动，比如，观看母爱父爱题材的电影或话剧，让青少年自己设计有特色的祝福卡片，并写上想对爸爸妈妈说的话。通过活动，教育青少年不忘父母长辈之恩，使他们意识到父母在他们成长过程中所付出的辛劳，增进青少年对父母的理解。

（2）社区青少年绘制家庭根脉图。在学校或社区中开展"绘制家庭根脉图"活动，组织青少年梳理和总结本家族的历史、家规、家训，从而了解自己的家风，了解中华民族的家教文化。

（3）社区青少年为老人做好事。孟子提出"老吾老以及人之老"，意味着人们不仅要孝敬自己家里的老人，还要孝敬别人家里的老人。在社区组建青少年志愿服务队，入户陪孤寡老人聊天，帮他们办实事、做好事。在中华民族传统节日，青少年将亲手制作好的饺子、汤圆送给社区的老年人品尝。在寒暑假期间，组织有文艺特长的青少年去社区或敬老院为老人们表演文艺节目，让老人们享受到亲人般的温暖。

2. 社区青少年爱国主义教育

对青少年要加强爱国主义教育，通过讲述历史人物先进事迹、革命歌曲舞蹈表演、观看爱国主义电影、祭扫革命烈士墓缅怀先烈和征文朗诵比赛等形式，在青少年中宣扬爱国主义精神，表达对祖国母亲的热爱，从小培养青少年的爱国热情。

3. 社区青少年环保意识教育

组织青少年参与环保活动，加强他们的环保意识和社会服务意识，在青少年的内心中埋下志愿服务的种子，自觉服务于社会、服务于他人。通过带动青少年，反过来也会带动他们家长的环保意识，从而在家庭范围内使环保理念深入人心。

（1）社区青少年环保清洁活动。很多社区都存在卫生死角和乱贴小广告的问题，组织青少年在社区、学校附近捡拾白色垃圾，大家一起清除小广告、擦拭路灯、清洁楼梯扶手，为花坛中的花浇水除草，为社区的环境保护作出贡献。

（2）社区青少年手工 DIY 活动。组织青少年参加废物利用 DIY 活动，比如将一次性杯子做成漂亮的装饰品，提高青少年的动手能力和环保意识，让青少年学会爱护社区、爱护环境，教育他们从小养成勤俭节约的习惯。

（3）社区青少年"跳蚤市场"。青少年动手整理自己的文具、玩具和书籍，再进行交换或拍卖，从而再次发现物品的价值，实现二手物品的循环再利用，避免物资浪费。通过"跳蚤市场"的形式，也能锻炼青少年的沟通交往能力，学习理财技巧。

（4）社区青少年向居民宣传环保。组织社区青少年利用休息日或寒暑假开展环保宣传活动，青少年通过实际行动来影响家长和其他居民做到爱护环境，改变乱扔垃圾、随地吐痰等不文明行为。

（九）社区青少年安全教育

青少年是社会中需要重点保护和关怀的群体，青少年的安全关系到每个家庭的幸福。目前，大部分家长对青少年安全教育仍然不够重视，广大青少年缺乏必要的安全知识。

1. 社区青少年安全知识宣传

促进青少年健康茁壮成长是全社会的责任和义务，保护青少年平安成长是平安中国建设的一大目标。青少年是一个特殊的社会群体，由于缺乏自我保护意识，很容易造成安全事故，比如交通事故、意外受伤、食物中毒、被拐骗、遭性侵等。在社区集中展示青少年安全教育资料和青少年非正常死亡实例，让居民看到并感受到青少年安全教育的重要性，提高居民应对青少年突发意外事件的能力。

2. 社区青少年安全主题教育

在每年3月最后一个星期一的"中小学生安全教育日"，举办青少年安全主题教育活动。围绕交通安全、居家安全、防拐防骗、防性侵等主题，开展形式多样的青少年安全教育活动。引导青少年了解保护生命安全和维护公共安全的基本知识，树立和强化安全意识，了解保障安全的基本方法。青少年安全教育活动将传统方法与创新理念教育有机结合，采取灵活多样、寓教于乐的活动方式，把体验教育、情景模拟和角色扮演融入培训。

（1）青少年自然灾害避险教育。通过自然灾害避险教育，使青少年了解学校所在地区和生活环境中可能发生的各种自然灾害及其危险性，学习躲避自然灾害危险的基本方法，学习在自然灾害发生时自我保护、求助及逃生的基本技能。

（2）青少年意外伤害自救教育。青少年意外伤害是重要的公共安全问题，意外伤害是指突然发生的事件对人体所造成的损伤，包括车祸、跌落、烧烫伤、中毒、溺水、异物、切割伤、动物叮咬等。意外伤害是影响青少年生命安全和身体健康的重要危险因素，在中国，意外伤害占儿童死亡原因总数的26.1%，而且这个数字还在以每年7%～10%的速度增加。[①]在社区针对青少年的上述常见意外伤害，对家长和青少年进行应急救助技巧的培训，从而降低青少年受到意外伤害的概率。

（3）青少年居家安全教育。青少年居家安全教育十分必要，活泼好动的孩子对任何事物都充满好奇心。在居家安全教育中，从居家水电煤气安全、家用电器安全、玩具安全等方面，向青少年及其家长普及居家安全知识。

---

① 罗莉琼. 深圳市儿童医院院长麻晓鹏：呼吁建立儿童意外伤害防治体系［N］. 深圳特区报，2021－05－14.

（4）青少年防拐骗教育。在青少年失踪中，很大一部分青少年是被拐骗拐卖的，其原因是家长和青少年缺乏安全意识。通过讲解青少年拐卖现状、观看防拐微电影、分享拐卖案例等方式，让青少年总结并牢记防拐骗常识。进行情景式教学，青少年自编自演防拐骗情景剧，以互动和游戏的形式，分析这种情况出现时该如何应对和防范，使青少年对防拐骗有更直观和深刻的理解。

（5）青少年防校园欺凌教育。当前的诸多校园欺凌事件备受家长和社会关注，校园打架、伤害的恶性事件时有发生。通过真实事件，向青少年介绍校园欺凌中的语言暴力、心理暴力和力量暴力三种行为，分析校园欺凌对受害者和施暴者双方造成的危害。介绍应对各种校园欺凌的方法，使青少年形成自我保护和抵御不良影响的意识，辨别不良侵害行为，掌握自我保护的必要手段。

（6）青少年防性侵教育。联合学校开展青少年防性侵知识讲解，以防性侵情景剧、电影和典型事件等方式，教青少年认识自己的身体器官及隐私部位。引导青少年在遇到坏人触摸自己隐私部位的时候要勇敢地说出来，并告诉自己的家长和老师。对青少年开展防车内侵害、防搂抱、防拖拽、防电梯骚扰、书包防卫术、女性徒手防卫等培训课程。

（7）青少年网络防骗教育。随着互联网及智能手机的普及，越来越多的青少年开始热衷于网络，一些不法分子利用网络之便对青少年实施诈骗。对青少年开展网络安全教育活动，帮助青少年树立正确的网络安全观，提高网络安全意识和防护技能。

（8）青少年交通安全教育。通过交通安全知识宣传展板、播放交通安全知识宣传短片、举办交通安全知识竞赛等形式，将交通安全知识融入其中，向社区青少年及家长介绍生活中的交通安全注意事项。教青少年认识交通安全标志、如何过马路和避让车辆。

（9）青少年消防安全教育。让青少年对火灾有初步认识，了解消防器材的主要功能和使用方法。在有条件的情况下，利用场地教青少年火灾自救和逃生方法。

3. 社区青少年安全体验式参观学习

带领青少年去当地的安全自救教育体验基地，现场模拟演练火灾、地震、洪水等灾害发生时如何逃生，指导青少年进行自救自护体验。比如，在地震来临时，应该沉着冷静、躲避散落物、重点保护头部；在火灾中，演练绳索逃生法、湿毛巾逃生法、灭火器使用方法等自救技能。通过在真实情景中的体验，使青少年掌握基本的自护自救技能，并培养团结协作、互相帮助的品质。

（十）社区青少年法律服务

1. 社区青少年普法宣传

青少年处于人生的关键阶段，是身心成长、性格形成的关键时期。针对青少年法律常识缺乏、青春期易冲动、情绪不稳定等特点，通过讲法律故事、模拟法庭、法律知识竞赛等多种形式，对青少年进行普法教育。

（1）社区青少年参观法制教育基地。组织青少年参观法制教育基地，由法制宣传员进行法制知识讲解，分析典型案例和典型人物，介绍青少年犯罪的特点和犯罪类型，剖析某些青少年偏离人生轨道、违法犯罪的严重后果，教青少年认识毒品的种类及危害，使青少年能够树立知法、守法意识。

（2）社区青少年参加模拟法庭。模拟法庭以角色扮演的形式，打破以往较为单一的普法宣传模式。模拟法庭通过案例说法、以事实说法的方式，使青少年零距离感受到法庭的神圣威严，对法律有更加直观的了解与认识。

2. 社区未成年人权益侵害个案帮扶

我国在1991年颁布《中华人民共和国未成年人保护法》，明确指出未成年人具有生存权、发展权、受保护权、参与权、受教育权。其中受保护权指依法接受来自家庭、社区、社会组织和整个社会的特别的爱护，使其免受可能遇到的伤害、破坏或有害的影响的权利。未成年人正处于生理发育和心理发育的特殊时期，辨别是非和自我保护能力较差，在遭受不法侵害时往往不知道该如何反抗或不敢反抗，容易成为不法分子侵害的对象。针对某些未成年人在学校或社会遭到权益侵害的情况，由专业律师为其提供法律咨询服务，解答法律困惑，为有需求的未成年人提供法律援助。

（十一）社区青少年心理服务

青少年正处在成长期，造成青少年心理问题的原因错综复杂，这不仅与青少年自身心理素质有关，也与青少年所处的外部环境有关。青少年的心理问题主要表现为注意力问题、情绪问题、意志问题、人格问题等。如果这些问题得不到解决，就可能使问题进一步严重，导致青少年厌学、逃学、情绪失控、离家出走、暴力行为、冲动犯罪甚至自杀，严重扰乱学校正常秩序。在青少年中，心理问题多发的群体主要是流动青少年、留守儿童、单亲儿童、贫困家庭青少年、残疾青少年。

1. 社区青少年情绪管理

以小组形式带动青少年参与活动，协助青少年认识情绪和理解情绪，加强对认知、情绪和行为之间相互关系的了解，学会面对、调适自己的心理，掌握处理情绪的基本方法。帮助青少年对厌学、冲动等不良情绪进行排解，帮助他们形成积极的情绪体验和表达。

2. 社区青少年生命教育

对于生命，有些青少年存在认识上的偏差，心理压力较大、心理承受能力较弱。针对这些问题，对青少年开展生命教育，结合影视和文学作品，引导青少年远离死亡，提升青少年对生命的认识。组织青少年参与临终关怀志愿服务，创设"濒临死亡情境体验"，领会濒临死亡的过程，促进他们获得积极进取的心态，能够珍惜自己的生命以及别人的生命。同时，教育青少年发展健全的人格，帮助青少年建立正确的自我形象和自我认知。

3. 社区青少年心理咨询

青少年时期的心理变化较快，一些青少年存在厌学、考试焦虑、注意力不集中、情绪抑郁的问题，让家长和老师头疼。

（1）青少年沙盘游戏。沙盘游戏是国际上流行的心理干预、心理教育方法，可以对儿童焦虑、抑郁、恐惧、攻击行为、社交不良、自卑等问题进行干预。在沙盘游戏中，青少年可随意选择自己喜欢的玩具放到沙箱中，摆放自己喜欢的场景。在这简易的设置中，青少年的内心世界得以呈现，心灵得以充实与发展。沙盘游戏在培养青少年自信与健全人格的同时，还能提高青少年的注意力、想象力、创造力、团队能力、表达能力、人际沟通能力等方面的素质。

（2）社区青少年个案心理咨询。心理咨询师以个案咨询的形式，为青少年及其家长提供心理服务。在心理咨询中，对青少年的心理健康状况进行评估，在心理和情感上给予他们更多的安慰和支持，解决他们的心理困扰，引导他们用积极的态度去面对生活。其中，打工子弟学校学生由于家长平时忙于生计，忽视了对子女的教育问题，他们对心理咨询有很大需求。

4. 社区青少年网瘾戒除

青少年对新鲜事物的接受能力强，但是存在自我控制能力弱的问题，容易对电脑和手机网络产生依赖，严重的会成为一种疾病。青少年网络成瘾的主要危害包括视力下降、脊椎问题、情感淡漠、交流障碍、人际交往范围狭窄、意志力薄弱等。因此，预防和治疗青少年网瘾问题已经刻不容缓。

（1）社区青少年绿色上网宣传。向青少年宣传预防和戒除网瘾的知识，提升青少年对网络成瘾问题的认识程度，讲解绿色上网软件的安装方法和应用方式，引导青少年文明上网、绿色上网，倡导健康的网络生活方式。

（2）社区网瘾青少年个案辅导。对沉迷于网络的青少年个体，进行个案辅导与咨询。由心理咨询师与青少年及其家长面对面交流，填写网瘾测量量表，评估网络沉迷程度，激发青少年的认知和情感活动，培养他们健康向上的生活心态。

（3）社区网瘾青少年特训营。举办网瘾青少年特训营，由心理咨询师参与对网瘾青少年的辅助教学管理，并提供跟踪治疗服务。网瘾青少年特训营的内容包括团体心理辅导、体育娱乐活动、体验性训练、感悟性心理辅导等不同类型的矫治项目，引导网瘾青少年逐渐回归正常生活。

5. 社区青少年青春期性教育

处于青春期的学生，在对于性的认识上往往得不到家长的正确引导，他们在遇到青春期心理和生理的问题时，显得非常害怕和无助。对青少年进行性教育，可以弥补学校或家庭在性教育方面的缺失。针对青少年（尤其是外来务工人员子女）举办青春期健康教育讲座，主要内容包括：解读男女生青春期各自不同的身体发展过程；青春期的心理特点，青少年与同辈、父母沟通的技巧，如何面对异性的爱慕，早恋的危害；提出帮助青少年进行自我控制、自我教育的建议。通过青春期性教育，使青少年能有效处理青春期出现的问题，调节好自己的心态，懂得爱护自己、珍惜自己。

（十二）社区困境儿童服务

困境儿童需要社会给予特别关注。2016 年 6 月 16 日，国务院下发了《关于加强困境儿童保障工作的意见》，明确提出要确保困境儿童生存、发展、安全权益得到有效保障，并提出了困境儿童的定义：“困境儿童包括因家庭贫困导致生活、就医、就学等困难的儿童，因自身残疾导致康复、照料、护理和社会融入等困难的儿童，以及因家庭监护缺失或监护不当遭受虐待、遗弃、意外伤害、不法侵害等导致人身安全受到威胁或侵害的儿童。”

1. 流动儿童服务

随着我国城市化进程的加快，越来越多的青少年跟随父母来到陌生城市就读和生活。根据相关调查数据，在中国的流动人口中，17 岁以下流动儿童的规模超过 3500 万人[①]。外来务工人员在城市从事的一般都是劳动强度大、工作时间长的工作，他们没有时间和精力照顾自己的子女，而这些儿童成了一个特殊的困难群体。他们虽然在城市生活，由于受户籍制度的制约，需要面对教育机会缺失、缺乏归属感、学业断档、社会融入困难等一系列问题。

（1）农民工子弟学校支教。教育资源的不平衡会影响到国家未来的发展，相比于其他学校优质的教学资源，农民工子弟学校的教学环境简陋、师资紧缺、文娱及课外教学活动缺失，学生们得不到高质量的教学。招募大学生志愿者到农民工子弟学校定期支教，对学生们进行数学、语文、英语、物理、化学等学科的辅导，解答学生们在试卷或作业中存在的疑难问题，培养他们

---

① 阚枫. 中国超 3500 万儿童在 “流动” 随迁子女教育如何破题？[EB/OL]. (2017 – 03 – 28) [2023 – 09 – 04]. http://news.cctv.com/2017/03/28/ARTIk4XyiG9q2PldV2tyh37e170328.shtml.

的学习兴趣。

（2）流动儿童心理服务。由于缺乏关爱，流动儿童在心理方面存在阴影，很大一部分流动儿童表现出内心封闭、情感冷漠、自卑懦弱、脾气暴躁、缺乏爱心等问题，常因小事而打架斗殴。由心理咨询师为流动儿童及其家长提供情绪管理、心理辅导、亲职教育等心理服务，引导他们用科学、正确、有效的心理调适方法来缓解压力和排除焦虑，帮助他们提升自尊自信、转变偏差行为，增强他们的社会和心理适应能力，培养正确的人生观和价值观。由于流动儿童的内心比较脆弱，在心理服务过程中要注重保护他们的自尊心和隐私。

（3）流动儿童融入城市生活。组织流动儿童及其家人共同参与城市生活知识讲座、城市生活体验活动，参与社区志愿服务活动，有利于增加流动儿童的城市生活知识和经验，提高他们对城市生活的融入与认可度，促使他们更好地适应城市生活和学习。

2. 社区留守儿童服务

在大家关注农村留守儿童的同时，其实城市社区里也有留守儿童。这些留守儿童的父母为了生计外出打工，由爷爷奶奶或姥爷姥姥抚养。城市社区留守儿童在成长过程中面临的不良环境因素，要远远多于农村留守儿童。由于远离父母，缺乏与父母交流的机会，而监护人又无暇顾及他们的情感变化，这不利于留守儿童的心理健康。

（1）丰富社区留守儿童假期生活。寒暑假期间在社区开办兴趣课堂，组织留守儿童一起阅读书籍，由志愿者教留守儿童学习课外知识，开阔留守儿童的兴趣眼界，使留守儿童在假期不再孤单，能够结交更多的伙伴，从而加强留守儿童的社会融入程度。

（2）志愿者担任社区留守儿童爱心妈妈。针对留守儿童远离父母、缺乏关爱的问题，选择有一定经验的志愿者担任留守儿童的"爱心妈妈"（也称为"代理妈妈"）。由"爱心妈妈"代开家长会、辅导功课、一起做游戏、做伴谈心，对留守儿童在生活上悉心呵护、在学习上耐心引导，从而弥补留守儿童在亲情、家庭教育等方面的缺失，让留守儿童感受到妈妈的关爱，感受社会大家庭的温暖。

（3）社区留守儿童心理辅导。社区留守儿童与父母缺乏沟通、与外界缺乏交流，容易沉溺于网络、赌博等不良嗜好，而且他们面临一定的安全隐患，这些因素对留守儿童的成长都极为不利。这些儿童存在着教育问题和心理健康指导的需求。心理咨询师为留守儿童做心理咨询、沙盘游戏，改善他们由于远离父母而导致的不良情绪。

3. 孤儿服务

孤儿是一个弱小和困难的群体，大多数孤儿是因为有先天性重大疾病或残疾而被父母抛弃，他们迫切需要社会的关爱和帮助。

（1）孤儿结对帮扶。为每个孤儿建立成长档案，为孤儿招募符合条件的"义工妈妈"，建立关爱小组。"义工妈妈"与孤儿形成 1＋1 结对帮扶，长期在生活上关心孤儿，为孤儿辅导功课。

（2）孤儿探访活动。在社区组建助孤志愿服务队，向社区居民募集款物，实施孤儿定期探访，了解孤儿的生活状况，为孤儿开展送温暖活动。志愿者为孤儿送去应季衣物、营养食品、玩具和文具等日常用品，陪他们一起聊天、做游戏，一起给孤儿过生日。

（3）孤儿心理疏导。孤儿由于父母死亡或失踪，他们在经济上相对困难，悲观失落、自卑情绪较为严重。心理咨询师与孤儿们定期交谈、做游戏，对他们进行心理辅导，帮助他们走出被父母遗弃的心理阴影。

4. 流浪乞讨未成年人服务

（1）流浪乞讨未成年人街头救助。在平时和灾害天气下，开展流浪乞讨未成年人街头外展救助工作，根据具体需求，为离家出走或无家可归的流浪乞讨未成年人提供各类服务。由心理咨询师对救助站内的流浪乞讨未成年人提供心理治疗、再社会化训练等服务。

（2）临时家庭寄养服务。民政部在 2014 年 9 月发布了《家庭寄养管理办法》，将暂时查找不到父母或者监护人的流浪乞讨生活无着未成年人纳入了寄养范围。可以面向社会招募符合条件的爱心家庭，建立困境儿童临时寄养家庭信息库。当困境儿童处于失管状态且不适合在临时庇护机构内生活的，经民政部门审批同意后，委托爱心家庭短期临时寄养，政府在此期间给予一定的生活补贴。

5. 社区涉案未成年人服务

未成年人的心智发展尚未成熟，极易因一时冲动而从事违法犯罪活动。未成年人在有了违法犯罪行为之后，如果社会能够给予这些问题未成年人有针对性的监护指导，就有可能帮助他们顺利回归社会，走上新的生活道路。社会工作者可以通过个案服务、小组服务以及社区服务等形式，帮助涉案未成年人更好地实现自我成长，顺利回归家庭、融入社会。

（1）学校法制宣讲。组织法制宣传队到涉案未成年人较多的学校开展法制宣传活动，介绍未成年人犯罪的主要类型，向学生们发放法制教育宣传手册，从而增强在校学生的法制观念，从源头上预防未成年人违法犯罪。

（2）涉案未成年人心理辅导。总结涉案未成年人犯罪的原因，根据其心理问题的轻重程度，对因被判处较长刑期刑罚而自暴自弃的未成年人，予以专业心理矫正。通过感化教育和心理辅导，帮助他们恢复心理健康，克服心理障碍，吸取违法犯罪的教训，积极面对改造生活。

（3）涉案未成年人技能培训。已被判刑的未成年人即使未被监禁，在面临就业时仍常被另眼相看。针对有就业需求的涉案未成年人，由社会工作者协助他们参与相关技能培训，帮助被判处非监禁刑的未成年人获取一定的职业技能，使他们能够尽快回归社会。

（4）与涉案未成年人监护人沟通。与涉案未成年人的家长沟通联系，并对教育方式和方法不当的父母进行疏导，对涉案未成年人的监护人进行家庭教育干预。设立幸福家庭课堂，帮助未成年人父母掌握正确的教育方法，引导家长接纳、鼓励子女，增进家庭亲情。

第七章　社区残疾人服务项目设计

一、社区残疾人服务的背景信息

残疾人作为社会公民，理应享受与正常人同等的权利，但是由于残疾人在生理结构、身体功能等方面的缺失，他们在日常生活、社会交往、交通出行、择业就业等方面均处于劣势地位。习近平总书记指出："中国梦，是民族梦、国家梦，是每一个中国人的梦，也是每一个残疾朋友的梦。"[①] 不仅要让千万个家庭幸福起来，也要让千万个残障家庭幸福起来，为实现中华民族伟大复兴的中国梦而共同努力。社区服务是残疾人社会支持系统的重要组成部分，应通过多样化的社区服务项目，为残疾人提供完善的服务。

（一）残疾人的相关概念

1. 残疾人的定义

2008 年修订的《中华人民共和国残疾人保障法》中规定："残疾人是指在心理、生理、人体结构上，某种组织、功能丧失或者不正常，全部或者部分丧失以正常方式从事某种活动能力的人。"联合国大会在 2006 年通过的《残疾人权利公约》规定："残疾是一个演变中的概念，残疾是伤残者和阻碍他们在与其他人平等的基础上充分和切实地参与社会的各种态度和环境障碍相互作用所产生的结果。"

---

① 吴晶，刘奕湛. 中国梦也是每一个残疾人朋友的梦［N］. 海南日报，2014－05－17（1）.

2. 残疾人的分类

根据2011年国家质量监督检验检疫总局、中国国家标准化管理委员会发布的《残疾人残疾分类和分级》，残疾人按不同残疾分为视力残疾、听力残疾、言语残疾、肢体残疾、智力残疾、精神残疾和多重残疾七类残疾。

（1）视力残疾：各种原因导致双眼视力低下并且不能矫正或双眼视野缩小，以致影响其日常生活和社会参与。视力残疾包括盲及低视力。

（2）听力残疾：各种原因导致双耳不同程度的永久性听力障碍，听不到或听不清周围环境声及言语声，以致影响其日常生活和社会参与活动。

（3）言语残疾：各种原因导致的不同程度的言语障碍，经治疗一年以上不愈或病程超过两年，而不能或难以进行正常的言语交流活动，以致影响其日常生活和社会参与。包括：失语、运动性构音障碍、器质性构音障碍、发声障碍、儿童言语发育迟滞、听力障碍所致的言语障碍、口吃等。

（4）肢体残疾：人体运动系统的结构、功能损伤造成的四肢残缺或四肢、躯干麻痹（瘫痪）、畸形等导致人体运动功能不同程度丧失以及活动受限或参与的局限。

（5）智力残疾：智力显著低于一般人水平，并伴有适应行为的障碍。此类残疾是由于神经系统结构、功能障碍，使个体活动和参与受到限制，需要环境提供全面、广泛、有限和间歇的支持。智力残疾包括在智力发育期间（18岁之前），由于各种有害因素导致的精神发育不全或智力迟滞；或者智力发育成熟以后，由于各种有害因素导致智力损害或智力明显衰退。

（6）精神残疾：各类精神障碍持续一年以上未痊愈，由于存在认知、情感和行为障碍，以致影响其日常生活和社会参与。

（7）多重残疾：同时存在视力残疾、听力残疾、言语残疾、肢体残疾、智力残疾、精神残疾中的两种或两种以上残疾。

3. 残疾人的分级

各类残疾按残疾程度分为四级，包括残疾一级、残疾二级、残疾三级和残疾四级。残疾一级为极重度；残疾二级为重度；残疾三级为中度；残疾四级为轻度。

4. 我国残疾人的数量

2019 年国务院发布的《平等、参与、共享：新中国残疾人权益保障 70 年》白皮书指出，目前我国残疾人总数超过 8500 万，据估计，到 2030 年，我国每年将新增残疾人 200 万～250 万，平均每 15～20 秒就将新产生一名残疾人，保守估计，2030 年，我国残疾人数量将达 10000 万人。

北京市的残疾人在数量方面，根据《2022 年度北京市残疾预防工作报告》显示，截至 2022 年底，北京市持证残疾人数为 561490 人，登记有康复需求的残疾人共 169378 人，占北京市残疾人总体的 30.17%。2022 年，全市残疾人基本康复服务水平得到提高，全年共有 167475 名残疾人得到基本康复服务，占北京市残疾人总体的 29.83%。[①]

（二）我国社区残疾人服务的相关法律政策

1990 年，我国颁布了《中华人民共和国残疾人保障法》（后于 2008 年 4 月 24 日修订）。该法是我国保障残疾人权益的主要法律，对残疾人的康复、教育、劳动就业、文化生活、社会保障、无障碍环境和法律责任等方面作出了明确规定。1994 年 8 月，国务院颁布了《中华人民共和国残疾人教育条例》，是我国第一部有关残疾人教育的专项法规。该条例对残疾人学前教育、义务教育、职业教育、普通高级中等以上教育及成人教育、教师、物质条件保障和奖励与处罚等方面进行了明确规定。2007 年 2 月，国务院颁布了《残疾人就业条例》，目的是促进残疾人就业，保障残疾人的劳动权利，该条例对用人单位的责任、保障措施、就业服务和法律责任等方面进行了明确规定。

2000 年，民政部等 14 个部门联合下发《关于加强社区残疾人工作的意见》，指出我国残疾人社区工作主要包括建立社区残疾人协会、为残疾人提供帮扶服务、推进残疾人社区康复、活跃残疾人文化生活、建设社区无障碍环境、保障残疾人合法权益六大内容。2006 年，第二次全国残疾人抽样调查工

---

① 邰思聪，毕婧雯. 北京发布 2022 年残疾预防工作报告［EB/OL］.（2023－08－25）［2023－09－04］. http://bj. xinhuanet. com/20230825/8a26b3de869e4ccb92a740492300edd8/c. html.

作顺利开展。2008 年，《中共中央 国务院关于促进残疾人事业发展的意见》从健全残疾人服务体系、加快无障碍建设和改造以及发展残疾人服务业三个方面阐述了如何改善残疾人服务。

2010 年，国务院办公厅转发《关于加快推进残疾人社会保障体系和服务体系建设的指导意见》提出，到 2015 年中国将建立起残疾人社会保障体系和服务体系"两个体系"基本框架，残疾人的基本生活、医疗、康复、教育、就业等基本需求得到制度性保障；到 2020 年，残疾人都能得到基本公共服务，普遍达到小康水平的战略目标。其中的实现路径就是依靠社区，发挥社区的基础作用，从而有效促进残疾人的社区康复、教育就业、扶贫托养，丰富残疾人的文化体育生活。

2018 年 3 月 5 日，民政部等 4 部门印发《残疾人服务机构管理办法》，针对近年来由国家、社会、个人举办的残疾人服务机构大量涌现，但行业管理缺少依据、管理责任不明确等问题，提出了加强残疾人服务行业管理的具体规定。2021 年 5 月，由民政部、国家发展改革委联合编制的《"十四五"民政事业发展规划》中提出完善残疾人福利制度、提高康复辅助器具助老助残能力；同年施行的《中华人民共和国民法典》充分肯定残疾人作为民事主体的平等地位，注重残疾人民事权利的平等保护，也注重对残疾人民事权利的特殊保护。2021 年 7 月，国务院印发的《"十四五"残疾人保障和发展规划》提出，到 2025 年，残疾人脱贫攻坚成果巩固拓展，生活品质得到新改善，民生福祉达到新水平；到 2035 年，残疾人事业与经济社会协调发展，与国家基本实现现代化目标相适应，残疾人的全面发展和共同富裕取得更为明显的实质性进展。

（三）社区残疾人服务的需求

很多残疾人的生活质量与幸福指数处于较低水平。残疾人除了要忍受身体上的疼痛或缺陷以外，还面临着很多困难，诸如康复治疗困难、日常生活困难、缺乏教育机会、劳动就业困难、社会参与困难等。

在标签化的社会环境下，很容易导致残疾人失去自信心，自我效能感降低。与健全人相比，残疾人在生活上有一些不同特点：（1）心理上的自卑。

残疾人由于遗传或意外事故导致其身体缺损和功能丧失，失去了健全人的生活能力，觉得自己会被人瞧不起，因而性格变得孤僻、胆怯。（2）家庭压力。有些残疾人的父母为了照顾残疾子女，放弃了自己对事业的追求；有些残疾人的子女，常常因为经济困难、家务拖累等而影响求学。后天因素导致的残疾人，许多人不愿承认或不正视残疾的事实，千方百计地寻求"治愈"的办法。（3）孤独感。残疾造成了残疾人在学习、生活、社会交往上的障碍，使残疾人要比健全人更多地集中精力和付出代价，才能获得成功。社会客观条件也在阻碍残疾人的社会交往，尤其是忽视残疾人特殊情况的各类公共设施，使残疾人的活动范围大大缩小。

残疾人的需求主要是治疗康复需求、接受教育需求、职业发展需求、社会交往需求、价值实现需求。现在，残疾人尤其是年轻的残疾人，更看重精神上的帮助，希望得到社会对他们能力的认可，希望实现自己的社会价值。

二、社区残疾人服务项目设计

社区残疾人服务项目的类型包括成立社区助残志愿服务队、社区残疾人设备设施建设、社区助残宣传、社区残疾人便民生活服务、社区残疾人文体娱乐服务、社区残疾人生活能力训练、社区残疾人康复服务、社区残疾人心理服务、社区残疾人社会融合、社区残疾人就业服务、社区残疾人法律服务、社区残障人士展能、社区残疾人慈善帮扶等。

（一）成立社区助残志愿服务队

以社区志愿者为主体成立社区助残志愿服务队。社区助残志愿服务队的成员主要是残疾人工作者、残疾人家属以及愿意提供志愿服务的残疾人和社区居民。在志愿服务队的组织下，为社区每个残疾人建立一份个人档案，根据每个残疾人的实际需求提供志愿服务，比如，开展残疾人外出陪伴及接送服务，提供康复陪护服务、技能培训服务、文体娱乐服务等。

由于残疾人身体和心理的特殊性，助残服务不像一般的志愿服务那么容易，助残志愿者承担了比其他志愿者更多的责任。但是，由于很多志愿者缺少专业的助残知识，影响到了实际的服务效果。由专业教师为助残志愿者讲解残疾人的生理和心理特点、与残疾人沟通的方式、残疾人急救知识、基础手语、助残服务礼仪等。通过培训，帮助助残志愿者提升助残服务技能，掌握与残疾人沟通的技巧。

（二）社区残疾人设备设施建设

1. 建立社区残疾人康复室

建立社区残疾人康复室，配置残疾人康复设备和健身器材，如偏瘫康复器、按摩器、脚步活动器、颈椎矫正器、哑铃等。在残疾人康复室，专业康复师为残疾人提供针灸、理疗、推拿等服务。通过多样化的康复服务，为残疾人提供一个进行康复医疗、训练指导和相互交流的场所。

2. 完善社区残疾人无障碍设施

当前，越来越多的残疾人愿意走出家门，积极参与社会生活。对于肢体残疾人而言，坐轮椅是他们主要的出行方式。但是，仍然有很多社区的无障碍设施并不完善，影响了残疾人的顺利出行。

（1）公共设施的无障碍改造。建设部、民政部、中国残联在 2001 年联合发布的《城市道路和建筑物无障碍设计规范》，对残疾人出行的人行道、商业街、居民区、城市中心区、政府机关地段等地区的盲道铺设、无障碍设计、地面规范、扶手要求、入口门厅、坡道曲直等方面提出了具体而明确的要求。因此，可以积极与市政、残联等部门进行沟通，推动街道、社区建设方便残疾人出行的无障碍通道、坡道、栏杆，使残疾人可以自己坐轮椅出门，扩大其现有交际范围。

（2）残疾人居家环境的无障碍改造。根据需求调查，协调康复器材公司在残疾人家里安装卫生间扶手、淋浴椅等无障碍设施。安装好无障碍设施后，再对残疾人进行入户培训，教他们如何使用无障碍设施。无障碍改造后，能够缓解残疾人在家中日常生活的不便，提高他们的自主生活能力，减轻其家庭成员的负担和压力。

（3）安装助残呼叫器。为社区内有需要的残疾人家庭安装智能呼叫系统，呼叫器另一端直通 120 急救中心。残疾人在遇到紧急状况时，可以立即按动呼叫器，急救中心将准确定位，迅速派急救车前来救援，这就可以为残疾人提供 24 小时安全保障。

（三）社区助残宣传

通过助残宣传活动，营造大家共同理解、关心和帮助残疾人的社会氛围，有利于增强残疾人自尊、自信、自立、自强的信念，在社区形成扶残助残的社会风气。

1. 社区助残政策宣传

以"全国助残日""爱耳日""爱眼日""世界精神卫生日"等纪念日为契机，在社区向居民和残疾人开展助残政策宣传活动。

（1）社区助残政策现场宣传。残疾人由于信息闭塞，往往对最新的助残政策不够了解。向残疾人及普通居民宣传扶残助残的相关政策，并现场解答疑惑。在社区举办助残主题签名活动，现场招募社区助残志愿者，号召更多居民参与助残服务。

（2）发放助残政策宣传手册。有些残疾人由于出行不便，无法到现场进行政策咨询，社区可以制作助残政策宣传手册，手册内容包括在校贫困残疾学生和残疾人家庭子女教育救助政策、低保重度残疾人生活补贴政策、残疾人护理补贴政策、残疾人就业创业扶持政策、贫困残疾儿童康复救助政策、贫困精神病患者康复救助政策、成人肢体康复训练政策、残疾人辅助器具申请方法等。由志愿者将助残政策宣传手册送到残疾人的家中，提高残疾人对助残政策的了解。

2. 社区残疾人无障碍环境宣传

很多公共场所的无障碍设施没有达到全覆盖，影响了残疾人的出行。以"8·11"全国肢残人活动日为契机，在残疾人无障碍环境方面，宣传残疾人公共交通、居家生活、信息交流等无障碍知识，使居民深入了解无障碍对残疾人生活的重要性，积极投身无障碍的建设和维护工作。

3. 社区居民体验残疾人生活

组织社区居民参加残疾人生活体验活动。在活动中，社区居民戴上眼罩、拄着盲杖，亲身体会视障人的生活，或坐在轮椅上推转轮椅体验肢体残疾人的生活感受。通过一系列的体验活动，使社区居民感受到残疾人的出行难，更加关心残疾人的日常生活以及城市无障碍设施的完善，在以后的生活中能够正确地、科学地帮助残疾人。

4. 社区居民基础手语培训

针对社区的老年志愿者、公共服务窗口工作人员、残联工作人员和中小学生等，举办手语培训班。通过向居民普及基础手语知识，包括手语舞、手语歌曲表演、观看手语节目等，使更多居民掌握日常手语，方便大家与聋哑人朋友相互沟通交流，从而给社区聋哑人提供更有效的志愿服务。同时，也让居民体会到聋哑人生活的艰辛，倡导大家更加关爱残疾人。

（四）社区残疾人便民生活服务

残疾人日常生活非常不便，像打扫卫生、上下楼这些对健全人来说非常容易的事情，对残疾人来说是非常困难的，他们迫切需要社会的帮助。

1. 为残疾人提供上门家政服务

志愿者主动上门为社区残疾人提供生活照料服务，为残疾人提供做饭、洗衣、理发、修脚按摩、晾晒被褥、打扫卫生、助浴、照顾饮食、房屋修葺、维修家电和辅助器具等各类服务，改善残疾人家庭的卫生状况，使他们少得病。为出行不便的残疾人提供接送小孩和递送物品服务，从而缓解残疾人家属在日常照顾方面的压力。

2. 为残疾人提供代购代办服务

（1）为残疾人提供代购服务。残疾人外出购买商品存在困难，社区助残志愿者为有购物需求的残疾人提供代购服务，包括代购商品、代购药品、代收快递和报刊、代缴水电气费、代购车票等服务。

（2）帮助社区残疾人办理手续。重度残疾人行动不便，有些残疾人无法进行正常语言表达，由志愿者协助他们办理各类手续。对于符合低保条件的困难残疾人家庭（尤其是一户多残、老残一体家庭），协助他们办理低保、临时救助、生活补助的申请和落实手续。

3. 协助社区残疾人出行

由于很多社区没有安装无障碍设施，对于那些身体有缺陷、出门依靠轮椅的残疾人来说，出行存在很多的不便和困难，他们只能整天待在家里。

（1）社区残疾人安全出行服务。根据残疾人的出行需求，由志愿者为残疾人提供协助出行服务，入户接送残疾人上下楼，解决残疾人的出行难问题。例如，对于参加高考的残疾考生，为他们安排一对一车辆接送。

（2）带领残疾人外出参观、旅游。虽然残疾人外出参观、旅游困难重重，但是他们依然渴望走出家门，感受社会的变化。外出参观活动，能帮助平时足不出户的残疾人了解所在城市的发展变化。外出旅游活动，带着残疾人去爬山、看大海，实现他们想出游看外面世界的愿望。

（3）培训残疾人驾驶残疾车。越来越多的残疾人有了想开车的愿望，残疾人学会开车之后能够方便出行，从而参与社会生活和拓宽就业渠道。对残疾人进行驾驶理论、残疾车驾驶技术培训，使他们能够通过正式考试领取驾照。

（五）社区残疾人文体娱乐服务

对残疾人的文体特长进行调查统计，组建社区残疾人文体队伍，比如残疾人合唱队、轮椅太极拳队、残疾人柔力球队、残疾人钓鱼协会、残疾人手工编织班等队伍。文体娱乐服务不只是带着残疾人一起玩，还要将康复理念渗透到服务活动中，激发残疾人的生活热情，发挥每个残疾人的特长，提高他们的自尊感和独立生活能力。

1. 社区残疾人文化服务

（1）开办社区残疾人图书室。当前，社区残疾人的日常生活比较单一。在社区设立残疾人图书室，残疾人可以到图书室借阅图书，或者打电话预约图书。根据残疾人的阅读需求和生理特点购置图书，主要包括盲人图书、盲人报刊、医疗保健图书、励志文学和生活常识图书等。

（2）社区残疾人读书活动。组织残疾人开展形式多样的读书活动，倡导和吸引广大残疾人关注读书、参与读书、热爱读书，在残疾人群体中营造浓厚的读书氛围，丰富残疾人的精神世界，提高他们的思想道德素质和科学文化素质。

（3）社区残疾人书法绘画学习。培训残疾人书法、绘画能力，提高残疾人的艺术修养，丰富残疾人的日常生活，再将这些展示残疾人自立自强品格的作品进行集中展示，改变大家对残疾人的固有印象。

（4）社区残疾人影视欣赏服务。由播音员、主持人和大学生作为志愿者组成无障碍电影解说团队，为视力残疾人提供专业的现场电影解说服务；开设影视欣赏课程，丰富残障人士的影视知识。

（5）社区残疾人文娱活动。多数残疾人的生活都处于足不出户的状态，文娱活动都局限于自己家中，户外活动及社会活动的参与率极低。根据残疾人的需求，组织残疾人参加棋牌游戏、唱歌表演、书法绘画、健步走、参观展馆等活动，通过多样化的文娱活动，让平时极少出门的残疾人走出家门，更多地参与社会活动。

2. 社区残疾人教育服务

残疾人的教育是一个社会问题，很多学校以各种理由拒收残疾人，使得残疾人上学成了问题。目前大部分残疾人没有学历，科学文化知识匮乏。

（1）社区残疾人家庭一对一助学。很多贫困残疾人受自身文化水平及生活所累，无心也没有能力对子女进行课业辅导，残疾人子女学习成绩不理想是比较突出的问题。由志愿者每周定时为残疾人子女进行课外辅导，提高他们的学习成绩。

（2）社区残疾人电脑学习。培训残疾人的计算机技能，讲解鼠标、键盘、办公软件等电脑基础操作，培训残疾人上网、收发邮件和使用微信等聊天工具。通过学习，残疾人可以做网络兼职或借此找到工作。

3. 社区残疾人文艺服务

参与文艺活动有利于残疾人获得更多的生活乐趣，促进残疾人的身心康复，也有利于提高他们对生活的满意度，并能帮助他们参与和融入社会。

（1）社区残疾人文艺活动。举办残疾人声乐大赛、书画摄影培训班、书画摄影作品展等活动，让残疾人的日常生活更加丰富。挖掘、培养残疾人文艺骨干，为社区及上级有关部门文艺会演等活动选拔优秀作品和优秀残疾人演员。

（2）为残疾人表演节目。以春节、国庆节等重大节日为契机，组织社区助残文艺队上门为残疾人表演节目，例如唱歌、跳舞、小品、朗诵等，丰富残疾人的精神文化生活，使残疾人能够感受到社会的温暖。

4. 社区残疾人手工活动

（1）社区残疾人手工作品制作。组织社区残疾人开展面塑、彩陶、连珠、贴画等工艺品制作，参与织毛衣、织网袋、编篮筐等各类编织活动；组织残疾人制作布质或木质玩具、各类模型及书籍装订等。残疾人参与手工活动，能够提高动手操作能力，提升协调性、注意力、认知力及审美能力。同时，使残疾人努力寻找生活乐趣，更加开朗快乐地生活，增强他们的自信心和对自我价值的认同。

（2）社区残疾人手工作品义卖。举办残疾人手工作品义卖活动，邀请手工作品的作者来到活动现场，由志愿者在现场维持秩序，所得善款全部用于社区残疾人公益事业，帮助他们提高生活质量。通过义卖活动，使残疾人感受到社会的关爱，有利于在全社会形成支持残疾人、帮助残疾人的良好社会风气。

5. 社区残疾人体育运动服务

残疾人尤其是肢体残疾人、瘫痪病人，由于肢体运动功能受限、体能下降，其生活、活动受到较大影响，不能参加普通的活动项目。为残疾人提供体育运动服务，有利于提高残疾人的体能，改善他们的生活状态。

（1）社区残疾人健身活动。在社区开展残疾人乐于参与、简便易行的轮椅健身操、柔力球、乒乓球、篮球、趣味足球等健身活动。由健身老师为残疾人做健身指导，进行耐心、细致的讲解和动作示范。通过健身活动，能够提升残疾人对运动健身的兴趣，提高残疾人的身体素质。

（2）社区残疾人趣味运动会。举办残疾人和健全人共同参加的趣味运动会，结合残疾人的身体特点，设置夹运乒乓球、套环、投圈、投掷沙包、原地拍篮球、踢毽子等既有趣又方便残疾人参与的运动项目。趣味运动会活动，可以让残疾人走出家庭、融入社会、展示自我，也让健全人更多地了解和关爱残疾人。

（六）社区残疾人生活能力训练

有些残疾人存在智力低下、精神障碍、生活不能自理等问题，他们不愿意出门和与人来往，个人卫生、居住环境和生活条件较差。针对这种情况，开展残疾人日常生活能力训练，对残疾人的购物、做饭、社交、仪表形象、安全意识等方面进行训练，提升残疾人的生活、学习和工作能力，使残疾人能够更加自主、自立和自强。

1. 社区残疾人购物能力训练

对健全人来说，去超市购物是一件非常容易的事情，但是对智力残疾人、盲人、聋哑人却很难，他们看不懂、看不清商品或无法表述价格。由社会工作者组织残疾人到超市体验购物，使残疾人了解购物的程序，提高残疾人的购物能力。在购物过程中，残疾人在志愿者的帮助下，挑选指定商品。挑选商品之后，由助残志愿者指导残疾人点钞和结账。

2. 社区残疾人生活自理能力训练

邀请厨师和家政人员作为专业讲师，在社区残疾人培训室，对智力残疾人开展居家劳动技能训练。培训残疾人学会自己做饭、炒菜、叠被子、洗衣服、收拾房间等技能，由老师为残疾人学员进行亲身指导和示范，残疾人可以现场实施操作。这种培训，可以提高智力残疾人独立完成劳动的能力和生活自理能力，减轻残疾人家庭的劳动负担。

3. 社区残疾人社交能力训练

（1）社区残疾人社交礼仪培训。良好的社交礼仪能够促进人际关系的建立，并有助于个人事业的发展，但残疾人在社交中往往遭受歧视。由专家对残疾人进行社交礼仪培训，通过情景模拟和图片分享等形式，结合礼貌表达、体语、餐桌礼仪、交往技巧和信函写作等方面，让残疾人学习具体的社交礼仪，帮助他们更好地融入社会。

（2）社区残疾人社交网络建立。残疾人由于社会交往少，大多存在孤独寂寞的问题。建立社区残疾人社交网络，按照残疾类型、兴趣特长和居住地域等标准对残疾人进行分组，让残疾人在互动中构建新的社交网络，增加大家交流互动的机会。

（3）社区单身残疾人相亲交友活动。由于残疾人存在身体缺陷、经济困难、心理障碍、社交渠道狭窄和社会歧视等多种原因，他们平时的生活圈子较小，很多残疾人都是孤身一人，一直没有找到生活伴侣，迫切需要外界对他们婚恋交友的帮助。

①举办残疾人婚恋交友讲座。请有经验的心理咨询师，针对残疾人的心理特点，为残疾人讲解如何与异性交往、残疾人婚恋交友的常见误区与解决方法以及如何营造幸福美满的家庭生活。通过讲座，可以增强残疾人对恋爱、婚姻的全面认识。

②建立残障人士婚恋交友俱乐部。根据残疾人的需求和婚恋背景，通过现场举办活动、网络平台等多种形式，有针对性地为残疾人牵线搭桥。残疾人在这个平台不仅能够寻找幸福，更能敞开心扉融入社会。通过相互交往，使残疾人也有机会收获爱情，与健全人一样能够拥有美满的婚姻。

4. 社区残疾人仪表形象训练

有些残疾人平时不接触社会，往往不注重提升自身仪表形象，他们不会搭配衣服和色彩。邀请服装设计师和造型师，对残疾人进行仪表形象训练，为残疾人普及服装色彩、衣服搭配、拍摄照片等知识，帮助残疾人过有品质的生活。

5. 社区残疾人安全意识训练

残疾人由于身体不便，很容易陷入危险的环境中。针对残疾人在安全知识及应急技能上的缺失和实际需求，在社区开展残疾人安全培训课程。

（1）社区残疾人居家安全知识培训。在社区开展以防跌倒、用水用电、煤气、疾病预防等为主的残疾人居家安全知识培训，由专业人士为大家进行现场急救示范，提醒残疾人注意身体健康和人身安全，提高他们的居家安全意识。

（2）社区残疾人交通安全知识培训。交通安全知识培训以《中华人民共和国道路交通安全法》为主要内容，讲解法律法规对残疾人使用机动轮椅车作为代步工具的相关规定和政策，分析残疾人机动轮椅车载人违法行为对社会造成的危害，讲解机动车遇到紧急情况应如何避险。

（七）社区残疾人康复服务

残疾人康复服务是帮助残疾人恢复身体机能、提升生活质量、提高社会参与能力的重要途径，主要包括康复医疗服务、训练指导服务、康复知识普及等内容。

1. 社区残疾人义诊服务

与社区卫生服务站等医疗机构合作，开展残疾人免费义诊活动。为残疾人开展测量骨密度、测量血压、测量血糖、足底压力测试、听力康复筛查等服务，向残疾人普及健康生活知识，为他们讲解各类常见病的症状和预防保健知识。

2. 社区残疾人康复知识普及

依托社区卫生服务中心、康复服务机构的专业力量，邀请康复医疗专家在社区开展残疾人康复知识讲座。

（1）社区残疾人家庭康复知识培训。残疾人家庭普遍需要专业的康复知识培训，定期邀请医疗专家，对残疾人及其家属进行康复知识、康复训练、居家护理等方面的培训。康复知识培训能够增进残疾人及其家属对残疾的了解，帮助他们掌握更多的康复知识。

（2）社区助残志愿者康复知识培训。对社区助残志愿者进行盲文、手语、康复器具使用等方面知识的培训，使志愿者对残障人士有更深入的了解，学习如何更好地服务和帮助残疾人。

3. 社区残疾人康复治疗

残疾人康复治疗包括入户服务和集中服务两种形式。针对不能行动的残疾人，由康复工作人员入户进行服务；针对可以行动且对康复训练设备依赖性强的残疾人，可以去康复中心进行康复训练。

（1）社区残疾人家庭康复训练。残疾人由于身体缺陷、行动不便，很少外出进行锻炼，从而造成身体机能的下降。由社区康复指导员到残疾人家中，对残疾人进行专业的康复评估，指导残疾人根据身体状况进行有针对性的康复训练。

（2）社区残疾人游泳康复治疗。在残障儿童的康复训练中，游泳是一种重要的辅助手段。为适合接受水中疗法的精神及智力残障儿童提供水疗康复服务，由专业老师为残障儿童进行水上康复训练指导，使他们能逐渐掌握一定的游泳技能。通过游泳，可以使残障儿童的心肺得到锻炼，提高他们身体的协调性，增强他们的自信心。

（3）社区残疾人园艺治疗。组织社区残疾人参与播种、浇水、施肥、除草、修枝、收割等农艺劳作。残疾人参与园艺活动能够锻炼身体，尤其是肌肉、手眼协调的锻炼；在心理及认知方面，残疾人能够学习认识不同的植物，掌握它们的生长特性，观赏花卉可以调节自己的情绪；在社交方面，残疾人可以相互交流心得，在园艺种植过程中与他人建立良好的关系。[①] 园艺治疗除了有利于残疾人的康复之外，还可以美化康复环境，使残疾人有休闲放松的好去处。

（八）社区残疾人心理服务

在长期异样的生活环境下，很多残疾人都存在着心理困扰和心理问题，比如自卑、焦虑、易怒、悲观和失望情绪。残疾人迫切需要专业心理服务机构的引导，需要增加与健全人的沟通和交流，促使其更好地融入社会。

1. 社区残疾人心理慰藉

残疾人由于存在身体功能缺失或智力、精神障碍，在工作和生活中比健全人存在更多的困难，也比健全人承受着更大的精神压力，特别需要心灵的关爱和精神的陪伴。

（1）社区残疾人节日慰问。在春节、端午节、中秋节等节日，由志愿者到残疾人家中进行节日慰问，为他们送去节日礼品和生活必需品。通过慰问，深入了解残疾人的家庭现状和生活需求，鼓励他们树立信心，积极面对生活中的困难。

---

① 余晓玲. 残障人士当"园丁"　园艺中收获成就感［N］. 羊城晚报，2015－01－27.

（2）社区残疾人定期陪伴。组织志愿者走进残疾人家庭，与残疾人建立长期稳定的陪伴关系。志愿者定期与残疾人一同相处，与他们一起出行活动，和他们沟通交流，为这些残疾人家庭带去温暖和快乐。通过陪伴，增加残疾人与外界交往的机会，帮助他们早日摆脱疾患，回归正常的社会生活。

（3）帮助社区残疾人实现微心愿。残疾人有很多美好的愿望，但是受限于自身条件而难以实现。在社会工作者的组织下，向社区残疾人征集微心愿，通过入户随访、接听热心电话、接收微信信息等方式，收集残疾人家庭微心愿。邀请爱心企业、公益组织以及社会爱心人士共同参与微心愿的认领、支援和赞助活动。通过活动，满足残疾人的迫切需求，也为广大热心人士找到志愿服务的途径。

2. 社区残疾人心理知识讲座

（1）残疾人心理健康知识讲座。在社区举办残疾人心理健康知识讲座，从残疾人的个性及共性问题出发，主要讲解心理健康的概念、保持心理健康的方法和残疾人常见心理问题，以及生活压力、不良情绪的疏导与调适。

（2）社区残疾人沟通技巧培训。很多残疾人自我封闭、不自信，怕被外界歧视，不能敞开心扉，不愿和家人相互交流、接触。针对这些心理问题，对残疾人开展心理互助培训，为残疾人及其家庭成员讲解相互沟通的方法和技巧，鼓励他们和谐相处、换位思考。

（3）社区残疾人励志讲座。邀请身残志坚的残疾人典型人物（如残疾人企业家、残疾人作家、残疾人志愿者）到社区、学校进行励志演讲，讲述自己残疾后从悲观绝望到坚强乐观的心路历程，以及求学、创业、工作的艰辛和收获。通过成功人士的激励，提高残疾人的自信心和自强信念。

3. 社区残疾人心理咨询

残疾人心理咨询可以采取多种形式，比如对精神残疾、智力残疾、肢体残疾人员的每月入户走访，设立心理咨询热线以及到康复站询访。在心理咨询中，从认知、情绪和行为等方面测评其心理健康状况。通过面谈，发现潜在心理障碍与问题。观察残疾人的症状，确定是否需要对他们进行疏导纠正，解除心理隐患。然后，给予他们专业的心理帮助及精神支撑，同时与残疾人家属共同建立积极的支持系统，帮助残疾人将心理状况保持在正常状态。

4. 社区残疾人家属心理服务

残疾人家属由于长期面对残疾人，心力交瘁，过分压抑自己的情绪会对身心健康产生极大危害。他们缺乏康复知识，得不到外界足够的支持，与社会基本脱节，有些残疾人家属甚至出现抑郁、自杀的情况。

（1）社区残疾人家属情绪调适。针对残疾人家属长期照顾残疾人而导致情绪压抑、苦闷的问题，为他们搭建宣泄平台。残疾人家属可以选择合理的方式来宣泄心中的痛苦，避免长期负面情绪对家庭造成不良影响。此外，为残疾人家属提供情绪辅导和危机干预等方面的帮助。

（2）社区残疾人家属互助平台。残疾人家属之间形成互助关系，组织他们互相探访，建立残疾人家属微信群、QQ群，举办残疾人家属沙龙活动，动员残疾人家属参与社区活动，倡议居民为贫困残疾人家庭捐款。

5. 社区残疾人艺术治疗

艺术治疗对残疾人的心理能够起到一定的促进作用。在社区开展残疾人音乐、舞蹈、表演、绘画、乐器小组活动，激发残疾人的文娱兴趣，发掘每个人不同的潜能，培养残疾人的自信心。

（1）残疾人音乐治疗。残疾人音乐治疗是一个科学的系统治疗过程。不同的音乐可以使残疾人产生不同的生理反应和心理反应，音乐治疗就是利用音乐的这一特性来实现治疗的目的。在音乐治疗中，由经过专门训练的音乐治疗师，通过为残疾人播放音乐、即兴演奏、表演舞蹈等方式，缓解残疾人孤独和痛苦的情绪，重塑其积极健康心态，建立与外界沟通的信心。残疾人学习乐器演奏技术后，能够提升自己的价值感，并获得一技之长，通过表演获得自我价值感的提升。

（2）残疾人绘画治疗。结合绘画疗法，指导残疾人用绘画直抒胸臆，促进残疾人之间的交流沟通。绘画作品完成后，从中挑选优秀画作在社区集中展出。专题展览能够让社区居民了解和认可残疾人的艺术才能，实现残障人士社会价值的提升。

（九）社区残疾人社会融合

《中华人民共和国残疾人保障法》明确规定，要采取有效和适当措施保障残疾人平等、充分融入和参与社会生活，共享社会物质文化成果。有些残疾人因为自己的身体缺陷，觉得和健全人一起活动会被人看不起，或认为健全人不愿意和自己搭档活动。通过融合活动，一方面，可以使残疾人感受到健全人对他们的关爱和支持，改变他们的固有认知；另一方面，也可以使健全人理解残疾人的行为特点，能更加精准地支持和帮助残疾人。

1. 社区残健人士共同参加活动

社交活动是残疾人群体非常需要的，残疾人平时缺乏集体活动的机会，与他人交往的机会也很少。集体活动和团体游戏是提高残疾人沟通能力和社交能力的有效方式。

（1）残健融合参观游览。组织志愿者和残疾人共同参与，一起到城市景观、公园等地进行参观，到郊区的农业种植园了解有机蔬菜的种植，大家在农家乐共进午餐，共同采摘有机蔬菜水果，从而丰富残疾人的精神文化生活。

（2）残健融合趣味运动会。举办残疾人和健全人共同参加的趣味运动会，健全人主要包括残疾人亲友、康复工作人员、社会爱心人士和志愿者。趣味运动会设立集体舞、气球搬运、抢凳子等轻松有趣的游戏项目，残疾人和健全人混合编队编组，大家共同接受训练和开展竞赛，使残疾人体会到活动的乐趣和成功的喜悦，有利于增进残疾人与社会的接触。

（3）残健融合共同过节。在春节、元宵节、端午节、中秋节等传统节日，邀请残疾人与志愿者一起包饺子、做汤圆、包粽子、做月饼。通过共同参与的节庆活动，使残疾人能够结识新朋友，更好地融入社会生活。

2. 社区残疾儿童融合教育

融合教育是指将身心有障碍的儿童和普通儿童放在同一教室一起学习的方式。在融合教育中，残疾儿童融合教育越来越受关注，这种方式是促进残疾儿童与正常儿童共同发展的有效途径，可以克服特殊教育机构的个体教育无法解决的问题，促进残疾儿童各方面的发展。通过小组集体保教，让残疾儿童感受集体的氛围，使残疾儿童尽可能趋于正常化。倡导残障人士和社会大众的融合，使普通孩子理解与帮助残疾儿童，帮助更多残疾儿童走上健康、积极的人生发展道路。

（十）社区残疾人就业服务

残疾人是社会的特殊群体，他们的就业普遍比较困难。"授人以鱼不如授人以渔"，残疾人扶贫工作应从单纯经济救助向能力开发转变，使残疾人找到可持续的生活来源。对于有一定劳动能力和致富愿望的残疾人，为他们提供就业服务，提高他们的职业技能水平，从而增加他们的收入，缓解家庭经济压力。

1. 社区残疾人职业发展指导

（1）残疾人就业信息发布。残疾人的身体机能受损，受教育程度不高，导致他们的就业信息也比较闭塞，这影响了残疾人的成功就业。由志愿者定期采集、发布残疾人的技能培训信息和就业信息，进行残疾人就业市场预测分析，促进残疾人实现成功就业。

（2）残疾人创业分析指导。帮助残疾人利用自身特长和挖掘创业构思，指导他们分析市场和选择创业项目。协助残疾人对其产品进行策划包装，突显特色，根据市场需求对他们进行创业培训和产品策划，引导他们通过创业来实现自身价值。

2. 社区残疾人职业技能培训

以个性化服务为基础，帮助无业残疾人员（重点是肢体残疾人）就业。邀请专业老师，通过线上和线下相结合的方式，遵循由易到难、循序渐进的原则对残疾学员进行培训，帮助残疾人掌握一技之长。经过培训，使残疾学员能够找到适合自己的岗位或实现自主创业。

（1）残疾人手工艺品制作培训。手工艺品制作是一项适合残疾人身体特点的产业，也是前景广阔的产业，成本相对低廉，制作难度不大，很多残疾人对手工艺品制作非常感兴趣。针对肢残人、自闭症患者，举办泥塑、编织、雕刻、书画、穿珠、盆景制作等项目的培训。有些自闭症儿童有绘画天赋，可以借此制作衍生品，由设计师进行再设计，生产和销售靠垫、杯子、书包等生活用品。引导残疾人参与文化创意产品和非物质文化遗产传承项目，拓宽残疾人的就业渠道。

（2）残疾人电子商务培训。互联网的优势是足不出户就能联通世界，残疾人很适合参与电子商务。对肢体残疾人进行居家电子商务培训，指导他们担任电商客服，开自己的网店。培训内容包括电商网店日常管理、网络支付工具使用、客服沟通技巧和售后服务等，促进残疾人在家里实现创业梦。

（3）残疾人网络写作与编辑培训。网站的文章写作和图片编辑工作可以交给残疾人在家里完成，有些残疾人通过长期自学，文化水平较高，很适合从事网络写作与编辑工作。由专家为残疾人讲解网络采访、网络文稿写作、新闻稿件选择、网络传播设计等技能，并推荐残疾人到网站从事编辑工作。

（4）残疾人缝纫技能培训。残疾人很适合从事服装服饰制作工作，他们可以在社区开办裁缝店，利用缝纫技术实现创业。在社区培训聋哑人和肢体残疾人进行服装裁剪和服装制作，协助联系缝纫加工订单，残疾人在家里加工制作，厂家负责回收，从而实现劳动创业。

（5）残疾人家电维修培训。残疾人可以在社区成立家电维修部，为辖区居民提供家电维修服务，这是实现残疾人就业的好项目。由专业维修师对残疾人进行手机、电视、电冰箱和电脑等家电维修技术的培训，使残疾人掌握一定的家电专业知识和操作技能，为从事家电维修工作打下良好基础。

（6）残疾人按摩师培训。按摩师培训主要是针对视力残疾人和轻度肢残者，培训内容主要包括中医基础知识、中医按摩、经络腧穴知识、全身保健按摩、足部保健按摩手法要领。通过按摩培训，使残疾人掌握基本的保健按摩技能，考核合格的残疾学员可以获得按摩资格证书。

（7）残疾人面点制作培训。面点制作已经成为残疾人的一个新兴就业项目。针对智障人士、自闭症患者、肢体残疾人，由专业面点师为残疾人讲解面点制作设备的使用、原料选用、面点馅心、面点制作技术、成型技术等，使他们可以掌握面点制作的基本方法，从而实现创业。

（8）残疾人环保再生纸制作培训。再生纸制作既能实现环保，同时也是一个新兴的残疾人就业项目。其制作过程是，用豆浆机将泡软的碎纸片打成糊状，取出后在大盆里用水稀释，倒入相应颜色的染料搅匀，再把这些糊状物质均匀地铺在筛子上。经过 24 小时，水分全蒸发完，就会成为一张可利用的纸。这些再生纸涂上颜色，打出花型，可以做成贺卡，也可做成创意纸品。[①]

（9）残疾人果树蔬菜植物种植培训。在社会工作者的组织下，由残疾人亲手育苗、培植、浇水和收割无公害水果蔬菜，在宣传绿色环保理念的同时，将种植的水果蔬菜进行销售，从而实现自主创业。

3. 协助残疾人拓展产品销售渠道

在很多情况下，残疾人生产的产品不成体系和规模、缺乏成熟的销售渠道，迫切需要外界的协助。可以协助残疾人拓展多元化的产品销售渠道，提高残疾人产品的市场营销水平。

（1）残疾人产品义卖。组织残疾人产品义卖活动，义卖所得善款全部用于帮助残疾人创业和就业。广大居民可以通过购买残疾人的产品，帮助残疾人实现自己的创业梦想，使残疾人的劳动成果得到社会认可。

（2）残疾人产品线上平台。网络销售越来越符合年轻人的口味，可以协助残疾人探索"互联网＋"营销渠道，搭建电商网店、微信公众号等网上销售平台，依托现有知名电商网站，为残疾人手工艺品的销售开辟新路。

（3）残疾人产品线下推广。有些残疾人深居简出、性格孤僻，在营销推广方面比较滞后。在社会工作者的协助下，在百货商场、大型卖场设置公益专柜销售残疾人产品，将产品成果直观、全面地展示给社会消费者。

4. 链接残疾人就业岗位

（1）与企业合作开展技术培训。建立企业和残疾人的资料库，与企业深度对接，把残疾人送到企业中去接受定岗培训，或由企业派出技术骨干对特定残疾人进行免费的专业培训，培训合格后，这些残疾人可由企业录用。

---

① 黄孝萍. 无锡一群年轻社工学起了"造纸术"帮助残疾人谋生［N］. 江南晚报，2012 － 10 － 22.

（2）组织社区残疾人参加专场招聘会。各地人力资源和社会保障部门会定期举办专门针对残疾人的招聘会，社区可以组织有就业意愿的残疾人及其家属参加残疾人专场招聘会，协助残疾人了解企业状况、工资待遇、社会保险和劳动保护等相关信息，方便残疾人找到合适的工作岗位，促使残疾人与用人单位在现场达成初步就业意向。

5. 社区残疾人就业政策倡导

通过一定的社会媒介，呼吁各类企事业单位消除对残疾人的歧视，尽自己所能为残疾人提供必要的就业岗位，给予残疾人更多的关爱和温暖。呼吁各类企业能够严格按照《中华人民共和国残疾人保障法》和《残疾人就业条例》的相关规定按比例安置残疾人就业，或者缴纳相应的残疾人就业保障金，真正承担起关于残疾人就业的法律责任和社会责任。

（十一）社区残疾人法律服务

1. 组建社区助残律师队伍

在社区组建助残律师队伍，为残疾人提供免费的法律咨询服务，协助残疾人起草和审核表达残疾人合理诉求的法律文书，帮助残疾人解决疑难法律问题，维护残疾人的生命权和财产权，保障残疾人的各项合法权益。

2. 社区残疾人法律宣传

向残疾人普及残疾人保障法等法律知识，宣传残疾人的康复、就业、维权和教育等政策，向残疾人宣传如何利用法律工具来保障自身合法权益，宣传我国政府关于残疾人社会保障和服务体系建设的优惠政策。通过宣传，引导残疾人树立法律意识，帮助残疾人依法维护自身的合法权益。

3. 社区残疾人法律咨询

由律师为残疾人提供面对面的法律咨询服务，现场解答残疾人普遍关心的问题，例如抚养问题、房产纠纷、遗嘱书写、遗产继承、拆迁安置和劳动就业等问题，增进残疾人对法律知识的理解和掌握。

4. 社区残疾人法律维权

在生活中，残疾人往往会遇到合法权益遭受侵害的情况，在大多数情况下，残疾人作为困难群体一般只能保持沉默，无法在第一时间得到法律救助。针对残疾人的法律需求，由律师为行动不便的残疾人提供上门法律服务，提醒残疾人要提高维权防范意识，注意保护自身生命安全和财产安全，对侵犯自己人身、财产以及其他合法权益的行为，建议通过法律途径解决。

（十二）社区残障人士展能

展能活动可以帮助更多残障人士走出家门，向社会各界展示残疾人自强不息的精神面貌，在社区营造扶残助残的社会氛围。

1. 社区残疾人作品展示

把残疾人亲手制作的作品（如书法、绘画、摄影、手工刺绣、雕刻、剪纸、泥塑等）在社区举行公开展览，动员残疾人家属和社区居民前来观看。残疾人的作品能够展现他们的才艺和技能，使他们体会到收获劳动成果的快乐。

2. 社区残疾人文艺表演

为残障人士搭建展示自身能力的平台，在全国助残日、元旦和中秋节等时间举办残疾人文艺表演活动。邀请有才艺特长的残疾人上台表演节目，展示残疾人自强乐观的精神风貌，实现他们人生舞台的第一次突破，提高残疾人的自信心。动员残疾人的家属和朋友前来观看，使更多的居民了解残疾人，看到他们的价值，改变对他们的认识。

3. 社区残疾人趣味运动会

在社区举办残疾人趣味运动会，由视力残疾人、听力残疾人、言语残疾人和肢体残疾人等运动员参加。残疾人趣味运动会可以设置足球射门、踢毽子、投篮、套圈等趣味项目。对于肢体残疾的运动员来说，某些比赛项目的强度是比较大的，这种参与能体现残疾人身残志坚、自强不息的精神风貌，同时也能丰富残疾人的精神文化生活。

4. 社区残疾人提供志愿服务

残疾人除了接受志愿服务，也可以向社会提供志愿服务。参与志愿服务可以让很少出门的残疾人走出家门，给有一技之长的残疾人提供平台，让他们能够发挥自己的专业技能。通过这种方式，使他们在得到社会的帮助之后，有机会回馈社会。

（1）残疾人为其他困难群体提供志愿服务。成立残疾人志愿服务队，为社区中有困难的老年人、残疾人和低保特困群体提供生活上力所能及的帮助，促进社区困难群体之间的相互交流和关爱。

（2）残疾人为社区居民提供志愿服务。有一定技能的残疾人可以为社区居民提供志愿服务，比如维修、按摩和理发等。在每年春节，有书画特长的残疾人可以为社区居民写春联、送春联，更好地体现残疾人的自身价值。

（十三）社区残疾人慈善帮扶

残疾人由于就业困难导致经济收入较少，但同时在健康医疗方面的开支较多，他们比普通家庭的经济状况更窘迫，迫切需要来自社会的帮助。

1. 协助残疾人申请政府救助

各地政府、残联都有扶助残疾人的相关政策，比如税收优惠、减免规费、申请法律援助和就业安置等。这些政策有利于残疾人改善生活质量，更好地融入社会。但很多残疾人对这些政策往往并不了解、不熟悉，或者即使了解也难以外出办理手续。由志愿者协助行动不便的残疾人向政府申请低保、救助金等优惠，从而改善残疾人的生活质量，缓解生活压力。

2. 社区助残爱心捐赠

对特困残疾人，可以联系媒体对他们的生活困境进行报道，广泛寻求慈善机构的帮助，发动社会爱心人士、企业为残疾人捐款捐物。在募捐之后，社会工作者给残疾人送去他们需要的轮椅、助听器、听书机、洗衣机、电饭煲、冰箱等物资，以及冬衣、棉被、大米、面粉、食用油、纸尿裤及纸尿片等生活日用品，以提高特困残疾人的生活质量。为残疾人家庭捐赠资金，解决残疾人子女的学费问题，使残疾人子女能够顺利完成学业。

3. 社区助残义卖活动

在社区开展助残义卖活动，为残疾人筹集善款。由社会工作者链接企业商家、居民捐赠义卖物资，动员学生把闲置的文具、玩具和书本等捐赠出来，同时要求义卖物品必须确保卫生、安全。物资筹集完成后，由社区热心居民共同开展助残义卖活动。义卖之后，向社区居民公布义卖活动的总金额，然后统一捐赠给社区特困残疾人家庭，全过程做到公开透明。

第八章　社区其他重要群体服务项目设计

社区中除了老年人、未成年人和残疾人以外，还有一些需要重点关注的群体，包括社区妇女、辖区单位职工、社区失业人员、社区刑满释放人员、社区服刑人员、流浪乞讨人员、社区患病居民、社区戒毒康复人员八类群体。

一、社区其他重要群体服务的背景信息

（一）社区妇女服务的相关背景信息

女性对我国社会发展起到了重要作用。由于女性特殊的生理特点和我国传统文化的因素，女性在社会中还处于弱势地位。

根据国家统计局公布的《中华人民共和国 2021 年国民经济和社会发展统计公报》数据，2021 年末，我国女性人口为 68949 万人，占总人口的48.8%，总人口性别比为 104.9。[①]

我国多部法律法规对妇女权益保障进行了明确规定，其中最主要的是《中华人民共和国妇女权益保障法》。该法目的在于保障妇女的合法权益，促进男女平等，充分发挥妇女在社会主义现代化建设中的作用。此外，《中华人民共和国母婴保健法》《女职工劳动保护特别规定》《女职工保健工作规定》等法律法规也对妇女权益保障进行了具体规定。2021 年施行的《中华人民共和国民法典》在保护妇女权益方面，列明了男女平等、禁止性骚扰行为、合

---

① 国家统计局. 中华人民共和国 2021 年国民经济和社会发展统计公报 [EB/OL]. (2022 - 02 - 28) [2023 - 09 - 04]. https://www. gov. cn/xinwen/2022 - 02/28/content - 5676015. htm.

理界定夫妻共同债务、肯定女性家务劳动价值、特殊保护等。

长期以来,社会上存在着重男轻女的观念,女性没有与男性平等的权利和地位,广大女性迫切要求争取男女平等的权利。而且,随着城市化的推进,大量的妇女问题随之而来,比如女性失学辍学、留守妇女、性别歧视、妇女失业、婚姻家庭危机、女性生理健康、女职工权益保护、家庭暴力以及性骚扰等问题。这些问题虽然得到了一定的社会关注,但是并没有得到全面解决。针对这些问题,为妇女提供专业化和具体化的服务,可以协助女性进一步完善和提升自我,提高她们的社会地位,促进女性的全面发展。

(二)辖区单位职工服务的相关背景信息

职工是指在中国境内的企业、事业单位、机关中以工资收入为主要生活来源的体力劳动者和脑力劳动者,不分民族、种族、性别、职业、宗教信仰、教育程度。[①] 任何一个单位要想获得持续发展,都不能忽视职工的重要性。

根据人力资源和社会保障部发布的《2021年度人力资源和社会保障事业发展统计公报》,截至2021年末,全国就业人员74652万人,其中城镇就业人员46773万人,城镇就业占比进一步提高到62.7%。随着我国经济结构调整优化,发展新动能加速壮大,第三产业已成为带动经济增长、吸纳就业人员的主要力量。2021年,我国第一、二、三产业就业人员分别为17072万人、21712万人和35868万人,占比分别为22.9%、29.1%和48.0%;其中第一产业、第二产业占比比2012年分别下降10.6个和1.3个百分点,第三产业占比上升11.9个百分点。三次产业就业结构与产值结构的协调性明显提高[②]。

我国关于职工的法律法规包括《中华人民共和国劳动法》《中华人民共和国职业病防治法》《中华人民共和国工会法》《中华人民共和国劳动合同法》《职工带薪年休假条例》等。

企事业单位职工往往会遇到工资分配、劳动争议、子女教育和家庭突发

---

① 《中华人民共和国工会法》,1992年4月3日通过,2001年、2009年、2021年三次修正。
② 我国人口规模持续扩大 就业形势保持稳定[EB/OL].(2022-10-11)[2023-09-04]. http://news.cctv.com/2022/10/11/ARTle9KR5FtNFhqw8LdsaeOg221011.shtml.

事件等实际困难，迫切需要外界的帮助。针对职工开展各项服务，丰富职工业余文化生活，是提高职工素质和建立人才储备的有效手段，能够极大地激发职工潜能，充分调动职工工作的积极性，维护职工合法权益，满足职工的合理诉求，不断提高职工的工作效率和工作质量。

（三）社区失业人员服务的相关背景信息

失业人员，是指在劳动年龄内有劳动能力，目前无工作，并以某种方式正在寻找工作的人员，包括就业转失业的人员和新生劳动力中未实现就业的人员。《失业保险条例》所指失业人员只限定为就业转失业的人员。根据有关规定，我国目前的法定劳动年龄是 16～60 岁。城镇登记失业人员，是指有非农业户口，在一定的劳动年龄内（16 岁以上及男 50 岁以下，女 45 岁以下），有劳动能力，无业而要求就业，并在当地就业服务机构进行求职登记的人员。

2018—2019 年，全国城镇调查失业率始终稳定在 5.0% 左右的较低水平。2020 年初，受新冠疫情突发影响，就业形势受到冲击，2 月份失业率升至 6.2%。随着经济持续恢复和各项就业政策落地见效，城镇调查失业率不断回落，2020 年 12 月降至 5.2%，与 2019 年同期持平[①]。根据人力资源和社会保障部发布的《2021 年度人力资源和社会保障事业发展统计公报》，2021 年末，城镇登记失业人员 1040 万人，城镇登记失业率为 3.96%，全国城镇调查失业率为 5.1%[②]。

我国与就业促进相关的法律主要是《中华人民共和国就业促进法》，该法对于促进就业、推动经济发展与扩大就业相协调、实现社会和谐稳定具有十分重要的意义。党的十九大报告中指出："就业是最大的民生。要坚持就业优先战略和积极就业政策，实现更高质量和更充分就业。大规模开展职业技能培训，注重解决结构性就业矛盾，鼓励创业带动就业。"2015 年政府工作报告中提出"大众创业、万众创新"，激发了人们的创业、创新热情。2021 年 8 月，国务院印发《"十四五"就业促进规划》，提出到 2025 年，实现就业形势

---

① 中国计划生育协会. 人口规模持续扩大　就业形势保持稳定 [EB/OL].（2022 - 10 - 11）[2023 - 09 - 04]. https://baijiahao.baidu.com/s?id = 1746399023479425203&wfr = spider&for = pc.

② 孔德晨，叶紫.2021 年全国就业人员 74652 万人 [N]. 人民日报海外版，2022 - 06 - 08.

总体平稳、就业质量稳步提升、结构性就业矛盾有效缓解、创业带动就业动能持续释放、风险应对能力显著增强等目标。

失业会给失业人员带来巨大的经济压力，其生活质量也会受到较大影响。从心理状况来看，绝大部分失业人员由于失业前后的差异，造成他们的心理落差。失业人员需要职业技能培训和就业信息，尽快找到新的工作岗位，以改变不良的生活状态。

（四）社区刑满释放人员的相关背景信息

社区刑满释放人员是指服刑结束后回归社区的人员。

根据司法部的统计数据，2016 年，全国新接收社区服刑人员 48 万人，办理解除矫正 49 万人，现有社区服刑人员 70 万人，社区服刑人员在矫正期间重新违法犯罪率一直保持在 0.2% 左右的较低水平，有效提高了社区的安全度。截至 2016 年底，全国共成立矫正小组 67.8 万个，建立教育基地 9353 个，社区服务基地 25204 个，就业基地 8216 个，积极开展学习教育、职业培训、社区服务、心理矫治等教育活动，为促进社区服刑人员顺利回归社会、融入社会创造了条件 [①]。

我国与刑满释放人员相关的法律主要是《中华人民共和国监狱法》。该法于 1994 年 12 月 29 日颁布实施（后于 2012 年 10 月 26 日修正）。其第三十七条规定："对刑满释放人员，当地人民政府帮助其安置生活。刑满释放人员丧失劳动能力又无法定赡养人、扶养人和基本生活来源的，由当地人民政府予以救济。"第三十八条规定："刑满释放人员依法享有与其他公民平等的权利。"第六十八条规定："国家机关、社会团体、部队、企事业单位和社会各界人士以及罪犯的亲属，应当协助监狱做好对罪犯的教育改造工作。"

2010 年，中央社会治安综合治理委员会下发《关于进一步加强刑满释放解除劳教人员安置帮教工作的意见》，指出，各级政府以及各类社会组织要发展并完善管控、安置、帮教等措施，使多数刑满释放人员能够增强改过自新

---

① 熊选国 . 2016 年全国新接收社区服刑人员 48 万人［EB/OL］.（2017 - 03 - 09）［2023 - 09 - 04］. http://www. moj. gov. cn/pub/sfbgw/zlk/201712/t20171227_173740. html.

的信念，帮助他们顺利融入社会。2022 年，国务院办公厅印发的《"十四五"城乡社区服务体系建设规划》中提出，强化刑满释放人员的帮扶服务。

社区中的刑满释放人员希望社区为他们开展行为矫正、心理辅导、技能培训、就业咨询和慈善帮扶等多方面服务，这不仅能够帮助他们解决眼前困难，还关注其能力发展，引导他们实现自我价值，最终达到融入社会的目的。

（五）社区服刑人员的相关背景信息

社区服刑人员是指被判处管制、宣告缓刑、裁定假释、暂予监外执行的罪犯。

我国的社区矫正工作经过 2003 年试点、2005 年扩大试点和 2009 年全面试行阶段后，2014 年全面推进。根据司法部的统计数据，全国 2013 年以来累计接收社区服刑人员 189.6 万人，累计解除 174.5 万人，净增长 15.1 万人，现有社区服刑人员突破 70 万人，社区服刑人员矫正期间重新犯罪率一直处于 0.2% 左右的较低水平。目前，全国 60% 多的县（市、区）建立了社区矫正中心。全国从事社区矫正工作的社会工作者 83036 人，社会志愿者 672003 人。[①]

《中华人民共和国刑事诉讼法》第二百六十九条、《中华人民共和国社区矫正法》第二条规定："对被判处管制、宣告缓刑、假释或者暂予监外执行的罪犯，依法实行社区矫正。"《中华人民共和国社区矫正法》第八条规定："国务院司法行政部门主管全国的社区矫正工作。县级以上地方人民政府司法行政部门主管本行政区域内的社区矫正工作。人民法院、人民检察院、公安机关和其他有关部门依照各自职责，依法做好社区矫正工作。人民检察院依法对社区矫正工作实行法律监督。"

社区服刑人员背负着服刑者、罪犯的称呼生活在社区，无疑在重新融入社会时存在困难，他们迫切需要外界的引导、教育和帮困扶助。社区工作者可以结合既定的教育内容，运用专业力量，努力使其转变犯罪思想，培养悔

---

① 熊选国. 2016 年全国新接收社区服刑人员 48 万人［EB/OL］.（2017－03－09）［2023－09－04］. http://www.moj.gov.cn/pub/sfbgw/zlk/201712/t20171227.173740.html.

罪意识。通过多元化的服务，促使社区服刑人员正确地认识自我，进而自觉地改造自我。

（六）流浪乞讨人员的相关背景信息

民政部在 2003 年 8 月印发的《〈城市生活无着的流浪乞讨人员救助管理办法〉实施细则》规定："城市生活无着的流浪乞讨人员是指因自身无力解决食宿，无亲友投靠，又不享受城市最低生活保障或者农村五保供养，正在城市流浪乞讨度日的人员。虽有流浪乞讨行为，但不具备前款规定情形的，不属于救助对象。"从乞讨产生的原因和救助工作实际救助的对象分类来看，"城市生活无着的流浪乞讨人员"主要是到城市务工不着、寻亲访友不遇，因灾、因生活贫困，到城市乞讨谋生的农民；因钱财被盗、被抢、被骗生活遇到临时性困难，面临流浪乞讨度日，需要政府予以救助的人员。

根据民政部的统计，2017 年全国共救助流浪乞讨人员 300 多万人次。[1] 自 2016 年 10 月下旬至 2017 年 4 月上旬，"寒冬送温暖"专项救助工作共在全国救助生活无着流浪乞讨人员 77 万人次（含救助露宿街头各类困难群众 15 万人次），其中未成年人 5.2 万人次，危重病人和疑似精神障碍患者 7.1 万人次，各地未发生街头流浪乞讨人员因救助不到位导致的极端事件 [2]。

2003 年 6 月 20 日，国务院正式公布《城市生活无着的流浪乞讨人员救助管理办法》，该办法是为了对在城市生活无着的流浪、乞讨人员实行救助，保障其基本生活权益，完善社会救助制度而制定的。2014 年 6 月，民政部印发《生活无着的流浪乞讨人员救助管理机构工作规程》，同年 11 月，民政部、国家档案局印发《生活无着的流浪乞讨人员救助档案管理办法》，提出救助管理机构应当建立并完善救助档案管理制度，对救助档案实行集中统一管理，指定专人负责救助档案工作。2020 年，民政部办公厅印发《关于全面应用人脸识别技术提升流浪乞讨人员救助管理服务能力的通知》，决定在全国救助管理

---

[1] 罗争光. 2017 年全国救助流浪乞讨人员 300 多万人次 [EB/OL]. (2018 - 02 - 01) [2023 - 09 - 04]. http://www.gov.cn/shuju/2018 - 02/01/content_5263007. htm.

[2] 民政部：半年来救助流浪乞讨未成年人 5.2 万人次 [EB/OL]. (2017 - 05 - 06) [2023 - 09 - 04]. http://www.gov.cn/xinwen/2017 - 05/06/content_5191360. htm.

机构全面应用人脸识别技术。

流浪乞讨群体是社会最困难和最易被忽视的群体之一。如何提升流浪乞讨人员救助服务水平，满足他们日益复杂的求助需求，为他们提供更有效的救助服务措施，提供个性化和人性化的服务，是当前迫切需要解决的问题。

（七）社区患病居民的相关背景信息

社区患病居民包括各种急、慢性疾病的患者。

随着工业化、城镇化、人口老龄化发展及生态环境、生活行为方式变化，慢性非传染性疾病已成为居民的主要死亡原因和疾病负担。心脑血管疾病、癌症、慢性呼吸系统疾病、糖尿病等慢性病导致的负担占总疾病负担的70%以上，成为制约健康预期寿命提高的重要因素。同时，肝炎、结核病、艾滋病等重大传染病防控形势仍然严峻，精神卫生、职业健康、地方病等问题不容忽视 [①]。

《健康中国行动（2019—2030年）》报告指出总体目标，到2030年，全民健康素养水平大幅提升，健康生活方式基本普及，居民主要健康影响因素得到有效控制，因重大慢性疾病导致的过早死亡率明显降低，人均健康预期寿命得到较大提高，居民主要健康指标水平进入高收入国家行列，健康公平基本实现。

根据疾病的分期，社区患病居民可以分为四种患者，即临床期患者、恢复期患者、残障期患者和临终患者。一般来说，临床期患者、恢复期患者、残障期患者对健康教育比较感兴趣，他们希望早日摆脱疾病和恢复健康。对于这三种患者的服务，侧重于康复知识教育和便民服务，以帮助他们积极地配合治疗。

另外，健康人群在社区中的比例最大，他们虽然没有严重疾病，但是或多或少会面临疾病的威胁。健康人群也需要了解更多的健康保健知识和疾病预防知识，以帮助他们维持良好生活方式并保持健康、远离疾病。

---

① 健康中国行动：2019—2030年［EB/OL］. (2019 – 07 – 15)［2023 – 09 – 04］. http://www. gov. cn/xinwen/2019 – 07 – 15/content. 5409694. htm.

社区居民的健康教育，主要是开展社区常见病、多发病的健康教育，比如心血管疾病、脑血管疾病、肿瘤、糖尿病、呼吸系统疾病等，这是社区卫生服务的重要内容。

（八）社区戒毒康复人员的相关背景信息

毒品是世界性公害，对人类生存和社会发展构成了严重威胁。吸毒以及由吸毒引发的对机体生理、心理、家庭乃至社会的危害，已成为社会共同关注的问题。社区戒毒是以政府机关为主导，其他主体共同参与下，以社区为基本点，通过拥有专业技术的医护人员对戒毒者进行生理脱毒，具有专业素质的社会工作者团体和帮教人员对戒毒者进行心理脱毒，然后利用社区资源提高戒毒者的生存技能，为他们回归社会给予帮助的戒毒方式。社区戒毒是一种具有中国特色的戒毒模式，是一项集戒断、教育、帮助、挽救于一体的综合性戒毒措施，具有戒毒措施人性化、戒毒过程一体化、戒毒力量专业化、戒毒救助社会化等主要特征[①]。

根据公安部 2022 年发布的《2021 年中国毒情形势报告》，截至 2021 年底，全国现有吸毒人员 148.6 万名，同比下降 17.5%，新发现吸毒人员 12.1 万名，同比下降 21.7%。现有吸毒人数和新发现吸毒人数连续 5 年下降，毒品滥用治理成效持续显现。海洛因、冰毒等滥用品种仍维持较大规模，大麻吸食人数逐年上升，新精神活性物质滥用时有发现，花样不断翻新，包装形态不断变化，有的甚至伪装成食品饮料，出现"毒邮票""毒糖果""毒奶茶"，极具伪装性、隐蔽性、诱惑性。一些大城市出现滥用"犀牛液""零号胶囊"等色胺类物质的吸毒群体，多为 18 至 35 岁、学历较高且拥有稳定职业的人员[②]。

2008 年 6 月 1 日《中华人民共和国禁毒法》颁布实施，这是我国社区戒毒的法律依据。社区戒毒不仅体现了以人为本的理念，还体现了遵循客观规律的科学理念。该法规定，戒毒工作以社区为基础、家庭为依托，采取社区

---

① 何银松. 浅议社区戒毒 [J]. 北京人民警察学院学报，2009（3）：45 – 48 + 89.
② 中国国家禁毒委员会办公室. 2021 年中国毒情形势报告 [EB/OL]. (2022 – 09 – 01) [2023 – 09 – 04]. http://us. china. erubassy. gov. cn/zgyu/202209/p020220901046387407188. pdf.

戒毒、强制隔离戒毒、社区康复、自愿戒毒等多种戒毒措施，建立戒毒治疗、康复指导、救助服务功能兼备的工作体系。2011 年 6 月 22 日，国务院通过了《戒毒条例》，以人性化、科学化的方式，系统地规定了自愿戒毒、社区戒毒、强制隔离戒毒和社区康复等戒毒措施，明确了戒毒的责任主体以及戒毒人员的权利和义务。2017 年，国家禁毒办等 12 部门印发《关于加强禁毒社会工作者队伍建设的意见》，提出到 2020 年，建立较为完善的禁毒社会工作者队伍建设运行机制、工作格局和保障体系，禁毒社会工作者总量达到 10 万人，建成一批有影响力的禁毒社会工作服务机构，实现禁毒社会工作服务在城乡、区域和领域的基本覆盖，禁毒社会工作者队伍的专业作用和服务成效不断增强。

戒毒人员重新回归社区后，面临着多种问题，包括基本生存、家庭关系、求职就业、社会交往、情绪失衡、毒友引诱等问题，而戒毒人员缺乏使用资源的能力和方法，迫切需要社会工作者的帮助。

二、社区其他重要群体服务项目设计

（一）社区妇女服务项目设计

妇女作为家庭结构的一部分，具有不可替代的独特作用，生活中的多重角色给妇女带来了很大压力。社区妇女服务项目的类型包括成立妇女志愿服务团队、社区女性修养提升、社区妇女健康服务、社区孕产妇服务、社区妇女亲子教育指导、社区妇女法律服务、社区妇女心理服务、社区妇女就业创业服务等。

1. 成立妇女志愿服务团队

（1）成立社区巾帼志愿服务队。2011 年，全国妇联为提升妇联组织开展巾帼志愿服务的水平，统筹推动妇联组织志愿服务工作，制定下发了《关于深入开展巾帼志愿服务工作的意见》，明确了"立足社区、面向家庭、见诸日常、细致入微"的巾帼志愿服务宗旨。可以在社区成立巾帼志愿服务队，以志愿服务的形式，为社区中的高龄老人、空巢老人、独居老人、残疾人和患病居民等困难群体提供服务。

（2）成立为妇女提供服务的志愿服务队。志愿服务队重点为失独妇女、空巢独居妇女、离异家暴妇女、患严重疾病妇女、下岗无业妇女、生活贫困妇女、育龄妇女和流动妇女等妇女群体提供志愿服务，帮助她们解决生活中遇到的各种实际困难。

2. 社区女性修养提升

现代女性除了追求漂亮的外表以外，还重视个人修养的提升，以成为一个有修养、有品位、有文化内涵的时代女性。为此，可以在社区举办促进女性修养提升的培训活动，重点吸引职场白领和全职家庭主妇参加。对于全职家庭主妇而言，当她们的孩子进入幼儿园或小学后，能有充足且零碎的时间参与活动。

（1）社区女性职场魅力培训。女性从事的职业多种多样，对于刚刚进入职场的女大学生或重新进入职场的家庭主妇来说，良好的职场礼仪对每位女性都非常重要。邀请礼仪培训专家为职场女性讲解女性魅力知识，包括形象设计、服饰搭配、社交礼仪、职场礼仪等。举办"最美 T 台"活动，使广大女性参与其中，在活动中找回自信，提升个人魅力。

（2）社区女性形体和瘦身培训。由专业形体教练为女性尤其是刚生完孩子的妇女讲解形体训练和瘦身知识，带领妈妈们持续训练，帮助她们恢复和重塑良好的身材和体态。

（3）社区家庭主妇烘焙培训。由具有烘焙经验的面点师为社区家庭主妇提供教学指导，培训家庭主妇烘焙面点的技能，从而提高家庭饮食乐趣，提升妇女的生活技能和生活品位。

（4）社区妇女艺术兴趣培训。为有音乐、书法绘画、手工、插花等兴趣爱好的妇女提供学习平台，通过兴趣学习，妇女能够展示乐观和向上的精神风貌，让她们进一步领略艺术的魅力。

3. 社区妇女健康服务

妇女的健康水平不仅直接影响下一代的成长，而且关系到民族素质的提高和计划生育国策的贯彻与落实。社区妇女健康服务以预防为主，以生殖健康为核心，以维护和促进女性的健康为目的。

（1）社区女性生殖健康服务。从服务需求来看，不同年龄阶段的妇女对生殖健康服务的需求是不同的。青春期女性需要生殖健康咨询服务；新婚期女性需要生育检测；避孕期女性需要定期做生殖道感染、生殖系统肿瘤检查；更年期女性需要更年期保健咨询指导。在社区举办妇女生殖健康保健讲座，讲座内容可以包括妇科常见病与多发病、妇科疾病的预防和保健、优生优育与计划生育、内分泌紊乱的预防、艾滋病性病的预防等。在社区向妇女发放性教育宣传材料，发放避孕药具。

（2）社区妇女"两癌"筛查及服务。乳腺癌和宫颈癌是威胁妇女生命的两大疾病，发病率呈逐年上升趋势。可以整合医疗机构资源，在每年10月的"世界乳腺癌防治月"，对社区育龄妇女的乳腺癌和宫颈癌进行免费筛查，促进社区妇女"两癌"的早诊断、早发现、早预防和早治疗。由心理咨询师对"两癌"妇女进行心理疏导，提高女性的自我保健意识。

（3）社区妇女计划生育政策宣传。在社区提倡婚育新风，宣传计划生育工作的成就，倡导群众遵守计划生育国策，转变婚育观念和婚育行为，自觉实行负责任、有计划的生育。特别是要做好"二胎"政策的宣传和解读工作，带动广大居民积极参与计生国策宣传。

（4）社区妇女健身活动。依托社区妇女健身站点，挖掘妇女健身活动骨干，开展各类健身活动，例如登山、乒乓球、跑步、广场舞、趣味运动会等，从而解决妇女文化生活单调、封建迷信的问题，提升妇女的身心健康水平，引导妇女树立文明健身、科学健身的生活理念。

4. 社区孕产妇服务

（1）准妈妈课堂。对妇女在孕期中出现的问题给予讲解，由专业医生进行指导。开展丰富多彩的孕期活动，比如胎教音乐欣赏、孕期瑜伽、孕妇手工，让孕期生活不再单调，使孕妇对于生产过程更加了解，减少意外的发生。

（2）孕妇孕期不便及分娩疼痛体验。借助沙袋让体验者感受孕妇的多种不适及不便，切实感受孕期的不适。借助疼痛体验仪，请男士亲身体验"分娩"之痛，从而体会到女人生育的不易，感受母亲的伟大。

（3）新生儿家庭妈妈指导。新生儿降生后，妈妈们面临角色的变化、生活的压力，有些妈妈缺乏亲戚朋友的支持，使她们感到措手不及。有些妈妈不得不放弃工作，成为全职家庭主妇。在社区为妈妈们提供学习育儿知识的平台，讲解新生儿的生理特点和发育特点，为妈妈们介绍缓解育儿压力的方法。通过沙龙、分享会等形式，组织妈妈们共同交流教育孩子的方法，分享实用的生活经验，互相给予心理上的支持。

5. 社区妇女亲子教育指导

当前，亲子教育问题备受关注。从普遍情况来看，妈妈承担的教育责任相对更重要一些。妈妈是一个家庭的核心，她们如果能够掌握更多的亲子教育技巧，有利于给孩子创造一个温馨的成长环境。向青少年的母亲讲解如何培养子女全面发展，如何引导和塑造子女健康阳光的性格、培养子女的实践能力、提高子女的学习能力，以及如何提升子女的道德品质和安全意识等。

6. 社区妇女法律服务

妇女是一个容易被侵害的群体，需要有更多的人文关怀和健全的法律制度保障。要加强妇女法律服务，帮助她们增强法律意识，学会运用法律工具来维护自己的合法权益。

（1）社区妇女维权法律知识宣传。借助每年的"三八"妇女维权周、"12·4"法制宣传日，通过向社区妇女派发宣传单、制作妇女维权知识宣传板以及普法话剧表演等形式，全面直观地向社区妇女普及宣传《中华人民共和国妇女权益保障法》等法律法规，增强基层妇女的维权意识，更好地保护妇女权益。

（2）社区妇女法律知识讲座。邀请律师为社区妇女进行法制讲座，围绕婚姻家庭、财产继承、子女抚养及家庭理财等方面，结合平时生活中的常见案例，为妇女讲解婚姻纠纷、财产分割、消费陷阱等方面的法律知识，以互动形式加深妇女对相关知识的了解，提高妇女在面对伤害和遭受不公待遇时处理问题的能力。

（3）社区妇女家庭暴力维权。家庭暴力严重危害了妇女的身心健康和生命安全。针对社区妇女中遭遇家庭暴力、婚姻伤害的情况，运用法律、心理学等手段协助妇女正确处理夫妻关系、有效避免家庭暴力，促进家庭成员和睦相处。在社区中进行男女平等教育，倡导民主、平等的家风。对于提出法律援助申请的低收入妇女、残疾妇女等妇女群体，为她们提供及时的法律援助。

（4）女职工"五期"权益维护。《中华人民共和国劳动法》和《女职工劳动保护特别规定》明确规定，由于女职工自身生理的特殊性，我国对女职工实行"五期"保护，是对女职工的安全健康实施全面保护，包括：女职工月经期保护、女职工孕期保护、女职工产期保护、女职工哺乳期保护、女职工更年期保护。通过培训、个案等形式，向女职工普及劳动权益常识，维护自身利益。

7. 社区妇女心理服务

现实生活中的中年女性承受着巨大压力，她们不仅要为家庭琐事担忧，还要面对工作上的诸多压力。受生理因素和环境因素影响，很多女性形成了固执己见、言语啰唆、多疑善感的心理问题。

（1）设立社区女性心理咨询室。在社区设立女性心理咨询室，心理咨询师运用心理学的知识和方法，给女性求询者以帮助、启发和教育，解决她们在工作、人际交往和家庭生活等方面出现的心理问题，使妇女更好地适应环境，保持身心健康。帮助妇女及家庭成员形成自尊自信、理性平和、健康向上的和谐心态。

（2）社区更年期妇女心理关怀。更年期妇女的心理和生理都会发生较大变化，甚至影响到身心健康，主要表现为情绪不稳定、精力和体力减退、心理敏感性增强、记忆力减弱。通过心理关怀，帮助妇女正确认识更年期出现的生理与心理变化，引导她们精神乐观、保持稳定心态，顺利度过更年期。

（3）职业女性减压服务。对于职业女性来说，来自各方面的压力会造成心理及生理上的异常。职业女性通过插花、陶艺体验、瑜伽等活动来缓解心理压力、净化心灵，满足职业女性的精神文化需求。

8. 社区妇女就业创业服务

有些妇女的社会接触经验少、就业技能缺乏，还需要兼顾家庭，导致她们增收致富能力较弱，急需引导就业创业。在这种情况下，为下岗失业、无业、退休妇女提供一条就业渠道，搭建实现自身价值的平台。

（1）社区妇女就业项目培训。由于女性的自有特质，她们在手工制作、家政服务、餐饮服务等就业领域有着先天优势。开展适合妇女从事的就业项目培训，主要包括：①手工就业项目。手工项目具有资金投入少、风险性低、生产方式灵活等特点。通过举办宣传活动，吸引有意愿参加手工编织的妇女一起学习和制作手工艺产品，比如手工编织、穿珠、传统手工剪纸，也可以和当地的非物质文化遗产项目结合起来。建立社区巧娘工作室，妇女可以在家做手工，再按照一定价格回收成品，使她们能挣些生活费，减轻生活压力。②家政就业项目。培训妇女成为育婴师、保育员和养老护理员等家政服务员，培训学成后，推荐在就近社区就业。③绿植就业项目。邀请专业的花艺师和农艺师，对社区妇女进行绿植种植技巧培训，通过花卉种植提高家庭收入。

（2）社区女性专场招聘会。积极协调企业资源，举办社区女性专场招聘会，招聘会重点针对技能偏低、年龄偏大的女性失业人员及女大学生，为社区女性提供更多的就业选择，帮助失业下岗妇女解决就业问题。在招聘会现场，设立就业创业政策及法律维权咨询平台，为女性求职者提供全方位的就业服务和职业指导。

（3）社区妇女财富管理辅导。《2016 年中国女性财富管理报告》显示，60% 左右的中国女性掌管着家庭的财政大权。[①] 女性越来越成为家庭财富管理的主力军，她们的财富管理能力决定了一个家庭的财富可持续性。通过专家讲座及案例形式，引导妇女树立正确的家庭理财方法，提高家庭理财收益，规避理财风险和金融诈骗。

（二）辖区单位职工服务项目设计

以辖区单位、单位职工及职工家庭系统为服务重点，搭建起职工与企业相互沟通的桥梁，丰富职工生活，提升职工的综合素质。通过服务，有利于打造企业文化，实现企业社会责任，营造和谐友善的企业环境。辖区单位职工服务项目的类型包括辖区单位职工文娱活动、辖区单位职工职业疾病预防、

---

① 阿里研究院. 2016 年中国女性财富管理报告［EB/OL］.（2016 – 09 – 12）［2023 – 09 – 04］. http://199it. com/archives/516719. html.

辖区单位职工心理服务、辖区单位职工工作技能提升、辖区单位职工法律服务、辖区单位职工安全意识提升、外来务工人员服务、辖区单位职工子女服务、推动职工志愿服务等。

1. 辖区单位职工文娱活动

（1）建立职工兴趣团体。协助企业成立多种类别的兴趣社团，职工可以依据自己的兴趣爱好，自愿申请成立或参加各类兴趣社团，如体育类（瑜伽、舞蹈、健身操等），文艺类（书法、摄影等）和联谊类等社团。开展职工亲子兴趣活动，在关爱职工家庭生活的同时，丰富职工的业余文化生活，促进职工之间的交流，提高职工对企业的忠诚度。

（2）职工节日主题活动。在妇女节、端午节、劳动节、中秋节等重大节日期间，组织职工开展主题活动，比如员工职业技能比赛、趣味活动、文艺表演、知识竞赛、健康讲座等。通过活动开展，促进职工综合素质的提升，提升企业人文文化。

（3）职工交友联谊活动。很多青年职工长期坚守在一线工作岗位上，朋友圈小、交友面窄，加上工作、生活压力日渐增大，成了大龄剩男剩女，青年职工婚恋问题日益突出。在情人节、七夕节等节日，招募企业中的单身男女共度节日，举办青年交友联谊活动，开展聚餐、趣味游戏等活动，为青年职工创造互相交流了解的机会，满足大家的社会交往及婚恋需求。

（4）企业文化展示摄影。在职工中征集有意义的企业文化照片，用自己的镜头记录职工在工作、生活中的精彩瞬间，反映职工的风采、精神、个性与追求。通过摄影展，也能够提升企业文化建设软实力。

（5）职工手工 DIY 制作。组织职工开展手工 DIY 制作活动，培训大家将日常生活的废品进行再利用，包括用废油制作肥皂、用边角余料制作布艺等，进一步加强职工彼此之间的交流。通过手工 DIY 制作，表达企业员工对建设美好家园的愿望，同时将环保理念融入生活、工作和社会责任中。

2. 辖区单位职工职业疾病预防

传统职业病是指企事业单位的劳动者在职业活动中，因接触粉尘、放射性物质和其他有毒、有害物质等因素而引起的疾病。随着产业结构的调整，职业病出现了新的变化，也开始出现在第三产业领域。某些常见的职业病如颈椎病、腰椎病、视力疾病、呼吸道疾病等，应该引起职工和用人单位的重视。

（1）职业病防治宣传活动。在每年 4 月最后一周的《中华人民共和国职业病防治法》宣传周期间，以关注职业病防治为主题，在社区开展讲座、图片展示、发放传单等宣传活动，提高职工的职业健康意识，呼吁用人单位维护劳动者的健康权益。

（2）出租车司机职业疾病预防。长期开出租车的司机，因职业习惯，多有各种慢性职业病。通过医学专家授课、答疑等方式，降低出租车司机职业疾病发生概率，使广大司机养成自觉的职业健康保护习惯，有效普及职业疾病预防和康复措施。

3. 辖区单位职工心理服务

随着经济社会发展水平的提升，职工的心理健康是持续工作的动力保障。而某些企业由于过度强调竞争和加班，让不少职工的压力加大，心理上陷入了凝滞化的孤僻和封闭状态。开展职工心理服务，有助于改善职工的工作质量和生活品质，同时促进职工与用人单位建立和谐稳定的劳动关系，实现用人单位的稳定可持续发展。

（1）职工减压培训。以现场模拟、角色互换、人体雕塑、团队合作等多种形式，让职工正确认识自己的情绪问题。通过减压培训，有效舒缓员工的工作生活压力，帮助员工保持积极心态、快乐工作的状态，提高员工的幸福指数。

（2）协助改善职工人际关系。企业是由众多职工组成的集合体，必然会发生各种各样的人际关系。职工人际关系的好坏，直接关系到企业凝聚力的强弱。很多职工的离职就是因为企业内部的人际关系不和谐，社会工作者通过对企业内部人际沟通状况的调查，提出改善企业内部人际关系的策略。

4. 辖区单位职工工作技能提升

工作技能是职工在岗位上最基本的操作能力和实践能力，是决定员工能否胜任本职工作的重要标志。员工工作技能的高低也是影响企业发展的关键。

（1）职工户外拓展活动。组织职工户外拓展活动，把所有职工分成若干个团队，团队成员共同配合完成各个项目，每个项目结束后大家共同分享成功的喜悦和挑战的激情，让职工体会到有效沟通、换位思考、合理组织、领导力和团队协作的重要性。通过各种富有挑战性的项目，不断开发职工潜能，培养职工的团队意识和向心力。

（2）企业管理技能培训。管理技能是企业经理人和管理者为实现企业运作的功能所必须具备的能力，企业中的很多中层管理者都没有经过专业管理知识训练，缺乏系统化的管理知识架构。通过管理技能培训，使企业管理者掌握必备的科学管理技巧，提升企业管理的效率，进而促进企业业绩的提升。

（3）职工工作素养培训。开展团队建设、职场礼仪、服务接待、营销策划等培训，促进职工更好地适应岗位，提升职业能力，有效应对各种变故，开拓更广阔的发展空间。职场礼仪培训内容主要包括站立行走、接待、电话礼仪、说话技巧、座次礼仪、中西餐礼仪、握手礼仪、职场着装及发型等。

（4）职工劳动技能竞赛。开展职工劳动技能竞赛活动，促进职工职业技能培训，加强技能人才队伍建设。联合各企业，举办银行点钞手竞赛、厨师厨艺竞赛、美容师美容技能竞赛、律师口才竞赛等活动，通过技能展示，促进各行业职工之间的交流与沟通，发掘社区各类技能人才。

5. 辖区单位职工法律服务

在职工法律服务中，要努力提高职工的尊法、学法、守法、用法意识，引导和支持职工理性表达诉求、依法维护职工合法权益。

（1）职工法律知识宣传。印制普法宣传页和维权知识手册，向职工普及劳动法、劳动合同法、职业病防治法、社会保险法、工会法等与职工切身利益密切相关的法律法规，有利于建立和谐的劳动关系。告知劳动者正规的职介机构、维权热线、投诉地点，提高劳动者的维权意识和依法维权能力。

（2）劳动者法律援助。劳动者是劳动关系和劳动争议法律关系主体中的弱势一方，他们为了维护自身的合法权益，迫切需要相关法律服务。协调律师对劳动者开展法律援助，对遭遇维权困境的职工，评估他们的需求，提供相应的法律援助服务，例如劳动合同履行、社会保险金缴纳、工伤事故认定等。保障职工的合法权益，提升他们自己以及家庭应对困境的能力。

（3）指导企业合法用工。与企业合作，通过专家指导，与企业共同分析潜在的用工法律风险和管理利弊，提出对策性建议。指导企业的人力资源部门完善劳动合同管理，减少劳资纠纷，规范劳动用工行为，降低人力资源管理成本。

6. 辖区单位职工安全意识提升

（1）安全事故图片展。建筑工地工人特别需要提高安全意识，通过图片、故事、漫画等形式，配合志愿者的讲解，展示常见的安全事故与工地安全知识，起到警示和预防安全事故的作用。

（2）职工安全知识培训。安全教育是提高劳动者素质的一个重要组成部分，对新员工来说，安全教育更加重要。以职业安全、工伤预防、工地危险源为主题，通过真实案例，对企业职工进行安全知识培训，使职工充分认识到安全生产工作的重要性，以及如何防范等具体问题，避免和减少工伤事故的发生。

7. 外来务工人员服务

（1）外来务工人员政策咨询。帮助外来务工人员掌握最全面的社会保障、子女入学、居住证办理等方面的政策信息，提高外来务工人员对相关政策的知晓度。

（2）关爱外来务工人员义卖活动。针对生活困难的外来务工人员（尤其是建筑行业），倡导社区居民和爱心人士捐赠衣物，举行义卖活动，降低外来务工人员的生活成本，实现资源的充分利用。

（3）外来务工人员融合活动。组织外来务工人员及其子女开展出游活动，使平时辛勤工作的工友们有机会放松心情、舒缓压力，提高他们对创造美好生活的自信心和能动性。

8. 辖区单位职工子女服务

职工服务也可以从服务职工子女入手，进一步延伸到职工的亲属和家庭，从而为职工提供多元化的福利。

（1）职工子女托管班。每年寒暑假期间，职工子女的看管问题，一直是困扰双职工的难题。可以建立单位内部职工子女托管班，也可以在需求较大的街道、社区建立职工子女托管班。由志愿者辅导托管儿童的假期作业，帮助职工子女更好地吸收和理解课堂知识、提升学习能力。

（2）职工子女兴趣班。在寒暑假期间，为职工子女举办各类兴趣班，包括美术班、手工班、舞蹈班、武术班、篮球班等，从而提高儿童综合能力，丰富儿童课后生活，更好地服务职工家庭。同时，此举也能增强职工对企业的归属感，激发他们在工作岗位上的热情和动力。

9. 推动职工志愿服务

职工参与志愿服务体现了职工的社会责任意识和积极向上的精神追求，是现代社会文明程度的重要标志。要在职工中开展各种形式的志愿服务活动，推动企业职工学雷锋、志愿服务活动常态化。

（1）向职工宣传企业社会责任。将企业社会责任、环保、关爱等积极向上的正能量注入各自的企业文化中，从而提升职工对本企业的认同，同时也能向外界展示企业的社会使命和职工的社会责任。

（2）组织职工开展公益活动。组织职工在社区开展节日慰问、尊老敬老、义务清扫、治安巡逻、公益献血、捐款捐物等志愿活动，在职工中弘扬志愿服务精神，树立文明新风，彰显企业品牌形象，构建更加和谐温馨的社区氛围。

（3）职工和社区困难群体结对帮扶。向企业发布社区残疾人、空巢老人和特困人员等困难群体的帮扶需求，征集有意愿加入结对帮扶的职工，在企业或社区举办见面会，明确帮扶者的责任，建立服务档案，为困难群体提供力所能及的服务。

（4）评选优秀公益项目和志愿者。由职工自行设计、组织和运作各类公益项目，在项目实施结束后，依据公益性、创新性和实效性的原则，评选出切实服务社区的优秀公益项目和优秀志愿者，对优秀项目和志愿者给予奖励。

（三）社区失业人员服务项目设计

做好失业人员特别是就业困难人员的就业帮扶工作，对于社区的和谐与稳定十分重要。社区失业人员服务项目的类型主要包括社区再就业宣传、为社区失业人员链接公益性岗位、社区失业人员就业能力培训、社区失业人员心理服务、社区失业人员个案帮扶等。

1. 社区再就业宣传

发挥新闻媒介的导向作用，在社区大力宣传就业形势、措施和方法。宣传失业人员自立自强、实现再就业的典型事迹，邀请创业成功者介绍经验或组织巡回演讲，使广大失业下岗人员了解再就业以及再就业培训的重要性，能够积极参加社区组织的再就业活动。

2. 为社区失业人员链接公益性岗位

（1）挖掘社区公益性岗位。挖掘和征集社区公益性就业岗位，包括社区保安、卫生保洁员、环境绿化工人、停车场管理员、修理工、治安巡逻员、家政人员等公益岗位，促进岗位对接，带动失业群体实现本地就业。

（2）与企业合作提供岗位。社会工作者调研走访社区周边的企业，精心筛选一批实力雄厚、工资福利高、社会信誉好的用工单位，动员更多企业加入公益性岗位计划。与企业的社会责任部门合作，推广公益营销理念，为下岗失业人员提供就业岗位、进行职业培训，使更多失业人员脱离贫困。

3. 社区失业人员就业能力培训

（1）社区失业人员就业知识培训。聘请资深就业、创业辅导师，系统地为失业人员举办就业政策、职场礼仪、职业意识、职业技巧、投资理财等培训讲座，提升失业人员的职业能力水平，引导大家主动就业，转变就业理念，消除就业的思想顾虑。

（2）社区失业人员就业项目培训。对社区失业人员开展就业项目培训，以市场需求为导向，开设电子商务、网络营销、网页设计、新媒体运营、商场收银、美容美发、家政服务、面点烹饪、缝纫、手工艺品制作、电工、物业管理等专业的技能培训。通过课堂讲解、课件演示、实物操作、现场互动、分组讨论等方式，使失业学员掌握基本专业技能，为他们今后的就业奠定基础。

（3）社区失业人员体验式学习。组织社区失业人员到当地的知名企业（尤其是残疾人、下岗人员创办的企业）进行体验式学习，学习就业创业的成功案例，提高失业人员的职业技能，促进能力发展。

4. 社区失业人员心理服务

在提供就业服务的过程中，转变失业人员的心理想法是最重要的。与心理咨询师合作，对失业者提供心理咨询和心理疏导服务，帮助有心理困扰的失业人员正确认识自己，促使他们积极主动地参加就业培训和应聘工作岗位。通过辅导，使失业人员能够看到自己身上的闪光点，从而树立主动找工作的意识，而不是单纯地等待社会救济。

5. 社区失业人员个案帮扶

调研社区内就业困难群体的情况，为每位失业人员建立个性化服务档案。通过社会工作者家访，深入了解失业者的家庭状况，同时了解他们的求职岗位、期待薪酬和工作时间等个性信息，制订有针对性、个性化的就业援助方案，提供职业指导、工作介绍等服务。

（四）社区刑满释放人员服务项目设计

刑满释放人员回归社区之后，往往会发现社会变化太大而无法适应社会生活。有些刑释人员由于没有家属接纳，无家可归、无亲可投、找不到工作、无生活来源，最终只能流落街头。这些都可能成为他们重新违法犯罪的诱因，形成新的社会不稳定因素。社会工作者通过专业的理念与方法，对刑释人员开展服务，进行引导与支持，使对刑释人员的社会支持体系逐渐趋于完善。同时，随着服务的推进，能够带动该群体实现自我服务、自我管理与互助服务的模式。

社区刑满释放人员服务项目的类型包括协助刑释人员建立家庭联系、协助刑释人员办理接转手续、刑释人员社会融入、社区刑释人员就业服务、社区刑释人员困难帮扶、社区刑释人员现身说法等。

1. 协助刑释人员建立家庭联系

有些刑释人员在出狱后，以前居住的地方被拆迁了，家人也很难找到，有些是家属不愿接纳他们。在这种情况下，社会工作者提前与其家庭建立联系。在帮扶对象出狱前，对他们的个人及家庭情况进行了解，帮助刑释人员找到自己的家人。

2. 协助刑释人员办理接转手续

由于对刑释人员出狱缺乏法定的接转程序，不能使刑释人员离开监狱就进入生活有基本保障和获得新生的环境，客观上使他们容易走上重新犯罪的道路。[①] 在刑释人员出狱后，帮助他们积极与政府部门取得联系，陪同他们办理回归接转手续，为刑释人员开始新的生活创造有利条件。

（1）协助刑释人员解决住宿问题。由社会工作者协助刑释人员处理住宿问题，陪同刑释人员到住建委等住房保障部门，协助申请过渡性短期租房或廉租房；协助刑释人员找房屋中介公司，帮助办理租房的审核、审批、入住。

（2）协助刑释人员办理社保手续。刑释人员在回归社会后往往因为社会保障不到位，生活比较窘迫，容易导致重新违法犯罪。协助刑释人员与民政、人社等部门进行沟通，为他们解读社保政策，帮助刑释人员解决生活实际困难。

3. 刑释人员社会融入

对于文化程度不高、刑期较长的刑释人员来说，由于他们与社会的脱节时间过长，很难重新适应社会环境。刑释人员普遍具有人格障碍，表现为自卑、封闭和自我保护意识强，融入社会有一定难度。在这种情况下，重视和有效解决刑释人员心理问题显得尤为迫切和重要。

（1）刑释人员心理咨询辅导。绝大部分的犯罪都与个人的法律意识淡薄或心理障碍有关。通过开设小组活动，帮助刑释人员提高自信心和重新投入工作的能力，缓解和改善他们的心理状态，完善其人格与自我，做到不抛弃、不放弃，促使他们消除自卑心理，预防刑释人员重新违法犯罪。

（2）刑释人员提供志愿服务。刑释人员参加志愿服务，也是对他们进行心理疏导的过程。动员鼓励刑释人员以志愿服务的形式参与社会活动，到养老院和孤儿院等地进行探访，为残疾人提供志愿服务。通过志愿服务，促使刑释人员顺利融入社区生活，找回认同感和归属感。

（3）对社区相关人员进行理念引导。刑释人员在释放之后，也是普通公

[①]　王德军. 完善接转工作　助刑释人员重归社会［N］. 人民政协报，2014 – 11 – 17.

民，具有平等的社会权利。劝导刑释人员的亲属、社区工作人员和社区居民不鄙视、不歧视刑释人员，尽量给予他们更多的关爱，使刑释人员感受到政府和社会的温暖。

4. 社区刑释人员就业服务

通过就业服务，帮助刑释人员走上就业之路，让大部分刑释人员有活干、有饭吃，使他们成为自食其力的劳动者，成为对社会有用之人。

（1）刑释人员就业资源链接。刑释人员想要重新做人，社会和用人单位应给予他们必要的理解和支持。由志愿者协助刑释人员去就业服务中心找合适的工作，积极帮助他们寻找就业资源。链接企业资源，对刑释人员进行过渡性就业安置，并进行跟踪服务。

（2）刑释人员职业技能培训。刑释人员是社会管理的特殊群体，他们在回到社区后能否顺利就业安置，关系到刑释人员的稳定和社会安定。对刑释人员进行职业技能培训，开展烹饪、电工、汽车驾驶、蔬菜种植、服装制作等专业培训，帮助刑释人员自食其力、顺利就业。

5. 社区刑释人员困难帮扶

很多刑释人员由于没有固定的收入来源，他们在经济上比较困难。由社会工作者对近年来回归社区的刑释人员（尤其是有身体残疾、患有严重疾病以及其他急需帮扶的刑释人员）进行走访，确定帮扶人员的名单，可以带上生活救济金及米面油等生活用品，逐户进行慰问帮困。通过帮扶，使刑释人员能够安心生活工作，使他们感受到社会的关怀与温暖，从而预防和减少刑释人员重新违法犯罪。

6. 社区刑释人员现身说法

动员刑释人员到社区、学校，以现身说法的形式，用自己的切身经历告诫社区服刑人员、社区居民以及学校学生，要提高法治意识，做学法、知法、守法的公民。这种现身说法的方式对受众有重要的教育和警示作用，通过真实的反面教材剖析，使大家更加珍惜现在的幸福生活和宝贵的自由。

（五）社区服刑人员服务项目设计

社区服刑人员是指适用管制、缓刑、暂予监外执行、假释和剥夺政治权利等刑罚方法或措施的人员。社区服刑人员是社会的特殊群体，需要来自社会的帮扶和关爱。他们虽然身为罪犯，但也有其人格尊严，也期望得到社会的温暖和关怀。社区矫正是对在社区中服刑的人员依法实施惩罚、提供矫正与服务项目，以促进其顺利回归社会的刑罚执行活动，是一种不使罪犯与社会隔离并利用社区资源教育改造罪犯的方法。

社区服刑人员服务项目的类型包括社区服刑人员励志活动、社区服刑人员法律服务、社区服刑人员心理服务、社区服刑人员公益劳动、社区服刑人员就业服务、社区服刑人员生活帮扶等。

1. 社区服刑人员励志活动

（1）社区服刑人员励志读书活动。定期为社区服刑人员提供励志、心理、健康和法律等图书杂志，并协助办理图书馆的借阅卡。举办励志读书沙龙，互相交流读书体会，号召服刑人员多读书、读好书，学法、知法、懂法，改变愚昧、净化心灵，鼓励大家用知识改变命运。

（2）社区服刑人员励志演讲活动。很多时候，单纯说教难以取得良好的效果。可以邀请已经期满的服刑人员进行励志演讲，以自己的切身经历，告诫大家要更好地悔过自新，重塑人生。励志演讲活动，可以提高社区服刑人员的道德修养，有利于化解社会不安定因素。

2. 社区服刑人员法律服务

（1）社区服刑人员法律知识培训。根据犯罪类型、犯罪动机、主观过错、危害后果的不同，对社区服刑人员分类进行法律教育。依托专业法律资源，为社区服刑人员开展法律知识讲座，集中学习《中华人民共和国刑法》《中华人民共和国刑事诉讼法》《中华人民共和国治安管理处罚法》以及相关民事法律法规等。同时以案说法，提升他们的悔罪意识和法律意识，引导他们用法律工具解决矛盾纠纷。

（2）社区服刑人员法律援助服务。有些社区服刑人员在打工的时候，遭遇了企业欠薪纠纷、工伤赔偿纠纷、合同纠纷等问题。在社区服刑人员的合法权益遭受侵害的情况下，由律师为他们提供法律援助，维护社区服刑人员的合法权益，促使他们能够安心改造，避免矛盾纠纷扩大、激化。

3. 社区服刑人员心理服务

社区服刑人员的构成复杂，有些社区服刑人员存在人格不健全、心理异常和异常行为倾向等问题，可能导致恶性事件。针对社区服刑人员存在的回归社会障碍、畏惧心理和不良情绪，建立社区服刑人员心理咨询档案，及时掌握社区服刑人员的思想动态，联系心理咨询师和社会工作者开展集中培训、一对一辅导等形式的心理服务，加大心理疏导力度，改变社区服刑人员自卑、焦虑、抑郁的心理，增强他们的自我调节能力和社会适应能力，消除社区服刑人员的负面心理情绪和危险行为倾向。

4. 社区服刑人员公益劳动

定期组织社区服刑人员参加公益劳动，是对服刑人员进行教育改造的一种重要形式。社区服刑人员可以打扫社区环境卫生、为老弱病残群体提供公益服务。他们通过劳动回报社会，在劳动中接受教育，用辛勤的劳动实现人生价值。同时，这种方式也有利于提升社区服刑人员的社会责任感和集体观念，帮助他们重新融入社会。

5. 社区服刑人员就业服务

（1）社区服刑人员就业指导。从思想上对社区服刑人员进行教育，增强他们的劳动观念，引导他们树立正确的就业观和择业观。结合当前的就业形势，对社区服刑人员进行就业、择业分析和指导。

（2）社区服刑人员就业培训。对社区服刑人员的就业需求进行调查，根据他们的兴趣爱好和就业需求，邀请专业人员对社区服刑人员开展有针对性的劳动技能培训，比如计算机应用技术、机车驾驶与维修、电工、电焊工、物流管理、物业管理等专业技能培训。

6. 社区服刑人员生活帮扶

（1）社区服刑人员走访慰问。针对生活困难的社区服刑人员，对他们的家庭进行实地走访慰问，与他们面对面地进行沟通与交流，全面掌握他们的生活、工作和心理状况，了解他们存在的具体困难与需求，并给予针对性的帮助和支持。

（2）社区服刑人员困难救助。积极帮助他们协调解决宅基地分配、户口迁移、廉租房申请、低保申请、临时社会救济等实际生活中面临的难题，使他们感受到社会的理解与包容。

（六）流浪乞讨人员服务项目设计

流浪乞讨人员的增多对社会治安、公共卫生和城市环境等带来一系列的负面影响。2014 年 5 月，国务院颁布的《社会救助暂行办法》正式实施。该办法指出："应当发挥社会工作服务机构和社会工作者作用，为社会救助对象提供社会融入、能力提升、心理疏导等专业服务。"这标志着我国社会救助领域的工作完成了由"收容遣送"到"托底救助"的转型。

流浪乞讨人员服务项目的类型包括关注流浪乞讨群体宣传、职业乞讨人员甄别、流浪乞讨人员街头外展救助、流浪乞讨人员心理服务、流浪乞讨人员生存能力提升等。

1. 关注流浪乞讨群体宣传

向流浪乞讨人员及群众派发流浪乞讨人员救助宣传单、救助指引手册，在流浪乞讨人员的聚集地进行广泛的宣传散发。倡导社会共同关注流浪乞讨群体，呼吁更多的社会组织、爱心人士和志愿者参与对该群体的社会化救助服务。

2. 职业乞讨人员甄别

流浪乞讨人员主要分为两大类：一类是原生型乞讨者，他们基本失去了劳动能力和劳动机会，个人或家庭遭遇天灾人祸，通过个人努力解决不了问题，又缺乏外界帮助，被迫走上乞讨之路。在得到社会救助后，他们通常愿意终止乞讨行为。这一类人是我们的救助对象。随着经济发展和人民生活水平提高，这类乞讨者所占比例已经逐渐缩小。另一类是职业型乞讨者，他们其中很多是好逸恶劳之徒，也有很多是受幕后人员操纵。职业型乞讨者利用人们宝贵的同情心，以骗取经济利益。他们不愿意配合收容所或救助站工作人员的工作，即使在获得救助后，很大一部分还是会重新走上街头。他们和原生型乞讨者有本质区别，目前在流浪乞讨群体中占主体部分。

社会工作者随救助车一起到流浪乞讨人员聚集地进行巡查，对流浪乞讨者进行归纳统计，了解流浪乞讨人群的生存现状。经甄别属职业乞讨人员的，工作人员对其进行思想教育，并根据实际情况，联系其家属前来接领或提供就业信息。劝导无效的，向围观群众进行宣传，引导居民对流浪乞讨者给予理性救助，同时帮助真正需要救助的原生型乞讨者。

3. 流浪乞讨人员街头外展救助

（1）为流浪乞讨人员建立档案。以文字、图表、声像和电子文件等形式，为流浪乞讨人员建立档案，确保档案的完整、准确、系统和有效利用。规范流浪乞讨人员的咨询接待、管理服务，跟踪了解他们的生活状况并加以救助。

（2）常态化外展救助。每周定期组织社工和志愿者，到城市主要街道、广场、火车站和商业街等流浪乞讨人员较常出现的区域进行巡查。对发现的流浪乞讨人员进行分类救助：对精神病患者以及危重病人，协助将其送到医院进行治疗；对未成年人，护送至就近救助管理站未成年人保护中心救助；对健康的流浪乞讨人员，劝导其到救助管理站或临时救助点接受救助，对不愿进站接受救助的，劝导其转至温暖的地方避寒，并免费发放必要的饮食及物资。[①]

（3）特殊天气外展搜救服务。在遇有大风降温、暴雪严寒和冰雹雷雨等特殊灾害天气情况下，为预防因为救助不及时而导致恶性事件发生，志愿者队伍主动上街对流浪乞讨人员进行搜救，防止发生病死、冻毙街头等非正常死亡现象，保障流浪乞讨人员的生命安全。

4. 流浪乞讨人员心理服务

相当一部分流浪乞讨人员存在不同程度的心理问题，他们情绪不稳、行为异常、人格偏离，心理危机频发，甚至有仇视社会的想法。

（1）流浪乞讨人员情绪疏导。对流浪乞讨人员开展专业化心理服务，对于情绪异常人员，疏导他们的负面情绪、缓解心理压力，促进他们主动改变错误认知、不良生活习惯和行为。

（2）流浪乞讨人员家庭心理疏导。对流浪乞讨人员的家庭成员进行心理

---

① 严珊珊. 救助站社工上街巡查 帮流浪乞讨人员过冬［N］. 晶报，2016－11－23.

疏导，促使他们的家庭依法履行赡养、抚养责任和义务，帮助流浪乞讨人员融入正常的社会生活。

（3）设立流浪乞讨人员救助电话。救助电话每天对流浪乞讨人员及全社会免费开放，由专业社工负责接听，回答流浪乞讨人员的咨询电话；如果群众发现急需救助的流浪乞讨人员，也可以拨打救助电话进行求助。

5. 流浪乞讨人员生存能力提升

（1）流浪乞讨人员基本生活能力训练。很多流浪乞讨人员由于生活长期不规律，他们的生活能力十分低下。对他们的衣、食、住、行等基本生活能力进行训练，并开展符合其发展需求的劳动能力和职业技能培训。

（2）流浪乞讨人员社会常识训练。流浪乞讨人员普遍缺乏社会常识，帮助他们建立基本的社会行为规范，学习生活常识、文明礼仪、社交规则和人际关系处理技巧，了解社会公德和价值观念。通过多样化的训练，提高流浪乞讨人员的社会适应能力和社会交际能力。

（3）流浪乞讨人员就业技能辅导。流浪乞讨人员就业技能辅导主要包括就业理念辅导、就业政策介绍、面试技巧辅导、就业支持和创业扶助等。通过就业技能辅导，逐步改变流浪乞讨人员关于创业、就业的负面认知和行为，鼓励他们主动创业和积极就业。为流浪乞讨人员提供符合其能力的职业技能培训，比如手工制作培训。链接企业资源，为流浪乞讨人员提供各类工作机会和劳务信息。

（七）社区患病居民服务项目设计

社区患病居民服务是帮助各类患者解决他们在治疗疾病和恢复健康过程中的一系列问题。在服务过程中，使用社会工作、心理咨询等专业知识和技术，协助患病居民及其家属解决与疾病相关的社会、家庭和心理等问题，配合提高治疗效果。

社区患病居民服务项目的类型包括社区健康宣传活动、社区患病居民便民服务、社区患病居民康复指导、社区患病居民心理服务、社区患病居民帮扶援助活动等。

1. 社区健康宣传活动

（1）社区健康知识宣传。患病居民都期望能尽快恢复健康，希望得到正确的康复指导。在社区发放医疗健康知识宣传资料，向患病居民宣传科学的疾病治疗方式；在社区开展健康知识讲堂活动，由专家讲解糖尿病、心脑血管疾病、高血压、结核病、肿瘤和白内障等常见疾病的预防和治疗方法，指导居民纠正不良的生活习惯，提高防病治病的意识，树立正确的健康理念。

（2）社区患病居民跟踪服务。为患病居民建立健康档案，对他们进行跟踪服务，如电话随访、家访调查和医院信息反馈等，及时了解患病居民的病情发展及治疗情况，提醒患病居民到正规医院进行治疗。

（3）解读医保报销政策。患病居民都有获取医保政策信息的需求，希望了解国家的医疗报销政策、社会救助政策等。由志愿者协助收集和解读"大病特病""异地医保报销"等相关政策信息，使患病居民家庭不再疑惑医疗费的报销问题。

2. 社区患病居民便民服务

（1）患病居民生活服务。志愿者为医院中的卧床患者、行动不便患者提供义务理发、刮胡子和修脚等服务，使病痛中的患病居民感到关爱，让患病居民的生命更有尊严。志愿者协助患病居民做好身体和床铺的卫生，由志愿者帮助清扫地面，保持病房环境整洁。

（2）社区低龄患病居民功课辅导。有些处于上学阶段的患病居民，由于长期治疗而耽误了学习进度，对于这些低龄的患病居民，由志愿者到他们家中或去医院为其辅导功课，帮助他们赶上学校的教学进度，提高他们的学习成绩。

3. 社区患病居民康复指导

（1）陪同社区患病居民就医。有些患病居民的年龄较大、行动不便，子女又不在身边，独自去医院看病存在很大困难。而且有些患病居民不知道去哪个医院治疗更合适，缺乏准确信息。社会工作者可以链接医院资源，协助患病居民到医院就医陪诊。

（2）社区患病居民康复锻炼指导。由于患病居民长时间卧床，同时受药物影响，可能造成腿脚麻木，产生抽筋现象。邀请医疗康复专家对社区患病居民进行康复指导、健康培训，为患病居民讲解科学的康复方式，给予康复锻炼指导，比如指导患病居民做健康操、进行肢体锻炼、提供按摩服务等。

4. 社区患病居民心理服务

单纯的生物医学模式只能为病人解决生理上的痛苦，无法弥补心灵上的创伤。身患疾病的人，情绪比较低落，会产生焦虑不安。其中，意外伤害致残的患病居民情绪波动比较大，这会对患病居民病情治疗和身体恢复造成负面影响。在诊治过程中，患病居民都有获得安全感和关爱的心理需求，由社会工作者为患病居民提供心理关怀服务，成为医生的助手。

（1）上门探望慰问患病居民。由志愿者为患病居民送去营养品、生活必需品，了解他们的身体状况、病情以及需求，叮嘱他们调整好心态，积极配合治疗、安心养病，祝福他们早日恢复健康，送去社会对他们的温暖和关怀。

（2）为社区患病居民表演文艺节目。在春节、中秋节等节日，邀请文艺志愿者到医院，集中为住院的患者表演唱歌、跳舞、小品、相声、乐器演奏等文艺节目，给他们带去精神上的愉悦。患病居民观看文艺节目，可以最大限度地减轻他们的精神痛苦和心理压力，促进他们的身体康复。

（3）社区患病居民心理舒缓。患者在刚接受治疗时需要一定的心理适应期，其间会产生一定的心理障碍和非理性认知。志愿者陪患者聊天解闷，通过交流减轻患者治疗过程中的枯燥压抑。聘请心理咨询师对有需求的患病居民进行心理疏导，鼓励他们振作精神，克服生活中的暂时困难。对看病过程中哭闹不止的孩子，陪伴他们一起开展亲子活动，舒缓孩子及其家长的焦虑情绪。

（4）社区病友网络活动。在社区举办病友沙龙活动，邀请有同样经历的患病居民向大家分享治疗经验和心路历程，拉近病友之间的距离，建立起患病居民之间的相互支持网络。组织病友共同外出集体郊游活动、举办生日会、建立微信群等，让病友不再认为自己与正常人不一样，而是有更多同路人在一起互相鼓励、互相帮助。

（5）社区医护人员减压活动。医院的医护人员长期工作在高压环境下，不仅对自身健康不利，还可能导致诊疗效率下降。对医护人员开展心理减压活动，组织医护人员及其家属参加亲子聚会、外出郊游等活动。

5. 社区患病居民帮扶援助活动

（1）社区患病居民经济帮扶。有些患病居民的家庭条件较为困难，需要社会救助和支持。为部分经济困难、医疗花销大的患病居民进行救助帮扶，通过各种途径筹集资金，联系患病居民所在的社区居委会和公益基金会，为他们提供经济上的救助。

（2）社区患病居民法律援助。有些社区居民在外地打工过程中，由于缺乏劳动保护条件而得了硅肺病、煤肺病、苯中毒等职业病，有些居民因输血而感染了乙肝、丙肝或艾滋病病毒。对于其中有劳动法律纠纷的患病居民，社会工作者主动联系律师，为患病居民提供法律咨询和法律援助，有效避免矛盾激化，防止发生群体性事件。

（八）社区戒毒康复人员服务项目设计

2008 年之前，我国的戒毒方式主要是强制隔离戒毒和劳教戒毒。2008 年6 月 1 日，新的禁毒法实施，对戒毒模式作了重大调整，提出了社区戒毒、强制隔离戒毒和社区康复的戒毒工作新模式。社会工作者运用社工专业理念及手法，对社区戒毒康复人员及其家庭提供支持服务，营造"无毒"环境，维护社区稳定和谐发展。

社区戒毒康复人员服务项目的类型包括社区禁毒宣传、社区戒毒康复人员心理服务、社区戒毒康复人员家庭服务、社区戒毒康复人员社区融入、社区戒毒康复人员就业服务等。

1. 社区禁毒宣传

（1）国际禁毒日宣传活动。在"6·26"国际禁毒日，在社区举办禁毒宣传活动，向社区居民发放禁毒宣传材料，向居民普及禁毒知识，使更多居民特别是青少年了解毒品的危害，进一步增强社区居民的禁毒意识和抵御毒品的能力。

（2）选拔禁毒宣传大使。在每个社区选拔一名禁毒宣传大使，可以由青少年或戒毒成功人员担任，由他们向社区居民讲述毒品的危害，向社区居民敲响远离毒品的警钟，告诫大家要珍爱生命、远离毒品。

2. 社区戒毒康复人员心理服务

很多戒毒康复人员都面临着婚变、家庭矛盾等压力，以及社会歧视带来的就业困难，他们的心理活动复杂多变、心理矛盾突显和冲突强烈，情绪暴躁、易冲动滋事。针对戒毒康复人员的心理特点，开展有针对性的心理服务，并建立心理健康档案。

（1）社区戒毒康复人员一对一疏导。根据每位戒毒人员的心理状况，制订相应的方案进行心理疏导，强化戒毒动机，为戒毒人员提供情感支持，使他们能够积极、乐观地看待身边的人和事，从而帮助戒毒人员下决心走出迷途；对戒毒人员家属进行积极的心理干预，帮他们调整心态、客观面对现实，为戒毒人员构建良好的戒断环境。

（2）设立社区戒毒康复人员心理危机热线。同普通人相比，心理问题在戒毒人员这类特殊群体中体现得更为普遍。戒毒人员之所以吸毒违法，根源就在于心理问题。为社区戒毒康复人员及其家庭设立心理危机热线，解答他们关于环境适应、人际关系和情绪压力等心理难题。

（3）戒断人员现身说法。邀请成功戒断人员现身说法，向戒毒人员讲述自己的戒毒经历，告诉大家吸毒给自己带来的创伤，以及给家庭和亲人造成的伤害，以及如何戒毒成功的历程，带动戒毒人员主动参与配合戒毒康复。

3. 社区戒毒康复人员家庭服务

（1）社区戒毒康复人员子女帮扶。社区戒毒人员的未成年子女存在失学、失养的情况，有些孩子甚至走上了违法犯罪道路。社会工作者为戒毒人员的整个家庭进行帮扶，关爱戒毒人员子女的生活与成长，帮助纠正父母吸毒对子女的不良影响。

（2）协调社区戒毒康复人员家庭关系。通过协调戒毒康复人员的家庭关系，让戒毒人员的家属认识到，不应对他们冷眼相待，更不能放任自流甚至恶语相加。要用爱心去营造一个温馨的环境，让戒毒康复人员感受到归属感。通过亲情的温暖与呵护，促使戒毒康复人员彻底放弃毒品。

4. 社区戒毒康复人员社区融入

戒毒康复的最终目的是使社区戒毒人员能够顺利重新融入社会。很多社区戒毒康复人员自卑而敏感、希望顺利融入社会，他们需要的是真正的包容和接纳。社会工作者可以协助社区戒毒康复人员融入社区，使戒毒人员远离吸毒和贩毒群体，加入积极、向上的健康群体，构建新型人际关系网络，帮助他们重新回归社会。

5. 社区戒毒康复人员就业服务

有些吸毒人士从戒毒所出所后，由于没有职业技能，找不到合适的工作，又重新回到吸毒的朋友圈，产生复吸行为。那些洗心革面的戒毒者，普遍有就业的愿望，迫切需要社会的帮助。

（1）社区戒毒康复人员职业技能培训。对有就业意愿的戒毒康复人员，采取理论和实操相结合的方式，对他们进行职业技能培训，例如汽车修理、电焊、服装制作、烹饪、维修等，使戒毒康复人员掌握一定的劳动技能，帮助他们顺利地解决就业问题。

（2）社区戒毒康复人员职业介绍。在就业援助方面，为符合失业登记条件、有就业愿望的戒毒康复人员提供职业介绍服务。通过联系辖区企业、开发公益性岗位等形式，协助就业困难的社区戒毒康复人员顺利就业，帮助他们回归社会。

第九章　社区邻里守望服务项目设计

一、社区邻里守望服务的背景信息

（一）社区邻里守望服务的相关概念

邻里守望，是以雷锋精神为指引，践行社会主义核心价值观，发挥志愿者在社区建设中的作用，广泛动员社会各方面力量，开展社区志愿服务活动，积极营造和谐友善的社会氛围。

邻里守望志愿服务，为社区中的困难群众和需要关爱的居民提供帮助，是促进社会和谐、树立良好社会风尚的重要途径。

（二）社区邻里守望服务的相关法律政策

2009 年，党的十七届四中全会通过的《中共中央关于加强和改进新形势下党的建设若干重大问题的决定》明确指出："鼓励党员带头参与志愿服务，推广党员承诺制等做法，探索建立党员在居住地发挥作用机制"，"发挥基层党组织和共产党员服务群众、凝聚人心的作用。"2013 年，党的十八届三中全会明确提出要"支持和发展志愿服务组织"。同年 12 月 23 日，中共中央办公厅印发《关于培育和践行社会主义核心价值观的意见》，进一步对深化学雷锋志愿服务活动进行了部署和要求。

2013 年 12 月，中国志愿服务联合会成立，其成立后发出的第一项倡议就是开展"邻里守望"。12 月 19 日，中国志愿服务联合会发出《关于开展"邻里守望"志愿服务活动的倡议书》，倡议在全国开展"邻里守望"志愿服务活动，号召广大志愿者从关爱做起、从身边做起、从你我做起、从日常做起，关爱空巢老人、留守儿童、农民工和残障人士，用志愿服务使每一个遇到困难、渴望帮助的人得到及时的关爱。倡议书发出后，在全国引起强烈反响，得到广大志愿服务组织和志愿者的积极响应。

2014 年 3 月 4 日，中央文明办、中国志愿服务联合会在北京召开全国"邻里守望"志愿服务活动工作座谈会。会上，中国志愿服务联合会、中国残疾人联合会共同发出《"邻里守望——让志愿服务走进每个残疾人家庭"倡议书》。会议指出，要扎实开展"邻里守望"等志愿服务活动，要推广"社会工作者带志愿者"的活动方式，把志愿服务做到基层、做进社区、做进家庭。

2015 年 10 月 11 日，中国志愿服务联合会会长刘淇出席"邻里守望"志愿服务实践与理论创新座谈会，并指出："广泛开展'邻里守望'志愿服务活动既是在世界面前展示中国文明大国形象的重要途径，又是践行社会主义核心价值观的重要抓手。'邻里守望'凝聚了中国传统文化的价值精髓，体现了时代要求、群众需求。要进一步坚持理论与实践两手抓，大胆创新，在'互联网＋'背景下探索提升志愿服务活动水平的新途径、新办法。充分发挥党员参与志愿服务活动的重要引领作用，按照'三严三实'的要求把'邻里守望'志愿服务活动引向深入，在做深、做细、做实上下功夫，为实现中国梦提供强大精神动力和道德支撑。"[①]

2021 年 6 月，民政部办公厅印发《关于推动社会组织开展"邻里守望"关爱行动的通知》，落实"我为群众办实事"实践活动要求，推动社会组织特别是城乡基层社会组织开展"邻里守望"关爱行动，结合社区实际，引导城乡基层生活服务类、公益慈善类、专业调处类、治保维稳类等社会组织在党史学习教育中为社区群众办实事、解难题、送温暖、传党恩，更好服务困难群体，回应基层需求，增强人民群众的获得感、幸福感、安全感。

（三）社区邻里守望服务的需求

邻里相帮，一直都是中华民族的优秀传统美德。随着社区中的住宅楼越

---

① 刘淇会长出席"邻里守望"志愿服务实践与理论创新座谈会［EB/OL］．（2015－10－12）
［2023－09－04］．http://www.cvf.org.cn/cvf/contents/12085/6028.shtml．

来越高，居民的居住环境和生活方式发生了巨大变化，邻里之间的沟通和交往却越来越少，传统的邻里文化正在被现代城市生活所异化，同一社区居住的居民"形同陌路，不相往来"。在有些社区，存在着人际交往频率低、交往层次浅、信息沟通不顺、情感交流不足、价值认同缺失等问题。而且，社区中的空巢老人、留守儿童、残疾人、低收入者等困难人群迫切需要社会关爱，需要文化活动、学习活动、便民服务、慈善帮扶等各种志愿服务。

邻里和谐是社区和谐、社会和谐的基础，邻里和睦、互帮互助是社区居民的"黏合剂"。通过邻里守望活动，以社区为依托、以情感为纽带、以活动为载体，让社区中陌生的居民熟悉起来、疏远的邻居亲近起来，弘扬中华民族邻里相亲的传统文化。在社区营造文明、欢乐、友善、祥和的良好氛围，形成"一家有难大家帮、邻里共享社区温暖"的新局面。

二、社区邻里守望服务项目设计

社区邻里守望服务项目的类型包括成立邻里志愿服务队、设立邻里交流场所、社区邻里守望宣传、社区邻里相互融合、社区邻里学习课堂、社区邻里慈善帮扶、社区邻里便民服务、社区邻里治安维稳等。

（一）成立邻里志愿服务队

邻里之间的交往，需要有一个人先主动伸出手，社区中的邻里服务志愿者就是邻里交往的催熟剂和先行者。

1. 成立社区志愿者队伍

将社区已有的志愿服务队伍进行整合完善，发挥党员志愿服务队及社区老党员的模范带头作用，提升志愿服务队伍的服务质量，完善社区的志愿者招募、选拔、管理、服务、保障等机制，培养社区居民带头人及志愿者骨干，提升社区居民自我管理、自我服务的意识。

为了激励更多居民参与，可以探索积分回馈机制。依据志愿者年龄、履历、特长等进行合理分配和积分统计。根据志愿者服务时长（一小时起计算）计算积分，当达到一定分值时，可用积分换取由社区社会组织提供的免费理发、自培绿植、自制手工艺品等奖励，或者可以享受服务商的优惠打折，激发居民参与志愿服务的热情。

2. 成立邻里互助队

成立邻里互助队，完善互助队的工作制度和运行机制。确定邻里互助的服务对象、服务需求，围绕助老、助孤、助残、助困、助学，整合社区资源，开展邻里互助活动。

社区中的一些高龄老人，因子女工作繁忙而无人照顾。成立低龄老人服务高龄老人的志愿服务队，由低龄老人志愿者与高龄老人结对，通过定期的上门探访、电话问候、生活辅助等关爱服务，缓解老人空虚孤寂的情绪，协助他们解决日常生活中的困难。这种方式既缓解了高龄老人家中无子女照顾的困境，也发挥了低龄老人的余热，传递浓浓的邻里友情。

3. 发放邻里守望卡

制作邻里守望卡，邻里守望卡上印有热心友邻的姓名和电话、各志愿服务队的联络方式。将邻里守望卡发放到社区空巢老人、留守儿童、残疾人等困难群体手中。他们在需要帮助的时候，通过卡片上的联系方式就可与社区志愿者取得联系。

4. 设立邻里亲情热线

在社区设立邻里亲情热线，每天由一名志愿者值守、接听电话，及时了解社区困难群体的生活和健康状况，协助解决他们在生活中遇到的各种困难。对于无法解决的问题，根据情况安排相应的志愿者上门服务。

（二）设立邻里交流场所

1. 社区邻里驿站

建立社区邻里驿站，为居民开辟休闲娱乐场所。在邻里驿站，可以为居民提供健身、儿童活动、图书阅览、电影播放等免费或低偿服务。学生们放学后，可以在邻里驿站写作业。邻里驿站通过多样化的服务，进一步丰富社区居民的生活，促进邻里和谐。

2. 邻里聊天室

在邻里聊天室，居民们能互相交流谈心、谈论邻里新闻、反映社区问题、对社区建设提出建议等。社区工作人员可利用它收集民情民意，便于社区解决纠纷、化解矛盾。社会工作者定期设计讨论话题，引导居民们共同关心社区建设，使聊天室成为社区居委会和居民沟通的一座桥梁。

3. 邻里网上聊天群

在社区开设邻里 QQ 群、微信群，让原本互不相识的居民有相互交流的平台，让居民之间成为朋友。通过在群里沟通交流、表达意见、分享信息、共同维权，在群里发表对社区发展与建设的看法，调动居民参与社区事务和社区服务的积极性。

（三）社区邻里守望宣传

1. 邻里互助理念传播

通过组织专题讲座、沙龙、联谊会，张贴公益广告和宣传海报，改善居民对邻里关系的态度，在社区弘扬邻里守望、互敬友爱的传统美德。

2. 制定邻里公约

邻里公约是社区居民共同约定的公德守则，体现了居民的自我管理和自我约束，对促进和谐邻里方面能够发挥重要的精神引领作用。由社区面向全体居民征集邻里公约的内容，入户征询意见，然后发布邻里公约。在社区显著位置张贴邻里公约，实时提醒广大居民能够文明守礼、做文明市民。

3. 社区文明楼门建设

楼门是社区的重要元素，是开展文明社区建设的重要组成部分，也是构建邻里和谐关系的重要载体。由社会工作者向居民讲解文明楼门创建的重要意义；根据楼门特色，发动居民共同制定文明自律准则；开展楼门道德点评、文明家庭评比活动。通过文明楼门建设活动，激发居民参与社区建设的热情，从而创建具有认同感、归属感、幸福感的文明楼门。

4. 邻里文化宣传

（1）邻里和睦宣传。围绕邻里和睦主题，倡导邻里之间多沟通、多交流、多理解，构建团结、友爱、和睦、互助的邻里关系；讲述邻里互助的好人好事。

（2）孝道文化宣传。百善孝为先，孝为德之本。在社区开展孝道文化宣传活动，大力倡导"老吾老以及人之老"的文明道德理念；开展典型示范引领，评选"最美婆婆""最美媳妇"等优秀典型。

（3）文明办酒宣传。在社区开展文明办酒宣传，倡导居民"控制人情消费，不互相攀比；控制酒席桌数，不铺张浪费；控制宴请规格，不大操大办；控制活动次数，不事事操办"。通过宣传，改变社区居民根深蒂固的办酒观念，使居民慢慢接受文明办酒理念。

（四）社区邻里相互融合

构建和谐社区，邻里相互融合必不可少。从邻里相互认识开始，开展形式多样的邻里文体娱乐活动，为居民搭建相识相知的交流平台，逐渐形成邻里之间的融洽感情。

1. 邻里相互认识

在快节奏的城市生活中，住进高楼的人们之间的邻里关系越来越淡漠。通过活动开展，搭建一个相互认识和了解的平台，进一步提升居民群众对社区的归属感。

（1）邻里见面会。在邻里见面会上，引导社区居民相互握手问好，打破邻里之间的沉默，消除彼此间的冷漠、猜忌，使平时不熟悉的邻居们从相识、相知到相互熟悉，成为和谐融洽的新型邻里。

（2）居民集体走访。通过居民集体走访活动，引导社区居民相识相知、互敬互爱，使陌生的邻居熟悉起来，建立邻里之间的友谊。在走访过程中紧密联系社情民意，帮助居民解决实际困难。

（3）邻里百家宴。在社区举办邻里百家宴活动，每户居民带一样自己拿手的菜肴，同邻里互相分享美食。邀请社区的老人、儿童前来品尝，彼此交流，共叙邻里情。在宴会现场教学膳食营养搭配，宣传科学养生理念。

2. 邻里文体活动

（1）建立邻里文体队伍。根据居民的兴趣和需求，建立邻里文体队伍，比如太极拳队、合唱队、舞蹈队、书法协会、象棋协会、摄影协会、编织社等，开展邻里文体活动。以积极健康的生活方式吸引居民走出家门，通过丰富多彩的文体活动，促进邻里团结。

（2）邻里游戏活动。在社区开展形式多样、内容丰富的趣味游戏活动，比如猜谜语、掷骰子、拔河、"两人三足"、踢毽子、转呼啦圈等，让社区居民同场竞技，给居民带来欢乐，拉近邻里之间的距离。

（3）家庭才艺秀。家庭才艺秀是以家庭为单位进行特色才艺展示，一家人共同表演唱歌、舞蹈、武术、小品等，考验家庭成员表演的感染力和默契程度。通过家庭才艺展示活动，可以提升家庭的社区参与度，提高家庭成员的成就感。

（4）社区故事汇。举办社区故事汇，居民们可以用相声、小品、诗朗诵、情景剧等多种形式，讲述和再现社区的历史人物、好人好事和感人事迹，尤其是志愿者们对社区的贡献，使大家从真实故事中收获感悟。

3. 邻里节庆活动

（1）传统节日庆祝活动。在社区举办传统节日庆祝活动，弘扬中华民族的传统文化，提升社区的节日氛围。在春节一起包饺子、元宵节一起做元宵、端午节一起包粽子、中秋节一起做月饼，大家共同制作节日佳肴，分享乐趣；将做好的食品送给社区内的空巢、孤寡老人。通过节庆活动，使居民既能在节日里与大家共度欢乐时光，又能关爱身边的困难群体。

（2）举办社区春晚。在春节时期举办社区春晚，由社区普通居民担任节目的策划者、表演者和观众，设置相声、舞蹈、诗朗诵、歌曲等节目。节目充分反映群众的现实生活、讲述百姓故事，促进社区邻里情，为百姓送去节日祝福。

（3）举办邻里节。邻里节的活动丰富多彩、与时俱进，包括竞猜竞赛、亲子运动会、露天电影、社区义诊、文艺表演等多种形式，对社区"好邻居""好市民""道德模范"等先进人物予以表彰。通过邻里节活动，营造快乐、和谐、文明的大家庭氛围，拉近居民之间的距离。

4. 邻里手工制作

手工制作活动在丰富居民生活的同时，也能够增进邻里感情。比如社区老年人、妇女手工制作丝网花、穿珠、剪纸、十字绣等。通过创意手工制作，丰富居民业余生活。社区儿童可以参加"变废为宝"手工课，把废旧纸张、废旧纸杯等物品制作成手工艺品。

5. 社区邻里共同商议

社区居民通过共同协商的形式，共同面对社区存在的困难与问题。让居民们表达自己的想法，群策群力，提出有效的对策建议。通过商议，使居民得到相互交流、民主议事的机会，让居民自己解决社区事务。

（五）社区邻里学习课堂

在社区中开设学习课堂，引导社区邻里之间相互学习、相互教育，使他们树立积极向上的生活态度，潜移默化地提高文明素养，更好地融入社区生活。

1. 社区讲堂

（1）社区大讲堂。在社区开设大讲堂，设置各类兴趣课程，举办法律知识、健康知识、科普知识等主题的讲座；开展"文明礼仪、道德讲堂"活动，使居民了解中华文明礼仪的源远流长和博大精深；开展道德模范、身边好人现场交流活动，引导青少年养成热情友好、礼貌待人的文明行为。

（2）邻里微讲坛。邻里微讲坛以人人参与为目标，以群众身边感人的小故事、真性情、正能量为着眼点，鼓励社区居民把兴趣专长、工作技能、生活窍门、健康保健知识、人生经历等以微讲坛的形式向大家分享。

（3）社区亲子讲堂。亲子讲堂以家庭为最小单位，讲解分析儿童的心理和生理特点，让家长学会理解和倾听，通过有效沟通建立良好的亲子关系。邀请家长分享家庭教育经验，促进家长们科学育儿能力的提升。

2. 生活体验课堂

在生活体验课堂中，开设养花、插花、茶道、瑜伽、太极、布艺、陶艺、摄影、烘焙等各类体验课程，吸引有共同爱好的各年龄层次居民参与，丰富社区居民的文化生活。

（1）烘焙坊。举办烘焙坊活动，召集全职妈妈和刚退休的居民参与，以解决全职妈妈的交友面窄和刚退休居民的不适感。引导烘焙坊成员将烘焙食品与邻里分享，促进社区居民之间的相互交流。

（2）社区邻里厨艺大赛。以家庭为单位（一对夫妻或婆媳）组成参赛队，比赛包括规定菜式和自选菜式两项。由参赛队自己准备食材，各参赛队要在规定时间内完成。由专业评委对每个菜品进行点评，评选出最佳厨艺家庭，并邀请社区居民在现场观摩和品尝。

（六）社区邻里慈善帮扶

开展邻里慈善帮扶活动，重点突出对空巢老人、低收入人群、儿童、残障人士、农民工等群体的关爱。通过志愿服务，以综合包户、结对帮扶、亲情陪伴等形式，使社区困难群体得到亲人般的体贴。在社区形成"奉献、友爱、互助、进步"的良好风气，将社区变成互信、互爱和互助的大家庭。

1. 邻里重点人群关爱

（1）关爱社区空巢老人。随着人口老龄化程度的加深，社区中的空巢老人越来越多。要关心社区的空巢老人，为他们提供多样化的服务：及时收集和了解空巢老人的需求，给每个空巢老人建立档案；开办老年学堂；对空巢老人进行心理抚慰，定期给他们打电话问候，陪老人聊天，给高龄老人过生日，使他们摆脱孤独寂寞，保持良好的精神状态；组织医生为老人进行免费体检，测血糖、量血压，讲解健康保健知识，陪空巢老人看病；为空巢老人开展便民服务活动，上门帮老人做家务。

（2）关爱社区低收入人群。社会工作者定期走访社区的低收入居民，了解困难居民的生活状况，询问他们生活中存在的困难和问题，帮助他们更好地就医和享受各类保障服务。

（3）关爱社区儿童。针对社区中的外来务工人员子女、留守儿童、残疾儿童、孤儿、低保家庭子女，提供多样化的服务：儿童心理健康服务，鼓励孩子们自立、自强、自尊、自爱，使他们感受到亲情的温暖；开展儿童安全出行、自我保护教育活动；开展寒暑假课业辅导活动，为社区儿童辅导功课，带领孩子们一起阅读；了解儿童的学习状况，给他们送去书籍、文具和慰问品。通过关爱服务，促进儿童健康、快乐成长。

（4）关爱社区残疾人。关爱残疾人是社会文明的标志，是公民素质的体现。针对社区残疾人，开展以下服务：帮助残疾人做家务，和他们聊天、谈心，给残疾人读书、读报；给残疾人检查病情，制订家庭康复训练、护理等方案；给残疾人送去生活必需品、慰问金；为残疾人讲解残疾人保障法的内容，教他们用法律来保护自己；陪伴残疾人外出，到公园等景点参观游览。通过帮助残疾人解决生活中的实际困难，推动志愿助残服务持久深入开展。

（5）关爱社区农民工。针对社区农民工，提供多样化的服务：为农民工提供政策咨询，普及劳动法、合同法等法律法规，指导帮助农民工签订劳动合同，引导农民工重视自己的权利；向农民工宣传普及安全知识；对农民工开展各类专业技能培训；为不熟悉电脑操作的农民工协助办理网上订票业务；在传统佳节来临之际，与农民工举行联欢活动。

2. 社区慈善捐赠

（1）居民闲置物品捐赠。搭建社区闲置资源的捐赠平台，发动社区居民主动把家中闲置的物品和换季更新的衣物、被褥、日用品、小家电等捐赠出来，帮助社区困难人群。

（2）社区义卖活动。在社区进行现场义卖，比如，社区书法家现场写书法、少年儿童拿出自己的图书玩具等进行义卖。义务宣传员向居民介绍义卖活动的意义，呼吁居民献出爱心。义卖所得善款全部用于帮扶社区困难人群，体现社区群众的奉献精神和爱心。

（七）社区邻里便民服务

1. 集中开展邻里便民服务

组织理发师、家政服务员、医务工作者等加入社区志愿服务队，定期集中志愿服务力量，把专业性的便民服务送到社区，解决社区群众生活中的实际需求。在社区活动中心或社区广场，集中开展义务缝纫、家电维修、义务理发、义务修理自行车、免费量血压、牙科义诊、婚恋交友等服务。

2. 提供邻里上门服务

针对社区里行动不便的老年人、残疾人、特困家庭、患病人员等困难群体，为他们建立居民家庭档案，开展上门便民服务。

（1）理发、修脚。社区中的有些老年人、残疾人患病多年、行动不便，没有办法外出理发、修脚。社会工作者对接理发店和修脚店等单位，在服务对象预约服务之后，由志愿者提供上门理发、修脚等服务。

（2）居家卫生清洁服务。针对残疾人、行动不便的老年人，对接保洁机构提供保洁服务，比如帮他们清洗更换床单、被罩、枕巾、衣服外套，帮助他们拖地、清理卫生死角、清洗抽油烟机、清洗空调，改善他们的居家生活环境，进而有利于提升他们的生活质量。

（3）维修服务。在一些老旧小区，居民家中经常出现下水管道堵塞、电线老化的情况，造成居民生活不便的同时也存在安全隐患。由维修志愿者为社区居民提供就近的维修服务，如电风扇、电饭煲、热水壶等小家电维修，维修水龙头、疏通下水管道、衣服缝补等，随时接受居民的电话预约。同时，向居民讲解家用电器使用的注意事项和保养方法。

（4）代购代买服务。行动不便的老年人到超市买米、油等物品的时候，搬回家很不方便，由志愿者代买并提供免费上门服务；号召居民在购买自己需要物品的同时，顺便问一下老年人、残疾人的购物需求，将物品买回并送到他们家中。

（5）流动菜车蔬菜集中直销。有些小区距离超市和农贸市场较远，老年人、残疾人买菜十分不方便。社会工作者可以对接菜站和志愿者，在社区开设定点定时流动菜车，老年人、残疾人能够就近买到蔬菜，从而为特殊群体提供质量可靠、价格优惠、方便快捷的服务。

3. 设立社区便民服务岗亭

在社区的交通要道设置固定岗亭，由志愿者轮流值班，向社区居民和过往行人提供交通线路咨询、免费茶水、针线、应急药品等服务，为有需要的行人免费量血压、测体重。

4. 开展邻里互助服务

在社区开展邻里互助活动，青年人为老年人提供志愿服务，老年人也可以为青年人提供志愿服务，从而形成互助模式。比如，青年人帮助老年人购物，帮助老年人挂号、开药，教老年人使用电脑、手机等电子设备，帮助老年人维修家用电器；老年人在寒暑假帮助青年人照看孩子，为青年人讲解生活经验、小窍门，真正实现邻里的互帮互助。

（八）社区邻里治安维稳

1. 平安社区建设

（1）平安社区宣传。开展平安社区宣传，由平安志愿者向居民群众讲解防电信诈骗、防偷盗抢的方法，宣传反邪教常识，开展消防安全、燃气安全知识宣传，提醒群众要提高警惕。通过宣传活动，提高居民的自我防范意识和法治意识，提高处理突发状况的能力。

（2）邻里治安巡逻。组建邻里志愿巡逻队，配合社区警务人员做好社区巡防工作，为社区居民的生命财产安全保驾护航。志愿者分时段对辖区街道、校园周边、人群密集区等地段进行巡逻，对存在安全隐患的区域进行重点巡逻，随时询问盘查；遇到有治安隐患的情况，及时上门提醒，发现问题主动向社区居委会上报；送找不到家的老人、孩子回家；对占道经营、乱贴小广告、破坏环境卫生和治安环境的行为，及时予以制止；发现违法行为，立即向派出所和街道综治办报告。

（3）邻里安全隐患排查。走进社区楼宇排查各类安全隐患苗头，定期开展社区消防、居民用电、电梯、楼道堆物等现场检查。发现问题之后，第一时间及时处置，把一切安全隐患消灭在萌芽状态。

2. 邻里纠纷调解

邻里纠纷往往是由于人们之间的沟通不畅，相互之间缺乏谅解礼让，产生的摩擦和纠纷，如果处理不当就会影响社区稳定。调解是一种方便高效、经济实用的纠纷处理手段，在邻里纠纷处理中发挥着重要作用。

（1）调解居民之间纠纷。把社区里的热心志愿者发动起来，成立民事调解小分队，解决居民邻里之间发生的各种纠纷事件，比如装修吵人、垃圾乱丢等。调解小分队能运用专业知识，以情劝导、以理服人，有效化解矛盾纠纷，并参与一些重大事件或群体性矛盾的疏导和解决。

（2）调解家庭婚姻纠纷。调动社区中热心妈妈们的积极性，成立妈妈调解小分队，重点调解社区家庭、婚姻等方面的矛盾纠纷。对因家庭琐事而激化矛盾甚至引发家庭暴力的夫妻，动之以情、晓之以理地做心理疏导工作，同时进行法律讲解，告诫双方"多一分理解，少一分抱怨"。

3. 邻里法律服务

（1）开展法制宣传。利用社区宣传栏张贴普法内容，向居民发放《法律援助便民手册》及法律服务便民卡等；开展法治宣传教育活动，邀请律师来到社区为居民解惑答疑；把老人赡养、家庭财产继承、房屋继承等法律知识编成情景剧，组织居民观看学习。通过不同形式的法制宣传，在社区营造学法、用法、守法的氛围。

（2）建立社区法律服务室。法律服务室参与社区疑难纠纷的调解，把大量矛盾纠纷解决在基层，消除当事人之间的矛盾隔阂，促进社区居民间的诚信友爱与团结和睦；帮助居民解答法律问题、写诉状、调解纠纷。

第十章　社区文化体育服务项目设计

一、社区文化体育服务的背景信息

随着社区文化事业的快速发展，社区文化体育活动已经成为人们日常生活中不可缺少的一部分。社区文化体育活动涉及的面很广，具有较强的趣味性和参与性。通过开展内容丰富、形式多样、群众喜闻乐见的文体活动，可以把广大居民凝聚和团结在一起，促进社区的和谐与稳定。

（一）社区文化体育服务的相关概念

社区文化体育服务，就是根据社区自身发展和居民的需要，结合社区特点而开展文艺、体育和娱乐活动的社会服务。社区文化体育服务是社区文化建设的重要组成部分，是社会建设的重要手段。

社区文化体育活动的开展具有以下几种路径：一是自娱自乐。参与文体活动的居民可以丰富自己的生活，强健自己的身体，使自己能够保持身心健康。二是技术性培训。开展文体培训活动，可以提高居民在文体方面的造诣和专业水平，达到一定程度之后可以参加表演、竞赛以及获取荣誉。三是思想教育。通过文体活动，提高社区居民的思想道德水平，提高居民对社区的归属感和认同感。四是公益性服务。通过培养文体骨干和成立社区文体队伍，推动他们为社区其他居民提供服务，并吸纳更多群体参与文体活动，为困难群体表演和赠送手工礼物，从而实现向公益服务的转化。

(二) 社区文化体育服务的相关法律政策

我国与社区文化体育服务相关的法律法规主要包括《中华人民共和国体育法》《公共文化体育设施条例》《全民健身计划纲要》等。

1997 年 4 月，国家体委、国家教委、民政部、建设部、文化部 5 部门联合下发《关于加强城市社区体育工作的意见》，提出："街道办事处对辖区体育工作具有领导、管理的职能。要调动辖区内各方面的积极性，建立健全体育组织和组织社区内成员经常开展体育健身、竞赛、表演和体育交流活动。组织开展成年人体质测定工作，协助体育行政部门做好社会体育指导员的管理工作。居委会应在街道办事处的指导下，广泛宣传、发动、组织居民经常开展群众性的体育健身活动。"

2002 年 4 月，中央文明办、中央综治办、文化部、卫生部、国家体育总局、中国科协、共青团中央、全国妇联 8 部门联合下发《关于开展科教、文体、法律、卫生"四进社区"活动的通知》，提出："努力建设和开辟更多面向广大群众、便于居民参与的公益性文化体育场所，充分利用社区各类文体活动中心、图书室、影剧院、文化宫、俱乐部、体育场（馆）、健身站（点）等文体设施，经常组织有社区特色、丰富多彩的群众性文体活动，如歌咏、摄影、书画、演讲、曲艺、体操、舞蹈、健身等表演和展示。各地文体部门可采取多种形式组织开展社区文体表演和展示活动。"

2006 年 6 月，中央文明办等 10 部门下发了《关于深入学习实践社会主义荣辱观 扎实推进科教文体法律卫生"四进社区"活动的通知》，其中提到了文体进社区的相关内容，指出："围绕丰富人民群众精神文化生活、培育和谐文化，广泛组织开展群众喜闻乐见的社区文体活动。以社区学校、社区青年中心和文化活动中心为依托，组织群众学知识、学文化、展技能、展才艺；以分散在社区（包括学校）的各类体育设施资源为场所，以社会体育指导员为骨干组织开展各种健身舞蹈、球类、拳操等锻炼、比赛和展示活动，使社区文体活动呈现'周周有活动、月月有高潮、处处有亮点、区区有特色'的生动局面。推广和借鉴上海等地组织艺术表演团体、文艺院校退休专家教师指导群众文化的经验和做法，探索建立专业文体工作者经常联系指导社区文体活动的制度，提升社区文化的质量和水平。"

2022 年，国务院办公厅印发《"十四五"城乡社区服务体系建设规划》，要求推动社区与社会组织、社会工作者、社区志愿者、社区公益慈善资源联动开展服务，支持引导驻区单位向社区居民开放停车场地、文化体育设施、会议活动场地等资源。

（三）社区文化体育服务的需求

随着人们生活水平不断提高，社区居民对精神文化生活的需求越来越高，这就需要社区开展更多有意义的文化体育活动。社区居民通过参加各种形式的文化体育活动，不仅可以增强居民的体质、娱悦身心，还可以为居民培养共同兴趣爱好、排解孤独感、提供情感慰藉和精神归宿，为居民提供一个互相交流、共同学习的机会和空间，形成良好的邻里关系。居民在参与文体活动的过程中，满足了他们的社交需要，能重新获得自我价值和自我认同，同时也获得了内心的平衡。而且群众性文化体育活动有利于提高社区知名度，树立良好的社区形象。社区文体团队外出参加上级组织的文体活动，有利于对外展示社区形象和居民风貌，提高社区的知名度，还能加深与其他社区间的友谊。

但是，目前社区文化体育服务活动还存在诸多问题。社区文化活动局限于合唱队、广场舞，形式过于单一。社区文体活动缺乏完善的活动场地和设施，社区中能够组织文体活动的专业人员较少，缺乏文化体育方面的专业人才，系统性、稳定性不够。因此，要开展社区文体活动，使其具有长期性、灵活创新性和参与性等特点，能够有组织、常态化地持续开展。

二、社区文化体育服务项目设计

社区文化体育服务项目的类型包括社区文化活动、社区文艺活动、社区体育活动、社区手工活动等。

（一）社区文化活动

社区文化建设是社区工作的重要组成部分，是城市和区域文化的集中反映，社区文化体现着社区的人文气息和社会关怀。可以重点围绕传承中华民族传统文化，挖掘社区本地特色资源，把文化引领、终身学习、修身立德作为社区建设的重要部分。社区的最大特点就是它的文化特色，每个社区都可以营造出一个独特的文化，使社区成为居民发自内心认同的精神家园。可以精心培育一批社区文化特色项目，使更多群众主动参与社区文化建设和服务，达到公共文化"权利均等、参与均等、服务均等"的目的。

1. 社区文化设施建设

社区文化设施的建设依托于社区独有的景观资源、风俗民情、社区故事、社区名人。通过文化设施建设，能够美化社区环境，提升社区文化层次，提高居民的生活质量。

（1）社区文化墙。对社区的建筑围墙进行重新粉刷并绘制图案，让以前满是小广告的墙面消失。文化墙集中展示社区历史故事、家风家训、能人榜、科普知识、社区活动等，使历史故事与现代风景相互融合，焕发出新的活力。在社区开展素材征集活动，将专家考证的历史事件、定期编辑整理的各类故事在文化墙上展示。

（2）楼门文化建设。利用楼道内的墙壁，由居民们亲自参与布置装饰特色楼道墙壁，使楼道的面貌焕然一新。每个楼道的布置可以各有不同特点，比如社会美德、历史故事、职业道德、文化典故等，形成特色单元文化。挖掘楼内有才艺的居民进行手工制作，定期更换楼门展板内容。通过这样的展示，使邻里更加了解对方，增进彼此之间的感情。

（3）文化电梯间。通过文化电梯间的形式，宣传公共健康、社区建设、社区新闻等内容，挖掘社区中丰富多彩的故事。在电梯内悬挂居民的绘画和书法作品，作为文化电梯间的内容展示给社区居民。

2. 挖掘社区文化特色

在文化底蕴深厚的社区，深入挖掘相关的物质文化遗产和非物质文化遗产。邀请历史学者、文化学者和居民志愿者深入社区、图书馆、博物馆、档案馆等，通过访谈、查找史料、考察实物、分析照片等形式，深度调查与社区相关的典故、事迹、实物、小吃等。在掌握充分资料的基础上，由专家论证和提炼出社区的文化特色，比如四合院文化、传统文化、革命文化等。

3. 开发社区特色文化产品

在已有资料的基础上，设计制作社区特色文化系列产品，包括社区手绘地图、文化录、明信片、书签、手绘画、文化拼图、剪纸等，形成品牌化、产品化的文化作品，让更多居民了解和认同社区文化，扩大社区特色文化的影响力。

4. 社区文化兴趣活动

2017年1月，中共中央办公厅、国务院办公厅印发了《关于实施中华优秀传统文化传承发展工程的意见》，提出"注重实践与养成、需求与供给、形式与内容相结合，把中华优秀传统文化内涵更好更多地融入生产生活各方面"。优秀文化不能只停留在书本上，只有走进社区，走近群众，才能让优秀文化活起来，达到化人育人的目的。社区居民根据个人兴趣爱好提交申请，成立社区各类文化兴趣小组。

（1）国学诵读活动。针对辖区居民尤其是青少年举办国学班，组织中华经典日常诵读活动，大家一起诵读《论语》《孟子》《大学》《中庸》等典籍。通过国学活动，有利于青少年养成谦恭有礼、重信孝亲的品格，对居民净化心灵、提高思想觉悟有重要作用，也有利于增强居民的民族自信心和自豪感。

（2）红色文化宣讲教育。红色文化是中国共产党领导广大人民在长期的革命斗争和建设实践中所形成的伟大革命精神及载体，蕴含着丰富的革命精神和厚重的历史文化内涵。以历史课堂、访问革命老人、游览红色革命景区、观看革命历史纪录片、参观展览馆的形式，组织专家宣讲团进入社区，以多样化的方式，开展"红色文化"教育，弘扬爱国主义和传统革命精神。

（3）传统书画活动。书法国画是我国的重要传统文化，既可以修身养性，又能陶冶情操。聘请专业老师，面向社区居民开展书画培训活动，分设山水班、花鸟班、人物素描班、书法班、篆刻班等。大家向老一辈书画家学习书法绘画，从最基础的如何握笔、调色讲起，涵盖学习书法基本知识、笔法基本应用，以及行书、隶书、楷书、草书的基本写法等，共同交流书画创作经验。学员具备一定基础之后，定期进行实用书法创作、书法临摹、书法展示，增强社区居民的交流和互动。

（4）诗歌朗诵活动。诗歌是中华传统文化的重要组成部分。诗歌朗诵活动分为独诵、双人朗诵、小组朗诵等形式，并提前由老师对诗歌朗诵者的朗诵技巧、节奏、诗境等方面进行讲解。通过诗歌朗诵，能够集中展现社区居民朝气蓬勃、昂扬向上的精神风貌，提高社区居民的凝聚力、向心力和自豪感，还可以培养社区居民的爱国意识。

（5）茶文化活动。茶文化是我国传统文化艺术和文明礼仪的重要载体，传播茶文化对于居民的修身养性具有良好的助推作用。向居民讲解茶叶的分类、主要名茶的品质特点和制作工艺，以及茶叶的鉴别、贮藏、选购，讲解茶艺表演程序、动作要领、解说内容，茶叶色、香、味、形的欣赏，茶具的欣赏与收藏等内容。在社区组建茶艺表演队，开展巡演活动，开设茶文化教育讲座，营造修身立德的氛围。

（6）摄影活动。在社区成立摄影班或摄影志愿者队伍，向居民传授摄影的基本知识与操作要领。摄影队积极参与社区组织的文化宣传活动，用相机记录社区公益活动、邻里互助行为、优秀志愿者的美好瞬间。通过进行摄影和摄像，不断积累素材，作为社区的档案材料留存，并制成视频宣传片在社区 LED 宣传屏上播放。

（7）英语学习。英语是一个重要的交流工具，在社区开展英语对话情景模拟、英文原声电影播放、单词背诵比赛等培训活动，提高社区居民的英语表达能力。

5. 社区文化建设与文化交流传播

社区文化建设与文化交流关系到每个社区居民的精神生活，是提升社区居民生活品质和完善社会治理的重要方法。

（1）社区报。社区报是社区的内部刊物，免费提供给居民阅读，是居民的文化食粮。社区报是社区各项工作和经验传播的重要途径，它是展示社区工作风采，提升政府服务形象的重要渠道。社区报由专业人员指导，文化骨干主导，社区居民参与。在社区组建报纸的编委会，定期开会研讨，确定每月报纸的主题和内容；以纸质和电子版两种形式发布，同时公布在社区微信公众号和微博账号上；重点报道社区的民生政策、重大项目、社区活动、好人好事等内容；发动社区居民写稿、投稿，同时接受读者的投诉、建议和新闻线索；定期组织读者沙龙，请居民评报、建言献策；对优秀投稿人进行表彰奖励。

（2）社区历史文化宣讲。对居民进行历史文化知识培训，具体包括传统礼仪、社区历史文化、老字号品牌介绍、趣闻逸事等；制作导引折页和社区地图，开展游客体验互动活动；号召青少年加入中华文化传承小使者志愿队伍，开展社区志愿活动，让小使者们学习社区故事，将社区老字号、名人故事、历史故事等以表演方式进行传播。

（3）本地非物质文化遗产展示。非物质文化遗产是珍贵的、具有重要价值的文化信息资源，也是历史的真实见证。保护和利用好非物质文化遗产，对于落实科学发展观，实现可持续的经济、文化全面协调发展意义重大。把带有本地特色的非物质文化遗产（比如泥人张、毛猴制作、脸谱、剪纸、景泰蓝制作、金石篆刻艺术、中国结、杂技、魔术等）向居民和游客进行展示，邀请非物质文化遗产传承人与参观者互动，现场展示制作技艺，讲述其艺术背景知识。

（4）社区中外文化交流。随着城市国际化的发展，越来越多的外籍友人来到中国的社区居住和生活。在社区中外文化交流中，可以开展多样化的活动：①中国文化展示培训。向外籍友人展示中国的篆刻、书法、剪纸、民族舞蹈和京剧等传统文化。②基本交流语言培训。开展英语和汉语的基础语言培训，使社区的中外居民能进行基本语言交流，如相互问候、道路指引、问题咨询等。③中西方节日联欢活动。通过中西方节日联欢会等多类型社区融合活动，比如教外国友人春节包饺子、端午节包粽子、中秋节做月饼，以及万圣节做南瓜灯、圣诞节中外友人团聚。通过这些中外文化的交流互动，促进社区内中外居民的互动以及语言、文化等方面的交流，使外籍友人对所在城市社区有更多的了解和认识，从而对社区有更多的归属感，进一步打造国际化社区。

6. 社区故事分享与记录

（1）整理社区老故事。随着时间的推移，年青一代对本土文化逐渐遗忘，出现了"文化断层"，文化传承出现了危机。通过组织座谈会、播放历史图片集以及各类专访等形式，引导社区居民对当地历史文化进行回顾。发动社区居民讲故事，以口述方式讲解社区文化，挖掘整理社区已经消失的民俗文化生活，编辑整理成社区故事并进行讲解传播，使居民了解自己所在的社区。

（2）举办社区书友会。组织居民尤其是青少年参加社区书友会活动，参与者拿出自己喜爱的书籍和报刊与他人分享，朗诵大家耳熟能详的诗文和居民自己创作的作品，并讲述自己的读书心得。具体形式可以是主题文化讲座、心得交流会、图书漂流、故事会、朗诵会等，内容根据居民的需求作出调整。邀请本土知名作家和诗人参加书友会，用书香架起邻里间友谊的桥梁，不断激发居民的读书热情，提升社区文化氛围。

（3）制作社区志愿服务画册。通过给志愿者制作画册的形式，弘扬志愿服务精神。从志愿者参加志愿服务开始，记录志愿者服务的点滴瞬间和心路历程，然后将制作好的画册赠送给志愿者并在社区进行展示，从而增强志愿者的荣誉感，带动更多人参与志愿服务。

7. 社区节庆文化活动

在中华民族传统节日期间，在社区营造欢乐祥和的节日气氛，举办多种形式的节庆文化活动，使居民群众感受到我国的传统文化和节日气息。

（1）春节送春联活动。写春联、贴春联是我国春节的传统习俗，在春节前夕邀请社区书法志愿者在现场挥毫泼墨，免费为社区居民书写对联。志愿者将春联送到社区中行动不便的老人、空巢老人、残疾人等居民家中，表达对他们的春节祝福。

（2）迎新春民俗文化巡游。在春节期间，文艺志愿者团队表演舞龙、舞狮、腰鼓、大头娃娃、杂耍、武术、秧歌、踩高跷、唱大戏等节目，使社区居民找回文化气息，构建良好的社区文化环境。

（3）新春游园活动。在春节期间，举办新春游园活动，为社区居民开设投篮、拼图、猜灯谜、套圈、你画我猜等游园游戏，准备活动现场的奖品。通过活动，增进居民之间的情感沟通，营造和谐社区邻里氛围。

（4）端午节包粽子活动。在端午节当天，组织居民亲自动手包粽子，然后品尝自己包的粽子。通过包粽子活动，使居民体验节日习俗，感受传统文化魅力。志愿者为社区孤寡老人、残疾人和低保人员等送去粽子，使大家共同过一个快乐的端午节。

（二）社区文艺活动

社区文艺活动对于推进城市现代化进程和满足居民日益增长的文化需求，打造居民精神家园、构建和谐社区，都具有十分重要的意义。很多居民都希望融入社区生活，通过参加文艺活动来丰富日常生活。

1. 成立社区文艺团队

社区即使没有培育文艺团体，居民也会自发组织文艺活动，但多数都是自娱自乐、分散性的，没有专业指导，很难形成规模和影响力。可以根据社区居民的喜好，挖掘社区文艺带头人和文艺骨干，成立社区文艺团队，把有共同爱好的居民聚在一起，实现有组织、有规模。然后，通过专业培训、选拔的方式，提升现有文艺队伍水平，推介他们参与街道、社区的各项文艺活动，将文艺队伍打造成社区品牌。

（1）社区舞蹈队。广场舞作为现代城市群众文化、娱乐发展的产物，兼具文化性和社会性，不仅能让居民锻炼身体、心情愉悦，还可以拉近邻里之间的距离。可以在社区成立舞蹈兴趣小组、舞蹈协会，重点吸引中老年妇女参加。由社区提供舞蹈排练室，解决场地硬件条件问题；协助聘请专业舞蹈老师，创作新的节目和提高水平；协助购买和制作演出需要的服装、道具；为舞蹈队创造条件，积极参加各类演出展示活动；引导居民文明跳舞，规范活动时间，消除扰民现象。

（2）社区合唱队。将社区歌咏爱好者组建成合唱队。聘请指导老师对合唱队队员进行演唱技巧培训；结合社区发展形势，创作歌曲传唱，实现居民自我学习、自我教育的目的；协助筹集资金，购买合唱演出服装；通过一定时间的培育，使合唱队能在社区晚会等活动中有表演机会，扩大影响力。

（3）社区乐器队。社区乐器队使用的乐器比较丰富，比如手风琴、二胡、扬琴、琵琶、腰鼓、笛子、打击乐等。大家吹拉弹唱，欢聚一堂，营造积极健康的文化氛围。有些乐器队由于经费限制，他们的乐器破损或缺少乐器，社区可以向乐器队赠送新的乐器供他们使用。

2. 开展社区文艺活动

以社区文艺团队为依托，开展群众自娱自乐的文艺活动，改善居民的生活状态，使大家成为相互熟悉的朋友。

（1）社区广场舞比赛。举办社区广场舞比赛，给爱好广场舞的居民一个展示风采的舞台，促进大家广场舞技艺的进步，提升广场舞表演的水平。在比赛筹备阶段，积极联系社区老年文艺队，鼓励老年文艺队积极报名参赛，为他们提供便利的训练场地。广场舞比赛分为一、二、三等奖，由社区干部为获奖队伍颁发奖状和奖品。同时，也使居民感受到广场舞的文化魅力和动感活力。

（2）社区合唱比赛。在重大节日举办合唱比赛，动员大家积极报名参加。通过合唱这种居民喜闻乐见、广泛参与的形式，展示社区群众的幸福生活，展现社区积极健康的精神风貌。还可以将爱国主义歌曲融入其中，激发社区居民的爱国热情。合唱比赛鼓励自创、原创作品，要求演出团队现场演唱、服装统一、队形整齐。

（3）社区曲艺表演。在社区定期举办京剧知识讲座，对京剧爱好者进行京剧唱腔、演奏、形体动作的培训。帮助京剧爱好者协调场地，举办京剧专场宣传演出，在居民中培养更多的京剧爱好者，以推动京剧的持续发展。

（4）社区电影放映。在人流聚集的社区广场或社区电影放映厅，为居民免费放映电影。根据社区的不同类型与人群，放映符合社区居民需求的电影，比如经典老片、国外大片、热播新片等。老电影的放映能让老年人回忆往昔，提高生活信心。电影结束后，组织大家在一起交流观影感受，互相分享彼此的心得体会。

（5）社区民众戏剧。民众戏剧跟一般的戏剧或表演训练不同，在这个模式里，没有预先设定的台词、角色甚至剧本，没有明确的导演、编剧、演员等专业分工，这不仅仅是给民众看的戏剧，更是民众自己的戏剧。[①] 鼓励社区内有需要的家庭以戏剧形式讲述故事，在社会工作者的引导、协助下，由居民亲身参与艺术创作和即兴表演，激发其创造力和家庭正向能量。这种形式

---

① 张钊. 戏台顶上的民众 [J]. 南风窗，2008（14）：86－89.

能帮助有需要的家庭找到情绪宣泄出口，重构家庭关系和生命意义。

3. 举办社区文艺晚会

为丰富社区居民文化生活，在元旦、春节、元宵节、妇女节、重阳节等节日，举办社区文艺晚会，邀请社区各年龄段的文艺爱好者表演自己精心排练的节目。除了歌舞类节目，也可以把才艺展示、书法表演、小品、相声、游戏、魔术等多种形式都纳入进来。节目内容源自社区工作和百姓生活，由社区文艺志愿者自编、自导、自演，充满贴近实际的生活气息。通过文艺晚会，展示社区治理工作的最新成果，展示社区积极向上的风貌，展示社区发展的美好愿景。

（三）社区体育活动

体育作为一种群众广泛参与的社会活动，不仅可以增强群众体质，也有助于培养人们勇敢顽强的精神。社区体育活动可以增进邻里关系，促进居民之间的情感沟通，为各年龄层居民搭建积极健康的社交平台。

1. 开展体育项目

（1）乒乓球、足球等球类活动。①面向爱好乒乓球运动的居民，开展乒乓球基础知识培训；在社区筹建不同年龄段的乒乓球队；举办社区乒乓球友谊赛、对抗赛等；组织参加市、区级各类乒乓球运动赛事。②开展足球运动知识与技能进社区活动，开展对球员、裁判员和教练员的培训，组织业余足球联赛。

（2）中华传统体育项目。中华传统体育项目十分受社区居民欢迎，比如太极拳、太极扇、武术、抖空竹、八段锦、打鞭子、踢毽子等。邀请专家授课，为居民讲述太极武术的精神，开展太极拳的常规训练，争取参加各类比赛活动，举办社区太极邀请赛。

（3）健步走活动。健步走活动的突出特点是方法易于掌握，不易发生运动伤害，不受年龄、时间和场地的限制。健步走活动的运动装备简单，只需一双舒适合脚的运动鞋。在自然环境中结伴健步行，不仅能锻炼身体，还可以欣赏自然美景，促进人际交流，陶冶身心。号召社区的居民参与健步走活动，参加者按规定路线进行健步走，整个活动只能徒步完成。健步走时，参加者的上下肢应协调运动，并配合深而均匀的呼吸。志愿者沿途进行引导和服务，确保参与群众的安全。

（4）养生操、回春操等健身操。发挥健身操对居民强身健体、愉悦心情、缓解压力的作用，通过招式演示及要领讲解，帮助居民更快地掌握健身操的招式。

（5）骑行活动。成立单车运动俱乐部，在骑行过程中，倡导全民健身、爱护环境、低碳出行。此外，还可以挖掘本地人文地理资源，使更多人了解本地的历史文化。

（6）棋牌比赛。组织社区居民参加棋牌培训和比赛，设置象棋、围棋、国际象棋、跳棋、五子棋、扑克牌等群众喜闻乐见的单项比赛，实现以棋会友。

2. 举办社区趣味运动会

举办社区趣味运动会，主要目的是锻炼身体、增强体质，提高居民的身心健康水平，加强居民对健康生活的认知。同时，也能够增进居民之间的相互了解和交流，促进和谐社区建设。

在趣味运动会中，由社会工作者设计和确定活动规则；趣味运动会的活动分为团体项目和个人项目；尽量安排运动量较小、需要团队默契配合才能完成的合作项目，比如设置"两人三足"踩气球、夹弹珠、跳大绳、沙包投准、沙球投篮、抢凳子、套圈、呼啦圈等比赛项目；根据比赛成绩，评奖分发奖品；为了调动居民的主动性，可以建立由居民自主管理的运动会组织委员会。

3. 居民体质监测

将健身运动与体质测试相结合，每个锻炼周期结束后，对参与人员进行全面的体质测试，主要项目包括身高、体重、腰围、握力、肺活量、象限跳、俯卧撑、坐位体前屈等。然后把得到的体质测试数据与初始数据进行对比，用数据衡量居民参与的效果。将监测数据告知居民，叮嘱大家在平时加强锻炼。

（四）社区手工活动

社区手工活动能够丰富居民的业余文化生活，创造一种新的生活理念。

手工活动可以将旧物进行重复利用，能够激发社区居民的环境保护意识，倡导绿色环保低碳生活方式。通过互动过程，增进居民之间的了解，为建立良好的邻里关系打下基础。而且，手工制作也可以带动下岗居民的生计，缓解他们的生活困境。目前，参加手工活动的多为社区中的下岗失业、无业、离退休、残疾、空巢妇女群体。但是，社区手工活动也面临一些亟须解决的问题，比如缺乏师资的带领和指导；产品设计、开发和质量等方面需要提高；需要拓宽产品的义卖和销售渠道。

1. 举办手工培训活动

在手工培训活动中，专业教师通过观察、演示、实践、指导、测试、复习和提高等步骤，将手工技艺传授给社区居民。对有需求的学员进行"一对一"辅导，保障培训效果。培训之后，可以组织手工制作比赛，检验参与者的实际操作能力。

（1）手工编织培训。编织工艺是我国的一项民间文化艺术，在社区成立手工编织组，重点吸收退休老人、全职家庭主妇参加。邀请专业老师向居民传授十字绣、穿珠、编织等技艺，学习制作十二生肖、动物、时装包、靠垫、手机套等手工作品。通过手工编织活动，丰富居民的闲暇时光，还使他们能够掌握一技之长。

（2）手工折纸培训。折纸是一种把纸张折成各种不同形状的艺术活动。折纸能够提高参与者的审美能力、创造能力、动手能力和探究能力。手工折纸简单易学、操作方便，适合各个年龄段的居民，尤其是儿童、青少年参加。由专业老师亲身示范和手把手教学，大家将家里的废纸再利用，把广告纸、彩色卡纸、糖纸、废纸板等进行折叠，制作成精美工艺品。

（3）手工皂 DIY。手工皂 DIY，就是居民自己动手做香皂。随着人们环保理念的提升，手工皂这种无副作用的天然产品备受广大居民青睐。手工皂采用天然植物油（棕榈油、椰子油、橄榄油等），在制作过程中产品不会污染环境，并且含有丰富的保湿成分，对肌肤零负担，对过敏性皮肤无伤害。手工皂既可用作洗面、卸妆，又可用作沐浴使用。在制作手工皂的过程中，形状、颜色、香味都可以按自己的喜好来做，制作过程充满知识性和趣味性，尤其适合青少年参与，也有利于培养社区居民的动手能力和团队合作精神。

（4）插花培训。邀请专业插花师开展插花教学，工作人员提前准备好相关物资，包括鲜花、花泥、花盆、花纸、剪刀等物资。由插花师讲解插花布局和花材养护知识，介绍花艺流派、花型、花色，同时介绍一些居家常用的花材、色彩搭配方法。在插花师的指导下，凭借每位居民对美的不同理解，把原本普通的花草，经过修剪、层次搭配、点缀等步骤，变成色彩斑斓、独具匠心的花艺作品。

2. 手工义卖捐赠活动

手工制作的产品是有使用价值的，制作者除了自己享有之外，还可以将成果分享给其他人，这就使手工活动的受益面从制作者扩大到社区困难群体。

（1）手工作品义卖活动。为扩大义卖活动影响，通过微信、论坛、海报等方式进行前期宣传，将手工制作的各种工艺品和产品进行慈善义卖，居民前来挑选自己需要的物品，调动社区的慈善资源。

（2）慈善捐赠活动。在冬天，居民将手工编织的围巾、帽子、毛衣等物品，捐赠给社区里的孤寡老人、失独老人、残疾人和低保家庭等困难群体，使困难群体感受到社区的关爱。同时，也可以向我国西部贫困山区的孩子们捐赠手工制作的爱心衣物。

第十一章　社区环境保护服务项目设计

一、社区环境保护服务的背景信息

人类在改造自然和发展社会经济方面取得辉煌成绩的同时，全球变暖、自然灾害频发、生态破坏与环境污染对人类的生存和发展已经构成了严重威胁。保护和改善生态环境，实现人类社会的可持续发展，是全人类面临的紧迫而艰巨的任务。

（一）社区环境保护服务的相关概念

环境问题一般指由于自然界或人类活动作用于人们周围的环境引起环境质量下降或生态失调，以及这种变化反过来对人类的生产和生活产生不利影响的现象。环境问题主要分为原生环境问题和次生环境问题两类。原生环境问题是由自然力引起的，如火山喷发、地震、洪涝、干旱、滑坡等引起的环境问题。次生环境问题是由于人类的生产和生活活动导致生态系统破坏和环境污染，反过来又危及人类自身的生存和发展的现象。次生环境问题包括生态破坏、环境污染和资源浪费等方面。目前通常所说的社区环境问题是指次生环境问题。

（二）我国社区环境保护服务的相关法律政策

我国与环境保护相关的法律法规主要包括《中华人民共和国环境保护法》《中华人民共和国森林法》《中华人民共和国草原法》《中华人民共和国渔业法》《中华人民共和国矿产资源法》《中华人民共和国水法》《中华人民共和

国野生动物保护法》《中华人民共和国水土保持法》《中华人民共和国气象法》《中华人民共和国水污染防治法》《中华人民共和国大气污染防治法》《中华人民共和国固体废物污染环境防治法》《中华人民共和国噪声污染防治法》《中华人民共和国海洋环境保护法》《中华人民共和国环境影响评价法》《中华人民共和国清洁生产促进法》《中华人民共和国循环经济促进法》等。1979 年 9 月，第五届全国人大常委会第十一次会议通过了《中华人民共和国环境保护法（试行）》（后于 2014 年 4 月修订）。该法是我国环境保护方面的基本法，对保护和改善生活环境与生态环境，防治污染和其他公害，建立健全环境保护法律体系，促进社会主义现代化建设的发展，发挥着重大的影响和作用。

随着环境问题的突显，国务院于 1973 年成立了环保领导小组及其办公室，在全国开始"三废"治理和环保教育，这是我国环境保护工作的开始。经过几十年的发展，我国的环境保护政策已经形成了一个完整的体系，它具体包括三大政策和八项制度。三大政策即"预防为主，防治结合""谁污染，谁治理""强化环境管理"。八项制度即"环境影响评价""三同时""排污收费""环境保护目标责任""城市环境综合整治定量考核""排污申请登记与许可证""限期治理""集中控制"。

2012 年，党的十八大报告提出，全面落实经济建设、政治建设、文化建设、社会建设、生态文明建设"五位一体"总体布局，促进现代化建设各方面相协调。首次提出"美丽中国"和"三个发展"理念，指出"必须树立尊重自然、顺应自然、保护自然的生态文明理念，把生态文明建设放在突出地位"。面对日益严峻的空气污染问题，2013 年 9 月 10 日，国务院印发的《大气污染防治行动计划》提出，到 2017 年，全国地级及以上城市可吸入颗粒物浓度比 2012 年下降百分之十以上，优良天数逐年提高。2016 年 3 月 17 日，《中华人民共和国国民经济和社会发展第十三个五年规划纲要》正式发布。该纲要提出，必须牢固树立和贯彻落实创新、协调、绿色、开放、共享的新发展理念。其中绿色是永续发展的必要条件和人民对美好生活追求的重要体现。必须坚持节约资源和保护环境的基本国策，坚持可持续发展，坚定走生产发展、生活富裕、生态良好的文明发展道路，加快建设资源节约型、环境友好型社会，形成人与自然和谐发展的现代化建设新格局，推进美丽中国建设，为全球生态安全作出新贡献。2022 年，生态环境部编制并印发了《"十四五"生态保护监管规划》等文件，全面推进"十四五"时期全国生态保护工作。

（三）社区环境保护服务的需求

社区环境质量是衡量社区发展状况的一个重要指标，社区的环境状况直接影响到居民的生活品质和健康水平。社区居民对社区环境的变化有最直接、最快速的反应，因此尤其值得社区的高度关注。良好的社区环境，不仅有利于提升人民群众的生活质量和健康水平，而且也有助于使居民形成文明的生活方式和规范的社会行为。

我国社区较为突出的污染问题主要包括几个方面：（1）固体废弃物污染。社区固体废弃物主要包括建筑垃圾和居民生活垃圾。（2）废气污染。社区中的餐饮、浴场、美容院、干洗店等服务产业兴起后，伴随而来的油烟气、锅炉燃油废气、空调热气等局部空气污染增多。居民生活垃圾倾倒不及时产生的臭气影响，住宅区内商店、居民房屋装修期间油漆废气扰民等影响邻里生活。（3）噪声污染。在影响城市环境的各种噪声源中，商业企业固定源噪声（如排风机、空调等设备噪声）、建筑施工噪声、社会生活噪声和交通噪声是主要方面，噪声源呈现出多元化的特点。①

目前，我国城市中的商业区、工业区和居住区普遍存在着相互混杂的现象，社区居民仍然存在乱丢垃圾、随意践踏草坪、毁坏绿地、浪费资源等不文明行为。社区中存在着不少环境污染问题，由社区污染引发的矛盾纠纷和投诉案件在不断攀升。在这种情况下，如何进一步绿化美化社区环境，为居民提供更加整洁舒适的生活空间，已经成为社区迫切需要解决的问题。社区环境保护的目标是提高社区居民的环境保护意识，努力搞好社区环境卫生，维护干净、整洁的社区环境；通过对环境进行综合治理，促进社区环境可持续发展，推进和谐社会建设。

---

① 杨月明．我国社区环境污染问题初探［J］．科技信息，2012（30）：115－116.

二、社区环境保护服务项目设计

社区环境保护服务项目的类型包括成立社区环保志愿者队伍、社区环保宣传培训、社区环境清洁行动、社区绿植绿化、废弃物品再利用、社区文明养犬、解决楼道堆物问题等。

（一）成立社区环保志愿者队伍

以社区党员、妇女、青少年为主体，选拔专业环保人士作为带头人，建立社区环保志愿者队伍。社区环保志愿者队伍可分为环保巡逻队、绿色养护队、骑行志愿服务队等。然后，不断扩大志愿者团队规模，使每个楼门、每个楼层都有环保志愿者，并对环保志愿者进行专业培训。

1. 成立社区环境治理监督队

由社区居民组成环境治理监督队，在社区内定期巡视环境情况，随时清理道路上的垃圾，对楼道杂物乱堆乱放、建筑垃圾随意堆放、墙上乱贴乱画、随意践踏草坪、攀折景观植被、树枝上晾晒衣服、草坪上丢弃杂物等不文明行为进行劝导并及时清理。

2. 成立社区绿色养护队

很多老旧小区没有成熟物业，社区内的绿化带、花坛和树木的管理长期滞后，甚至无人管理。在社区成立绿色养护队，协助园林部门主动开展社区的养绿护绿工作。对养护队成员进行绿色养护知识培训，配备必要的绿色养护工具。绿色养护队负责对社区的绿化情况进行巡视、对花草树木进行简单护理，在社区形成全民爱绿护绿的氛围。

3. 成立社区骑行志愿服务队

招募骑行爱好者，组建社区骑行志愿服务队。定期开展骑行活动，开展社区周边环境卫生维护、文明劝导等常态化志愿服务。在社区卫生死角捡拾垃圾，向社区居民发放环保宣传资料。用车友的行动带动身边居民关注环保，倡导市民选择绿色出行的交通方式，传递健康、绿色、和谐的理念，在社区营造文明交通、低碳环保的氛围。

（二）社区环保宣传培训

在社区开展多样化的环保宣传与培训活动，倡导居民用实际行动保护环境，禁止乱贴乱画，禁止焚烧垃圾。引导居民认识到社区环境与自身息息相关，不是一味等靠就能解决问题。要提升居民的楼院维护意识，培养居民的良好行为习惯，建设绿色环保社区。

1. 社区媒介环保宣传

（1）社区宣传栏环保知识宣传。在社区宣传栏张贴环保知识资料，普及节能环保知识，定期更新宣传栏内容，做到贴近生活、切实可行、居民受益。

（2）社区宣传站点宣传环保知识。在社区设立环保知识宣传站点，摆放宣传展板，向过往行人、居民发放环保知识手册、宣传彩页和《争做文明市民倡议书》。志愿者向社区居民讲解环境破坏带来的后果，倡导大家在生活中树立环保理念，提高环保意识。

（3）社区网站宣传环保知识。在社区网站上开辟环保板块，宣传环境保护对于个人、家庭和社会的重要性，并且向社区居民普及环保低碳知识。

（4）社区环保摄影展。号召社区居民用镜头记录社区的环境状态，大家自由选取地点进行拍摄。可以拍摄美好的景色，也可以拍摄脏乱差的地方，然后把照片在社区进行集中展示。

（5）征集环保海报与标识。向社区居民征集有关环境保护主题的海报、标识的绘画与制作，以增强居民的环保理念。活动期间，居民可以发挥想象力和绘画动手能力，志愿者也可参与进行互动。

2. 环保倡议活动

（1）开展爱护环境承诺。制作"爱护环境倡议书"大型宣传板，号召居民们在倡议书展板上签下自己的名字并写下承诺，活动结束后此展板将放在社区宣传栏中，时刻提醒居民爱护环境、从我做起。

（2）倡议拒绝白色污染。白色污染是我国城市特有的环境污染，在公共场所都能看见废弃的塑料制品，它们最终回归大自然时却不易被自然消纳，影响了生态环境。通过发放宣传材料和悬挂条幅等形式，逐步加大宣传力度，促使居民养成随手清理白色垃圾的习惯。

（3）倡议告别一次性用品。一次性用品被越来越多的人群使用，一次性消费品对环境造成了严重污染。向居民发放环保宣传材料和环保袋，倡导居民拒绝一次性用品，培养居民出行时随身携带环保袋、水杯、餐具、手绢、洗漱用品的习惯。

（4）倡导居民绿色低碳出行。机动车与环境污染有密切联系，随着汽车保有量的逐年上升，不仅增加了道路负担，造成道路拥堵，更严重的是加重了空气污染，二氧化碳排放量的增多加快了全球变暖。因此，提倡居民绿色低碳出行，改善空气环境势在必行。在社区进行有效的宣传，倡导居民自觉践行绿色环保生活方式，尽量乘坐公共交通工具、骑自行车或步行出行，以节约能源，降低尾气污染，改善大气环境质量，减少雾霾发生。结合国家的新能源政策，向居民介绍新能源电动车的优势及充电桩的分布使用情况，以及对能源结构调整和环境保护的意义。

3. 环保纪念日主题宣传

充分利用环保纪念日，在社区开展相应的环保主题宣传，培养社区居民认识自然、珍惜资源、善待地球的环境意识和道德行为，教育居民树立可持续发展的观念。

（1）"植树节"环保主题宣传。在"3·12"植树节，号召大家共同努力美化社区环境、改善自然生态环境，提高居民参与造林绿化的积极性，把低碳生活的理念融入营造绿色居住环境，共同建设美好家园。

（2）"世界水日"环保主题宣传。在"3·22"世界水日和3月22日至28日的"中国水周"，向社区居民宣传水法律法规、水生态文明建设和水资源保护等常识，呼吁社区居民爱水惜水，节约水资源，爱护水环境，宣传先进的水生态知识和水生态文明成果。

（3）"世界地球日"环保主题宣传。在"4·22"世界地球日，向社区居民宣传国土资源法制知识、节约集约利用资源、保护自然生态空间、防止地质灾害、倡导绿色简约生活等内容，宣传清洁能源及资源再生、转基因与非转基因食品等知识。

（4）"国际生物多样日"环保主题宣传。在"5·22"国际生物多样日，向社区居民展示生物多样性知识，呼吁大家关注和参与生物多样性保护，倡导大家爱护身边的动植物、拒绝皮草、文明养犬等。

（5）"世界无烟日"环保主题宣传。在"5·31"世界无烟日，向社区居民宣传世界无烟日的相关知识，宣传吸烟和被动吸烟对身体健康的危害，向居民讲解戒烟的方法和步骤。号召居民加入戒烟的行列，从而在社区营造良好的居住环境。

（6）"世界环境日"环保主题宣传。在"6·5"世界环境日，向社区居民宣传保护环境的重要意义，引导居民树立节能减排、低碳生活的理念。号召大家都积极行动起来，爱护环境、保护环境，共同保护社区的美好家园。

（7）"世界人口日"环保主题宣传。在"7·11"世界人口日，在社区进行人口与环境可持续发展的主题宣传，向居民介绍当前人口与资源环境关系持续紧张的状况，向居民宣传控制人口数量、实行计划生育的政策，呼吁居民保护生态环境、珍惜我们的家园。

（8）"国际保护臭氧层日"环保主题宣传。在"9·16"国际保护臭氧层日，向社区居民宣传保护臭氧层的重要性，号召居民积极行动起来，践行绿色消费，自觉购买带有"爱护臭氧层"或"无氯氟化碳"标志的产品；号召居民践行绿色出行，减少自身的能耗和污染排放，保护臭氧层，保护人类生存环境。

（9）"清洁地球日"环保主题宣传。在9月第三个周末"清洁地球日"，向社区居民宣传垃圾分类、资源再生等知识，使社区居民认识地球、爱护地球，树立节约资源的意识，组织居民打扫社区环境、清理小广告和捡拾垃圾。

（10）"国际减灾日"环保主题宣传。在10月第二个星期三"国际减灾日"，向社区居民宣传在遇到各类事故灾难等人身危险时，如何开展预防、自救和互救，从而增强社区群众的防灾减灾意识，提高自救互救技能。

4. 社区环保知识讲座

（1）垃圾分类知识讲座。在"4·22"世界地球日，举办垃圾分类知识讲座。我国的城市和农村已被泛滥成灾的垃圾包围起来，垃圾已成为我国环境可持续发展的重大障碍之一。2016年11月，环境保护部发布的《2016年全国大、中城市固体废物污染环境防治年报》显示："2015年，全国246个大、中城市生活垃圾产生量约为18564万吨，处置率达97.3%。其中，北京城市生活垃圾产生量最大，为790.3万吨，位列其后的是上海、重庆、深圳，均超过570万吨。"垃圾不断堆积已经影响到我们的生活，因而开展垃圾分类迫在眉睫。生活垃圾分为可回收垃圾、有毒有害垃圾、厨余垃圾三类。在垃圾分类知识讲座中，向居民讲解如何在家中对生活垃圾进行简单分类，说明垃圾处理不当的危害以及可回收垃圾的再利用渠道，从而实现社区垃圾减量化、无害化、资源化，最大限度地提高垃圾回收再利用的效果。

（2）雾霾预防知识讲座。在"6·5"世界环境日，举办雾霾预防知识讲座。雾霾导致患呼吸道疾病的老年人、青少年、婴幼儿不断增加，国家高度重视雾霾污染，启动各种应急预案。在讲座中，向居民讲解如何预防雾霾天气给人体带来的危害、雾霾形成的原因，讲解防护措施和口罩佩戴方法。建议大家尽量减少雾霾天气下的外出，减少户外有氧锻炼，在家中要关闭门窗并注意饮食，少食用辛辣刺激性食物，从而避免引发呼吸系统疾病。

（3）低碳环保知识讲座。在6月的"全国低碳日"，举办低碳环保知识讲座。通过讲座，使大家对环境保护工作有更全面深入的了解。号召大家形成健康、文明、绿色的生活方式，从而提高居民的环保意识，进一步普及绿色理念。

（4）生活节能知识讲座。在6月的"全国节能宣传周"，举办生活节能知识讲座。向居民讲解节能减排的重要意义，介绍日常生活中家庭节能的小窍门，开展废旧电池、灯泡回收等节能减排宣传活动，号召大家在生活中要节能、节水、节材，综合利用资源，带动居民形成健康文明、勤俭节约的生活方式。

（5）居民装修环保知识讲座。向居民讲解家庭装修的注意事项、甲醛的危害以及甲醛的治理方法。通过讲解，使居民更全面地了解房屋装修环保知识，例如材料环保、施工过程环保、设计环保和家具环保等方面。建议居民在装修过程中注重绿色环保设计，减少家居生活的二氧化碳排放量。

5. 社区环保理念宣传

（1）环保情景剧。用情景剧的方式宣传环保，能够起到寓教于乐的效果。

社区居民直接参与情景剧的编排和演出，吸引社区居民尤其是儿童、青少年来观看。剧本可取自生活中息息相关的素材，突出社区本土化特色，贴近群众，反映现实生活。

（2）环保时装秀。在社区举办环保时装秀活动，社区居民以家庭为单位来参加。号召社区居民充分发挥自己的想象力，将生活中的废弃物变废为宝，利用家中的废旧物品（如废旧纸张、塑料和光碟）制作成有创意的服饰。然后，大家穿着自己制作的服装走秀，展示自己设计的服装，讲解自己的环保时装创意。

（3）观看环保主题电影。通过组织居民观看环保主题电影，号召大家在生活中树立环保意识。电影放映结束后，根据电影情节，由主持人提出问题，现场观影的居民回答问题，引导居民发表自己对低碳环保的感想。

（4）环保诗歌朗诵活动。邀请社区中热爱环保、践行低碳生活的人士参加环保诗歌朗诵活动，诗歌朗诵内容紧扣环保主题，体现人与自然和谐相处，宣传城市生态文明建设成绩。朗诵活动可设立独诵、双人朗诵、小组朗诵、集体朗诵等形式，传播绿色文化理念，提升环境保护意识。

6. 环保体验活动

（1）参观环保设施。组织居民实地参观生活垃圾焚烧厂、垃圾固废转运站、生化处理厂等设施，了解垃圾从产生、收集、运输到处置的全过程。通过参观，使大家感受到垃圾分类的重要性，以及生活垃圾处理不当带来的危害。

（2）亲近自然环境。请植物专家带领居民进入公园，开展森林营地活动，并进行集中讲解。向参与者讲解在植树和养护树木时，要注意植物对土壤酸碱性、阳光和水分的要求。建议居民更多地参与植树造林活动，保护自然生态环境的可持续发展。

（3）与环卫工人交流座谈。广大环卫工人默默无闻、任劳任怨，用辛勤的汗水换来了社区环境的整洁。组织社区志愿者与环卫一线清洁工座谈交流，使大家了解环卫一线工人的工作内容与职责；组织居民上街参与环卫工作体验活动，使居民体验到环卫工人工作的辛苦和意义。

（三）社区环境清洁行动

社区环境保护问题日益引起社会各界的重视，环境脏乱差、私搭乱建、破坏绿地等现象屡见不鲜。针对这些问题，组织志愿者在社区开展环境清洁活动，用实际行动带动其他居民爱护公共环境，树立环保意识。

1. 环境问题集中整治

开展社区"清洁总动员"，组织全体志愿清扫人员，到社区楼院、后街里巷等位置，集中力量对脏乱差的情况进行整治，例如乱堆乱放、乱倒生活垃圾、乱堆建筑垃圾、乱贴小广告、绿地内杂物、垃圾桶周边杂物、白色污染、"门前三包"脏乱、公共设施破损等问题，做到卫生环境清理无死角。整治活动之后，由环保志愿团队在社区定期进行巡查与监督，发现不文明行为及时纠正，对破坏环境的行为进行制止。

2. 捡拾垃圾

老旧小区的人口密度大，产生的生活垃圾多，有的社区垃圾清理不及时，垃圾处置回收点设置不完善，垃圾桶的周围经常垃圾成山，尤其在夏天还发出阵阵恶臭。

（1）社区中捡拾垃圾。给环保志愿者分发垃圾袋，在社区捡拾塑料包装袋、烟蒂、纸屑等垃圾，清扫小区路面。通过捡拾活动，使社区的路面更加整洁，环境更加美观。同时带动更多居民加入捡垃圾队伍，用行动倡导居民爱护环境。

（2）特殊家庭上门取垃圾。组织社区环保志愿者，定期为社区老年人、残疾人、患病人员等困难人群提供上门取垃圾服务，为这些上下楼行动不便的人群解决实际困难，也深入群众家中宣传了环保知识。

（3）野外捡拾垃圾。在户外的郊野公园、河堤水库、森林公园等地点，在确保志愿者安全的前提下，在开展徒步健身的同时，捡拾游人丢弃的垃圾，从而实现清洁景区、美化环境。在此过程中，志愿者以自身行动对游人进行环保宣传、引导和教育。

3. 清理楼道小广告

在有些小区，各类小广告数量众多、不好清理，社区的路面、垃圾箱、路灯杆、建筑物外墙、楼道内部等视线所及的地方，都可能被粘贴、喷涂上小广告。小广告对市容环境造成较大破坏，影响了城市美观，也严重影响了社区的整体形象。建立本社区的铲除小广告志愿服务队，向居民宣传张贴小广告的危害，对张贴小广告的人进行劝导教育。开展小广告清理活动，对社区内的墙体、楼道及楼道扶手上的小广告进行集中清理。一般性的去除小广告往往采用油漆覆盖、锉刀剐蹭的方法，容易导致墙面、建筑物的二次受损，应利用专业的清洁工具、清洁剂来恢复墙面、建筑的本来面貌。通过清理小广告，实现社区环境的整洁，减少恶意、虚假、欺骗等违法广告对社区居民生活造成的危害。

4. 治理装修垃圾堆积

针对装修垃圾堆积问题，社区工作者及群众基础较好的志愿者，通过上门劝导、签订装修垃圾清理协议等方式，监督装修的业主及时清理装修垃圾，有效改善堆积状况。

5. 整治废旧自行车

对于废旧自行车、童车以及破旧电瓶车，很多居民舍不得扔，仍然存留在社区的公共空间内，占据了公共车棚和楼道内的大部分空间，一定程度上影响了居民出行，成为社区的安全隐患。

倡导居民安全出行、有序摆放自行车，将楼道内堆放的自行车及单元门前的自行车停到自行车棚中。组织志愿者，协同相关职能部门集中清理社区中无人认领的废旧自行车，对废旧自行车筛选分类，并拍照留存。对于损坏程度较低的废旧自行车，经过二次组装、涂装之后，可作为社区公共自行车进行二次利用；对于不可利用的废旧自行车，可改造为社区的创意装饰、创意护栏，在治理社区问题的同时美化社区环境。

6. 治理共享单车乱停放

共享单车的兴起对解决居民"最后一公里"出行问题提供了很大便利，但爆发式的投放量和停放管理的缺失，使共享单车出现了乱停乱放、破坏和私自占有等问题，严重影响了城市交通秩序、市容环境和市民生活。召集志愿者走上街头，劝导不文明使用共享单车的行为，引导市民自觉停放共享单车，营造整洁市容环境。

7. 节能产品进社区

在环保宣传日，举办节能产品进社区活动，向社区居民介绍节能产品，如节能 LED 灯、节水马桶、节能家电等。向居民发放《节能知识手册》，增进居民对节能产品的了解，提高居民的节能减排意识，养成节能环保习惯，主动承担节能减排责任。

（四）社区绿植绿化

1. 社区树木绿植认养

动员社区居民尤其是有孩子的家庭，通过树木绿植认养的方式，整治社区的荒废绿地，将其绿化美化起来。具体形式是：以家庭为单位，每个家庭分别认养绿色植物、绿色区域。每个家庭可以给认养的树木贴标签命名，悬挂绿色认养卡，可以在上面写下自己的心愿。实行小组包片、包树，各自负责该树木的维护，定期进行树木的剪枝、浇水、施肥、移植。通过树木认养活动，使每个人都能为社区生态建设出一份力，促进社区卫生环境的改善。

2. 开辟社区小花园

在社区空地开辟出一块小花园，由参与活动的社区居民负责小花园的种植浇水工作。在花园中种植月季、蔷薇、菊花等各类花卉，及时对花卉进行修剪、浇水，清理小花园里的杂草，使社区小花园一年四季都有鲜花开放，让居民感受到回归自然的快乐。

3. 家庭绿植推广

（1）绿植种植培训。举办绿植种植培训活动，邀请绿植种植专家，教社区居民自己动手种植绿植。在社区居民家庭的阳台外部花架、家庭露台等空间，发放无土栽培材料，在栽培盘上种植花卉、蔬菜、芽苗菜、多肉植物等。面积小的阳台适宜种植根系浅、生长期短的叶类蔬菜，如小白菜、小青菜等。

（2）家庭绿植大赛。社区居民越来越追求绿色环保生活，在家养绿植已经成为一种潮流和趋势。在社区举办绿植种植大赛，例如芽苗菜、君子兰、绿萝、吊兰等植物的种植，搭建绿植爱好者之间交流的桥梁。居民将自己种植的绿色植物集中展示出来，由专业人员评出名次，并颁发奖品作为奖励。

（五）废弃物品再利用

居民家中有很多废弃物品可以再利用，通过手工制作、积分兑换和物品交换等形式，将绿色生活的理念、方式和技术引入社区，同时培养居民养成勤俭节约的习惯，提高居民"废物回收，循环利用"的环保意识。

1. 家中旧物交换活动

随着人们生活水平的提升，社区居民家中废弃的日常用品、数码设备、儿童玩具、学生书籍、杂志等物品数量较多，造成极大的资源浪费。

（1）居民交换家中闲置用品。在社区举办闲置物品集中交换活动，也可称为"社区易物活动""跳蚤市场""爱心市集"。倡议社区家庭拿出家中闲置物品，在自己的摊点前摆放好商品并标注价格。通过物品交换、交易买卖的方式，促进物尽其用、节约资源，也可以促进邻里之间的交流。

（2）捐赠公益事业。易物活动结束之后，倡议并鼓励社区居民将没有易物成功的物品（服装、儿童玩具、图书杂志等）无偿捐赠给边远山区和有需要的地区，全部用于公益事业。这就不仅能解决居民家中旧物的存放问题，还能让困难人群得到关爱，做到资源的充分利用。

2. 垃圾分类

垃圾分类是对垃圾收集处置传统方式的改革，是对垃圾进行有效处置的一种科学管理方法。但是公众尚未形成垃圾分类习惯，垃圾分类意识淡薄，垃圾分类正确率低。通过垃圾分类活动，使居民树立垃圾分类的观念，改造或增设垃圾分类回收的设施，改善垃圾储运形式。

（1）废旧电池回收。废旧电池存在大量有害物质，对生态环境和人体健康都会产生危害。在社区设立废旧电池回收箱，组织志愿者开展定期回收活动，将回收的电池交给专业公司负责回收并进行环保处理。同时，向社区居民宣传废旧电池对生态环境造成的危害。

（2）旧衣物回收。大量废旧衣物被当成垃圾填埋或焚烧，造成了资源浪费和环境污染。在社区内设置固定的旧衣物回收箱，居民可以将家中闲置的旧衣服、裤子、鞋、包等放到箱内，志愿者定期对回收箱内的衣物进行收集、整理、分类、打包。将品质较好的衣物进行清洗、消毒、晾晒，统一捐赠给贫困地区的困难群众；对破旧不能用的衣物，由社区布衣坊进行加工，将其加工成手套、地毯、拖布、抹布等生活用品，达到物尽其用的目的。

（3）厨余垃圾回收处理。厨余垃圾含有极高的水分和有机物，很容易腐坏、产生恶臭，从而严重污染社区环境和地下水源。可以通过厨余垃圾循环处理的方式，倡导垃圾分类资源化、减量化和循环利用，促使居民自觉养成垃圾分类和源头减量的习惯。可以在社区设立厨余垃圾回收兑换点，居民向垃圾回收点递交一次厨余垃圾即可给予一定的积分。郊区农场将厨余垃圾用车拉走，当厨余垃圾运到郊区农场后，通过厌氧发酵转化为优质有机肥，并将沼气有效回收和利用。然后，农场将农副产品运输到社区垃圾回收点，取得积分的居民可以免费兑换有机蔬菜。这就实现了居民主动实施垃圾分类，通过前端分类达到垃圾减量的目的。

3. 废旧物品 DIY 制作

（1）手工制品制作。组织居民尤其是儿童参加手工 DIY 变废为宝活动。带领大家利用纸杯、废旧报纸、易拉罐、矿泉水瓶、碎布头等废旧物品进行手工制作，比如，利用旧报纸制作手提购物袋，将废旧衣物制成套袖、储物袋、坐垫、书包等用品。通过这种方式，让居民把自己家里的废旧物品利用起来，减少资源浪费，从而激发社区居民的环保意识，倡导绿色环保低碳生活方式。

（2）木工 DIY 活动。将社区中堆放的废旧木材、家具统一回收，在社区开展"木工 DIY"活动，由手工老师进行指导，对废旧材料进行统一改造，可制成流浪猫舍、社区长椅、板凳、宠物粪便箱、绿化带围挡等，投放在社区公共空间供居民使用。改造的小物件（如书架、教具、小板凳等）可用于社区活动和慰问困难家庭。

（3）环保酵素制作。环保酵素（也称为垃圾酵素）是混合了糖和水的厨余（鲜垃圾）经发酵后产生的棕色液体，有柑橘般的刺激气味。环保酵素简单易做，其生产过程不使用任何化学合成物质。环保酵素可以抑制有害微生物，尤其是病原菌和腐败细菌的活动，促进植物生长。环保酵素还能帮助减少垃圾量，对环保起到很好作用。在社区开设环保酵素 DIY 制作课程，吸引儿童及其家长来参加，由环保专家讲解制作环保酵素的步骤、方法及注意事项。通过活动，带动更多人加入制作环保酵素的行列，有效减少厨余垃圾、净化水质，为保护环境出一份力。

4. 社区食物分享活动

安排志愿者去企业、超市、商店把即将被浪费的食物（如面包、糕点等）收集起来，将这些食物捐赠给社区的困难家庭、高龄老人等困难人群。通过食物分享活动，不仅能扶助困难家庭，也可以减少生产、消费环节中的浪费现象，有利于创建环保节约型社区。

（六）社区文明养犬

近年来，养犬的家庭越来越多，家庭宠物已经成为很多人的精神寄托。但随之而来的是狗便无人处理、狗吠噪声扰民、饲养烈性犬、遛狗不牵绳、违规进入公共场所、传播疾病等问题。对这些问题如果不加强管理，会影响到居民的日常生活。

1. 成立文明养犬服务队伍

（1）成立狗粪捡拾志愿服务队。组建狗粪捡拾志愿服务队，吸收养犬户和非养犬户共同加入，为志愿者配备犬粪袋、犬粪铲等工具。志愿者们定期在社区里捡拾狗粪，通过这种方式净化社区环境，同时也能让不文明的养犬人有所触动，使他们能够主动捡拾狗粪，维护社区环境清洁。

（2）成立文明养犬巡逻队。在社区成立文明养犬巡逻队，巡逻队员在社区的公共绿地、主要道路进行巡视督导，宣传文明养犬的知识和注意事项，对养犬户的不文明养犬行为予以劝诫纠正，培养居民良好的养犬习惯。

（3）成立文明养犬自律协会。文明养犬自律协会是邻里之间基于共同爱好而走到一起，大家在这里学会分享、学会自律、学会互助。自律协会能实现多个功能，比如，相互交流养犬知识和养犬心得，邻里之间因养犬而互助，形成会员守则与自律协议。

2. 开展文明养犬宣传活动

通过举办文明养犬宣传活动，提高养犬户的文明素养，营造文明养犬的社区氛围，使文明养犬理念深入民心。

（1）养犬知识现场宣传。在社区举办养犬知识现场宣传活动，向居民传播文明、规范、科学的养犬知识，向居民普及文明养犬注意事项，发放文明养犬宣传资料，向养犬户免费赠送环保袋、狗绳、拾便器等。鼓励居民主动到相关部门办理养犬许可，做到一犬一址一证，现场免费为犬只打预防针。

（2）社区媒体宣传。利用社区网站、微信公众平台等网上媒体进行文明养犬宣传；利用黑板报、电子屏等实物媒介加强文明养犬宣传。凭借这些宣传媒体的合力，使文明养犬在更大范围内产生影响力，同时激发居民参与文明养犬的热情，共同保护社区环境。

（3）文明养犬知识讲座。围绕养犬管理规定，对饲养宠物的家庭、个人进行文明养犬的知识普及。讲座内容包括：要按时给家里的犬只注册、年检；要按时到狂犬病免疫单位为犬只注射狂犬疫苗；遛犬时要带犬证、牵绳，远离老年人、残疾人、孕妇和儿童，犬只伤人要承担相应的法律责任；及时将犬只粪便清理干净。通过讲座，降低犬只存在的潜在危险，使居民能够文明养犬。

（4）文明养犬知识竞赛。在培训讲座之后，举办社区文明养犬知识竞赛，以检验培训讲座的效果。吸引社区养犬户参加知识竞赛，竞赛试题主要是针对依法、文明、科学养犬，倡导居民文明养犬，使养犬户进一步掌握科学养犬要领。

3. 规范养犬户行为

通过开展活动，规范养犬户的行为，使养犬户能够遵守养犬规范，化解养犬户和非养犬户之间的矛盾。

（1）制定文明养犬公约。社区工作人员与居民代表、养犬人士一起召开圆桌会议，表达各方的诉求，鼓励居民以理性的方式解决问题，共同讨论制定"社区文明养犬公约"，并在社区宣传栏和每个楼门进行张贴，时刻提醒养犬户遵守养犬公约中规定的各项内容。

（2）签订文明养犬承诺书。由社会工作者起草"社区文明养犬承诺书"，号召养犬户在承诺书上签下自己的名字，承诺文明养犬。比如出门遛狗拴上狗链、及时清理犬只粪便、及时制止犬只吠叫，共同维护社区环境卫生清洁。

（3）建立犬只档案。社区业主在搬进新居之后，在办理入户的同时，其犬只也要建立详细档案，每年核实普查一次。犬只建档信息的内容主要包括：主人姓名、房号、联系方式、犬名、犬种、犬龄、许可证、接种疫苗时间等。同时，社区按规定组织犬只登记和免疫。

4. 为养犬户做好服务

在规范养犬行为的同时，也加强对养犬户的服务，尤其是为行动不便的孤寡老人、残疾人等养犬户做好服务。

（1）发放文明养犬联系卡。为养犬户发放养犬联系卡，在联系卡上告知文明养犬服务事项，包括文明养犬知识宣传、文明遛狗劝导、环境卫生巡查、提供爱宠便袋、免费疫苗注射等。在有需求的情况下，居民可以联系社区相关部门寻求帮助。

（2）犬只健康普查建档。在社会工作者和志愿者的协助下，对社区中的犬只进行健康体检，为每个犬只建立宠物档案。在发现犬只患病之后，及时提醒养犬户对犬只进行治疗，促进犬只的健康成长。

（3）开展犬只消毒工作。向养犬户发放宠物链和宠物抑菌消毒液，引导养犬户加强对犬只活动的监管和对犬只疾病传染的抑制，及时对犬只及其活动地点进行消毒杀菌。

（4）文明养犬户评选。举办社区文明养犬评选活动，通过选拔、初赛和决赛，评选出文明养犬个人、文明养犬家庭。通过正面榜样的树立，既对他们自身提出了更高的要求，又为其他养犬户作出了表率。评选标准主要依据养犬户是否遵纪守法、养犬户是否保护环境、犬只是否健康等标准。鼓励养犬户能自觉遵守养犬规定，规范养犬行为，共同维护文明、整洁的市容环境。

5. 进行社区犬粪清理处置

犬只外出随地排便，如果不及时清理，会给居民出行带来较多不便。发动养犬户以及居民的力量，做好犬粪清理处置。

（1）开展犬粪清理。组织社区内的养犬户和环保志愿者携带工具，共同参与犬粪清理活动，对社区便道、绿地内的宠物粪便进行清理，维护社区环境的整洁，方便大家出行。

（2）犬粪换绿植活动。社区与绿化部门合作，由绿化部门提供一定的绿植，在社区定期进行宠物粪便回收兑换绿植活动，居民可以将收集到的犬粪换取花卉，提高养犬户的文明养犬意识。

（3）安装犬粪集便装置。在社区设置犬粪便袋箱，在便袋箱里放置环保袋，可由下方抽出，便于遛狗却未带处理工具的居民随时收集粪便。在社区设置一些宠物卫生间，主人可以带狗到卫生间方便。

6. 对流浪动物绝育处理

当前，控制流浪动物的自然繁殖速度是亟待解决的问题。社区的流浪猫、狗大多没有进行绝育处理，导致流浪动物的繁殖速度呈几何级数增长。其中有些流浪动物是由于居民缺乏责任心，将宠物随意抛弃所导致的。社区可以与宠物医院合作，给流浪狗和流浪猫做绝育手术，这对于控制流浪动物的快速繁殖非常有效，能够避免流浪猫狗的无序繁殖，而且对流浪动物的健康也很有好处。

（七）解决楼道堆物问题

楼道堆物堆料问题是一个城市病。很多住宅楼的楼道内堆放了废纸箱、泡沫塑料盒、旧家具、腌菜坛等废旧杂物。楼道堆物既给住户带来了出行不便，也影响了楼道的卫生整洁，更严重的是对居民的人身安全造成了威胁。因此，有必要发动居民参与，共同解决问题。

1. 开展楼道堆物问题宣传教育

解决楼道堆物问题，首先要从对居民的宣传教育开始，让居民认识到楼道堆物的危害性，改变居民的固有观念，主动放弃在楼道堆积杂物。

（1）进行楼道堆物情况统计。为确保清理行动的有效开展，社会工作者对各楼道内堆积杂物的情况进行逐一排查、统计，为下一步的楼道堆物整治工作打下基础。

（2）张贴楼道堆物清理公告。制作条幅或宣传海报，发放宣传物品，鼓励居民参与楼道清洁志愿行动，以得到居民对楼道堆物清理工作的理解与支持。之后，在居民楼张贴清理楼道堆物堆料的通告，说明楼道堆物的危害，要求居民将楼道内堆放的杂物自行清理，否则凡堆放在楼道内的杂物将统一进行清除。

（3）开展法制宣传教育。对堆放杂物的居民开展法制宣传教育，告知居民如不在规定期限内清理的违法后果，要求居民将有用物品及时收回。使居民认识到，楼道堆物行为是违反我国法律法规规定的。《中华人民共和国消防法》第二十八条规定：任何单位、个人"不得占用、堵塞、封闭疏散通道、安全出口、消防车通道"。《中华人民共和国民法典》第二百八十八条规定："不动产的相邻权利人应当按照有利生产、方便生活、团结互助、公平合理的原则，正确处理相邻关系。"《北京市消防条例》规定：任何单位和个人不得在公共通道、楼梯、安全出口等部位堆物、堵料或者搭设棚屋。个人违反《中华人民共和国消防法》和本条例规定，占用、堵塞、封闭疏散通道、安全出口或者其他妨碍安全疏散行为的，责令改正，处警告或者500元以下罚款。单位或者个人违反《中华人民共和国消防法》和本条例规定，导致火灾发生或者火灾危害扩大，给他人人身、财产造成损害的，应当依法承担民事责任。

2. 动员居民自治解决楼道堆物

解决楼道堆物问题，根本上还是要取决于居民环保意识的提高，让居民养成自律和习惯，形成保护环境、人人有责的社区氛围。

（1）制定《楼宇文明公约》。通过社工引导和楼门骨干共同议事产生《楼宇文明公约》，公约内容涉及公共安全、清洁环保、邻里关系、物业管理、文明礼仪、团结互助等方面。社区居民在《楼宇文明公约》上签名承诺，通过这种形式，倡导大家从小事做起，共同维护居民楼内的环境卫生。

（2）发挥楼门长的作用。借助社区现有自治体系中的楼门长形成骨干力量，召开楼门长会议，明确楼门长的责任，由楼门长同时担任楼道清洁的宣传员、信息员和监督员。通过楼门长的日常工作，提醒社区居民不要在楼道内乱堆乱放、堵塞消防通道，进而在源头上杜绝安全隐患。

（3）做好居民思想工作。对堆物问题较多的楼道，进行家庭协商议事，运用"情感攻略"技巧，动员家庭成员，做全家的思想工作，共同解决楼道相关问题。

（4）废弃物品利用活动。开展废弃物品利用主题活动，将废弃物品进行DIY制作，把它们再利用起来，从而促进居民树立循环再利用观念。

（5）小礼品兑换堆物。通过积分兑换、现场兑换的形式，用环保袋、盆栽、洗衣粉等家庭生活用品兑换居民存放在楼道里的堆物堆料，营造绿色楼门文化。

3. 组织实施楼道清理

如果通过宣传教育和自律监督仍然解决不了楼道堆物问题，就要实施直接的楼道清理工作。通过清理，保障楼道整洁通畅，及时消除消防隐患。

（1）开展楼道堆物清理。对无主堆物，要求居民进行限期清理，仍然无人清理的，采取城管、物业、社区、居民代表共同参与的强制清理。在实施清理之前，购买清理楼道所需的相关物品，如手套、口罩、铁锹、扫帚、簸箕、消毒药水等，联系相关人员负责运输垃圾。在清理开展当日，对每个楼道逐一清理，清理后喷洒消毒药水进行消毒，再对清理出来的垃圾进行清点与处理。

（2）设立堆物中转储存室。为了解决某些疑难物资的处置问题，在社区设立中转站，协调物业公司提供地下室，让居民暂时存放舍不得扔的物品。一段时间过后，让居民把物资从中转站清走，否则将进行处理。

4. 形成楼道清洁长效机制

在集中式的楼道清理过后，有侥幸心理的居民可能还会把杂物堆积到楼道里，其他居民也会进行效仿，这样此前的工作就会白费。这就需要发动社区志愿者的力量，加强日常环境整治工作，形成楼道清洁长效机制。

（1）建立楼道志愿维护小组。将热心公益的居民组织起来，成立楼道志愿维护小组，参与楼道的日常维护管理工作。

（2）定期巡视楼道堆物情况。为了防范楼道堆物问题死灰复燃，要定期进行逐楼、逐层的检查抽查，发现一户清理一户，将乱堆杂物的现象消灭在萌芽状态中；建立志愿者长期参与楼道清理的工作机制，使楼道清洁志愿服务具有可持续性。

（3）开展楼道清洁评比表彰。召开楼道文明建设总结表彰大会，对楼道文明建设工作中的经验和问题进行总结，并表彰优秀的楼道环保志愿者；在每个居民楼选出楼门长和层长，共同监督实施楼道环境卫生，再对整栋楼进行评比，评选出"最美楼道"。

（4）进行楼道粉刷。如果楼道被粉刷一新，居民也会主动维护良好的环境卫生。可以发动居民设计、粉刷、装饰自己的楼道。先以一栋楼为试点，动员每家每户居民都参与，给楼道起个有特色的名字，拿出自己的作品装饰楼道，每层都做有特色的布置。通过美化楼道居住环境，从维护环境向开展楼门文化转变，可持续地解决楼道堆放杂物问题。

第十二章　社区公共安全服务项目设计

一、社区公共安全服务的背景信息

社区安全是城市发展和稳定的基本前提，也反映着整个城市的和谐文明程度和城市管理水平。安全是每个社会成员确保生活水平和生活质量的重要保障，关系到每位居民的切身利益，因此是社区居民首要关注的方面。

（一）社区公共安全服务的相关概念

城市社区公共安全是指社区居民的居住环境、公共服务能力以及管理制度等外部环境的稳定程度，主要涉及社区防灾减灾、生产生活安全、治安维护、消防安全、交通安全、医疗安全、食品卫生安全、用水安全、休闲娱乐安全、居家安全等方面的公共安全，以及老年人、儿童、残疾人、工地工人等困难群体和高风险人群的安全。

在社区公共安全服务中，政府相关部门、社区居委会、物业公司、保安服务公司、社会组织、志愿服务组织、商业机构、学校、医院等应紧密合作，利用各自的资源和服务能力，为社区居民打造安全的生活环境和公共秩序。

（二）我国社区公共安全服务的相关法律政策

我国党和政府高度重视社区公共安全工作，社区公共安全管理已被列入国家经济与社会发展的重要议事日程。

我国有一些关于安全生产的法律法规，包括《中华人民共和国安全生产法》《危险化学品安全管理条例》《国务院关于特大安全事故行政责任追究的规定》等，社区公共安全管理与服务也参照这些法律法规。

社区公共安全是社会治安综合治理工作的一部分。党中央、国务院高度重视社会治安综合治理工作，1991 年 2 月 19 日，中共中央、国务院作出了《关于加强社会治安综合治理的决定》；同年 3 月 2 日，第七届全国人大常委会第十八次会议通过了《关于加强社会治安综合治理的决定》。这两个决定是我国维护社会治安、保持社会稳定、确保长治久安的纲领性文件。2005 年 10 月 21 日，中共中央办公厅、国务院办公厅转发了《中央政法委员会、中央社会治安综合治理委员会关于深入开展平安建设的意见》。2009 年 3 月，中共中央办公厅、国务院办公厅转发了《中央社会治安综合治理委员会关于进一步加强社会治安综合治理基层基础建设的若干意见》，对全力推进综治基层基础建设作出了新的部署。

国家安全生产监督管理总局在全国着力推进安全社区建设，并制定了一系列规范性文件。2006 年 2 月，国家安全生产监督管理总局公布了《国家安全社区建设基本要求》。2006 年 5 月，国家安全监管总局印发了《"十一五"安全文化建设纲要》，确定"十一五"期间全国建成 500 个国家安全社区的总目标。2006 年 8 月，国务院发布了国家《安全生产"十一五"规划》。2007 年 9 月 3 日，在沈阳召开全国安全社区建设工作会议，命名首批 21 个"全国安全社区"。2009 年 9 月，为进一步推动安全社区建设，国家安全监管总局依据安全社区标准，下发了《关于深入开展安全社区建设工作的指导意见》，要求紧紧围绕全国安全生产中心工作，以加强安全生产基层基础工作为切入点，建设安全社区，促进安全生产长效机制建设。2022 年，国务院办公厅印发《"十四五"城乡社区服务体系建设规划》指出，深化城乡社区警务战略，加强村（居）民委员会下属治安保卫委员会建设，健全完善群防群治、联防联治机制，提升村（社区）平安建设能力水平。同年 2 月，国务院印发《"十四五"国家应急体系规划》，鼓励社会应急力量深入基层社区排查风险隐患、普及应急知识、就近就便参与应急处置等，引入社会力量提升灾害应急能力。

（三）社区公共安全服务的需求

根据心理学家马斯洛提出的需要层次理论，人的需要分为 5 个层次，由低到高依次是生理需要、安全需要、社交需要、尊重需要和自我实现需要。安全需要，是人类要求保障自身安全、摆脱失业和丧失财产威胁、避免职业病的侵袭等方面的需要。马斯洛认为，整个有机体是一个追求安全的机制，人的感受器官、效应器官、智能和其他能量主要是寻求安全的工具。

在经历了 2003 年"非典"之后，我国各级政府、社会组织和学术界对公共安全服务日益重视与关注。在社会转型期，我国公共安全问题日益凸显，各种传统和非传统风险因素对公共安全的影响日益显现。城市的发展不可避免地存在着各种各样的社会问题，比如突发事件增多、外来人口流动频繁、社会治安问题、犯罪问题等，都已经成为影响我国城市公共安全管理的重要障碍。第一，在社区治安方面，入室盗窃、寻衅斗殴造成的伤害较多；第二，在居家安全方面，起居不小心造成的跌倒、割伤、压砸伤、烫伤等情况较多；第三，在公共场所安全方面，疾病传染导致的伤害较多；第四，在社区交通安全方面，小区停车泊位不能满足需求、缺乏交通标志和各类车辆混行导致的交通拥堵和事故较多；第五，在社区食品安全方面，食物中毒、食品不卫生导致的伤害较多；第六，在老年人安全方面，心脑血管疾病等突发疾病发作、救助不及时导致的伤害较多；第七，在儿童安全方面，在玩耍过程中造成的伤害和管教方式不当造成的伤害较多。

要维护社区公共安全，除了政府与社会的重视，公众的安全意识也需要提高。通过社区安全服务项目的开展，有利于维护社区居民的人身安全，有利于实现城市管理与发展，也有利于和谐社区、和谐社会的建设。

二、社区公共安全服务项目设计

社区公共安全服务项目的类型包括成立社区安全志愿服务队伍、社区安全设施建设、社区安全宣传、社区安全教育培训、社区居家安全服务、社区交通安全服务等。

（一）成立社区安全志愿服务队伍

1. 成立社区安全志愿者服务队

（1）成立社区治安巡逻队。在有些老旧小区，安全防范设施比不上新小区，这就需要发动治安志愿者来维护社区安全。社区治安巡逻队在辖区上岗值勤，统一着装、佩戴袖标，其成员主要是社区治安积极分子、社区党员、楼门组长等。在巡逻时间方面，实行错时巡逻、高发案时段巡逻，尤其是加强重大节假日及特殊时期的治安巡逻，并做好巡逻记录。在巡逻地点方面，治安巡逻队在社区主干道、居民楼院、沿街商铺、复杂区域进行治安巡逻。提醒居民外出时关好门窗、水、电和煤气，注意防火、防盗、防诈骗，形成"全天候、全方位、全覆盖"的治安巡逻体系。在巡逻中一旦发现可疑情况，及时向有关部门汇报。为社区居民营造一个平安、和谐的居住环境，保障社区的安全稳定。

（2）成立社区"安全妈妈"志愿服务队。招募社区中的全职家庭主妇组成"安全妈妈"志愿服务队，对她们进行安全培训，包括日常急救知识、儿童用药指导、儿童居家安全隐患排查等。社区中的儿童、老人等出现危险状况后，"安全妈妈"志愿服务队可以在第一时间赶到现场协助处置。

（3）成立社区少儿治安宣讲队。将12岁以下的少儿列入志愿者招募的范畴，组建少儿治安宣讲队。在开展社区平安宣讲的活动中，让少儿治安宣讲队发挥重要作用，由他们向社区居民和商户发放安全手册、进行安全宣讲，这种方式会起到意想不到的效果。而且让孩子加入志愿者队伍，能调动家长的投入热情，使每个家庭都能参与社区治安维护。

2. 成立社区应急救援队

在专业救援队的指导下，成立一支由社区居民、社工、物业保安等组成的社区应急救援队。社区应急救援队的队员均为兼职，他们接受专业救援队的各项救援训练，以提升社区快速应对突发灾害事故的专业化程度和防震减灾整体力量。在意外摔伤、突然晕倒、突发火情、内涝等危险状况发生时，社区应急救援队有能力在10分钟内迅速开展救援，为后续救援工作赢得宝贵时间。由于社区救援队的成员最了解社区的环境，以及救援对象的年龄、健康情况等，这能有效提高救援的成功率。[①]

（二）社区安全设施建设

1. 建立社区应急避难场所

建立社区应急避难场所，是为了人们能在火灾、爆炸、洪涝、地震、疫情等灾害发生后的一段时期内，躲避由灾害带来的直接或间接伤害，并能保障基本生活而事先划分的带有一定功能设施的场地。一旦发生突发性灾害事件，避难场所将发挥避灾避难功能，保障避难人员的基本生活需求。应急场所应建立救灾指挥、应急医疗救护、应急物资储备、应急棚宿区、应急厕所、应急供电供水消防等应急避险功能及配套设施。制作应急救援避难所分布图，使居民熟知这些场所的位置、功能和用途，知道灾难发生时向哪里逃生并躲避灾害。

2. 安装社区门禁和探头

有些社区由于没有安装监控和门禁，任何人员都可自由出入，这样的情况让社区变得不够安全。

（1）安装社区视频监控摄像头。在小区的主干道等位置上统一安装监控摄像头，使其能够覆盖社区每个单体单元楼、房前屋后以及其他不能覆盖的街巷死角。

（2）安装社区智能门禁。在社区安装智能门禁，智能门禁对于外来车辆、人员的进出能够进行实时监管，有利于小区入口处的人车分流，确保居民出行安全。

（三）社区安全宣传

我国社区公共安全形势严峻的重要原因之一是公众安全意识薄弱，安全认知水平较低。开展社区安全宣传活动，促进居民全员参与、强化安全社区建设，提高居民安全意识、增强居民安全能力，创建社区良好的安全文化氛围。

---

① 李攀. 浙江首支社区救援队昨天在杭州南肖埠社区成立［N］. 今日早报，2015－10－14.

1. 社区媒体宣传

利用社区宣传栏、宣传板、社区报等媒介，宣传与居民日常生活密切相关的防火防盗等安全知识，提高辖区单位、店面及社区居民的安全意识、责任意识和自我防护意识。例如，在春节期间，制作消防安全宣传栏，通过生动的图文宣传形式，使社区居民意识到消防安全的重要性以及非法销售、燃放或在非指定地点燃放烟花爆竹等行为的危害性，能够平安祥和地度过节日。

2. 现场宣传活动

在社区广场开展安全知识宣传活动，通过现场摆放展板、发放宣传单页、接受咨询、案例讲解等方式，向居民介绍安全知识，在社区中形成人人讲安全的氛围。

（四）社区安全教育培训

社区安全培训的对象主要是容易出现安全问题的人群，比如儿童、老年人、残疾人等。也可以对其他人群进行安全培训，比如社区保安、居民家中的护工和保姆，他们可以为居民提供救援的第一响应。社区安全培训的形式可以多种多样，比如开展讲座、拓展训练、参观、知识竞赛等。

1. 社区安全培训活动

通过宣讲和体验式培训，让社区居民了解日常生活中可能遇到的各种安全问题，并身临其境地让居民学习应对措施。不同人群对事物的理解能力、感知能力和应用能力不同，要在课程内容和形式上进行区分。成人培训以讲座和动手演练相结合的形式，内容以消防安全、食品安全、防骗防盗、家用电器安全等为主；青少年培训以讲故事、手工制作、绘画、实际演练等易于理解和接受的方式进行，内容以消防安全、交通意外、溺水、公共场所安全等为主。

（1）养宠安全培训。在"2·1"宠物节，举办养宠安全培训。对养宠物的居民尤其是新增的养宠居民，在安全养宠物、安全遛狗等方面加大干预力度，告诫宠物主人要注重安全养宠，做到主动登记、持证养犬、遛狗牵绳，及时清理宠物粪便，保障宠物安全；对刚到家的幼宠要进行健康体检，同时按时接种疫苗。

（2）辖区工地安全生产培训。在"5·1"国际劳动节，举办工地安全生产培训。向企业的外来务工人员讲解工地的安全用电、灭火器使用、逃生自救以及一般火灾处置方法，提高外来务工人员的安全生产意识。

（3）防灾减灾安全培训。在"5·12"全国防灾减灾日，在社区开展防灾减灾安全培训。党的十八大报告中指出："加强防灾减灾体系建设，提高气象、地质、地震灾害防御能力。"通过防灾减灾安全培训，使社区居民了解防灾减灾方面的安全事项，在地震、洪涝、雷击、暴雨、暴雪等自然灾害发生时，如何做到自救并实施他救，知道哪些地方可以藏身并保持体力等待救援，做到不慌、不乱，抓紧时间正确逃生。

（4）食品安全培训。在6月的"全国食品安全周"，在社区开展食品安全培训。食品安全问题涉及每个人的身体健康和生命。食品安全培训的主要内容包括：挑选安全食品的方法；食品的保质期和保存期的区别；什么是无公害、绿色、有机食品；食品添加剂的认知及其危害；辨别问题水果和反季节蔬菜的方法；发现无证照地下食品加工窝点、无证照餐饮、假冒伪劣食品等不安全食品的举报方法。通过培训，促使居民掌握食品安全常识，提高居民的健康意识，养成科学饮食习惯。

（5）急救培训。在9月第二个周六的"世界急救日"，在社区开展急救知识培训。培训主要围绕心肺复苏知识、创伤救护知识、常见急症救护知识、意外伤害救护知识、突发事件应急处理等，向居民讲解如何紧急避险和逃生自救，现场演练胸外按压、人工呼吸、止血、包扎、搬运、互救自救等应急救护方法，使社区居民对急救技能有进一步的掌握，对突发疾病和意外伤害能够进行初步有效处理。

（6）网络安全培训。在9月第三周的"国家网络安全宣传周"，举办网络安全培训。网络安全培训的主要内容包括：网络安全相关法律法规；网络安全基础知识，通信信息诈骗的主要手段和预防方法；如何确保自身信息不被盗用；垃圾电子信息的危害；网络攻击和诈骗信息的典型案例；病毒、木马、蠕虫、移动恶意程序等网络攻击手段和预防；如何正确看待各种网络安全恐慌信息。

（7）社区消防安全培训。在"11·9"全国消防安全日，在社区开展消防安全培训。在各种灾害中，火灾是最经常、最普遍地威胁公众安全和社会发展的主要灾害之一。绝大多数火灾是因为电路老化、操作违规、生活用火不慎等人为原因引起的。在消防安全培训中，以真实的火灾事故为案例，向居民讲解燃烧必备的条件，日常生活中电器类、燃气类火灾的排查方法和预防措施，灭火器的使用方法，以及家庭火灾的应急逃生自救方法。在春节期间，开展"禁燃烟花爆竹"安全宣传活动，让居民了解禁止燃放烟花爆竹的相关规定。

（8）交通安全培训。在"12·2"全国交通安全日，举办交通安全培训。在培训中，提醒居民注意交通安全，如"骑摩托车戴好头盔""严禁饮酒驾车、醉酒驾车""驾车必须系好安全带"，以警醒居民自觉守法、安全出行。针对人们日常生活中常见的陋习，如闯红灯过马路、酒后驾车、夜间开车不文明使用车灯、开车接打电话、随意掉头、争抢车道、不按交通规则行车等，向大家讲明这些陋习的危害，使居民能更加系统地了解交通安全知识，提高公共交通安全意识。

（9）金融安全培训。社区居民购买理财产品的热情较高，但也出现了很多理财诈骗的情况，尤其是老年人容易上当受骗。在社区举办金融安全培训，向居民介绍反假币识别假币、防储户被抢、防银行卡被盗、ATM欺诈等知识，向居民普及金融技能知识，提高居民对金融诈骗的防范能力。

（10）防盗防骗安全培训。邀请民警用真实案例向居民讲解各种"诈骗陷阱"，普及防骗、防盗知识，同时增加分享环节，让居民现身说法，分享交流自己和身边的受骗故事及防骗措施。

（11）反邪教培训。向社区居民宣传邪教欺骗群众的惯用伎俩，鼓励广大居民养成健康科学的生活习惯，认清邪教真实面目，引导群众自觉抵制邪教，增强对邪教侵蚀的免疫力。

（12）禁毒培训。根据国家禁毒委员会办公室公布的《2017中国禁毒报告》，截至2016年底，全国现有吸毒人员250.5万名。其中，滥用合成毒品人员151.5万名，占60.5%；滥用阿片类毒品人员95.5万名，占38.1%；滥用大麻、可卡因等毒品人员3.5万名，占1.4%。全国吸毒人员总量仍在缓慢增长，同比增加6.8%①。对居民进行毒品预防、毒品危害和自我保护的讲座。通过流动展览、禁毒知识大课堂、发放宣传品、观看禁毒宣传片等形式，使居民了解毒品的危害，提高识毒、拒毒、防毒的能力。

（13）特种设备使用安全培训。向居民讲解"乘坐电梯安全注意事项""电梯故障时脱困方法"等电梯安全使用常识，以及电梯运行原理、使用管理单位和维保单位应履行的职责等，使居民进一步了解电梯安全性能，掌握电梯基本常识，确保电梯安全运行。

2. 参观安全体验场馆

带领社区居民尤其是青少年参观安全体验馆（包括公共安全馆、急救科技馆、地质博物馆、消防博物馆、气象科普馆等），使居民能够更好地学习安全知识和训练灾难逃生技能。安全体验馆集体验性、互动性、知识性、趣味性于一体，在讲解员的讲解下，通过科普展览、模拟学堂、互动游戏等方式，身临其境地学习地震、火灾、溺水等意外事故发生时的安全自救技能。

3. 社区突发事件应急演练

在社区举行突发事件应急演练，现场模拟持刀抢劫等情景，向居民演示遇到突发事件时应该如何应对。要求社区工作人员、治安志愿者时刻保持高度警惕，不断提高社区居民应对突发事件的能力和自我保护能力。在遇到突发事件时能够有效制止，并确保人身安全。

（五）社区居家安全服务

居家安全服务重点针对社区中的困难群体。困难群体在丧失劳动能力或生活能力后，他们的身体状况、思想意识、行为能力等都与一般人有较大差距。特别是残疾老人和高龄老人，他们虽尚有一定的生活自理能力，但反应迟缓、记忆力差、行动不便，一旦发生火灾，他们既无力进行自救，也无力快速逃生，成为火灾最直接的受害者。

---

① 潘毅. 我国现有吸毒人员250.5万名 互联网成贩毒新渠道［EB/OL］.（2017 - 03 - 28）［2023 - 09 - 04］. http://china. cnr. cn/yaowen/20170328/t20170328_523680084. shtml.

1. 社区安全隐患排查

有些老旧社区的人口密集，存在着房屋中介市场混乱、基础设施落后老化、房屋结构私自改造、水电管线乱改、逃生空间狭小等问题，是安全隐患的高发区域，也是开展突发事件应对工作的重点区域。

（1）家庭安全隐患入户排查。对社区中的重点家庭进行走访，掌握困难家庭、高龄老人、孤寡老人、残疾人家庭的实际状况，入户排查安全隐患。入户检查的项目主要包括：电线是否存在老化、破损；电源接线板是否存在老化、漏电；燃气灶、燃气管道、阀门、排烟管道是否存在破损、漏气；热水器是否存在安全隐患。根据居民需求更换老旧配件，配发灭火器、灭火毯、阻燃被等防火用品。在走访过程中，主动为老年人和残疾人讲解用火、用电和用气的相关注意事项，消除社区内存在的安全隐患，增强社区居民的安全意识。

（2）楼道安全隐患排查。在有些老旧小区或平房小区，楼道乱堆杂物，影响平时的正常通行，遇地震火灾及突发事件时影响逃生；小区消防通道随意堵塞、阻拦，遇火灾发生，消防救援车辆难以到达现场施救，使灾害难以控制。对这些安全隐患要及时进行排查，确保居民的生命和财产安全。

（3）社区公共服务设施安全隐患排查。对社区公共服务设施如照明、供电、排水等进行检修和故障排查，保障居民在用水用电高峰不会影响生活。

（4）重点单位安全隐患排查。在社区内有针对性地开展安全隐患排查，重点围绕消防基础和安全监管较为薄弱的群租房、工地工棚、地下空间、小旅馆、小餐馆等场所，以及幼儿园、KTV、批发市场、网吧、加油站等重点场所，切实消除一批火灾隐患，全力保障各项工作安全。尤其是社区中的餐饮类经营门店，大多不注重安全及卫生管理，门口、店内和后厨卫生情况较差，存在消防和食品卫生安全隐患。

（5）社区活动安全隐患排查。对社区活动进行现场勘查，充分掌握活动现场周边环境情况，对发现的不安全因素及时实施整改。活动现场勘查从治安、消防、交通等多方面安全进行考虑，比如活动临时搭建的主席台、舞台等台架设施的位置是否得当，牢固程度如何；活动现场能容纳的人数、人流量等；灯光、音响等电器容量是否超载；活动场地周边有无硬件隔离设施；

出入口、通道是否宽敞等。

2. 社区治安巡逻

有些老旧小区没有物业公司管理，社区环境复杂，外来租户较多，各类人员进出频繁，社区的治安较差。建立由社区居民组成的治安志愿者巡逻队，在社区内的重点场所进行巡逻，对不法分子进行震慑，对危险苗头做到早发现、早知道、早报警、早上报。确保社区居民的生命财产安全，营造和谐、稳定、平安的社区治安环境，提升社区群众的安全感。

3. 制作社区风险地图

风险地图是一种展示灾害风险评估结果的方法，通过图像标识把风险、灾害、救助等信息反映在地图上，把灾害风险视觉化、形象化，以实现提高公众安全意识、减轻风险的目的。可以吸纳社区居民一起参与绘制社区风险地图。根据区域的危险源和脆弱性程度，将风险分为高、中、低三个等级。对河道、电力高压点等存在安全隐患的地点，用图片和文字相结合的方式进行标注。

（六）社区交通安全服务

城市交通是展现时代文明的窗口，安全、畅通、有序的交通环境是城市经济可持续发展的重要保障。要营造一个和谐安全的道路交通环境，做到安全守法、安全出行、文明出行。

1. 行人文明出行倡导

在社区摆放交通安全宣传展板，悬挂宣传横幅，散发宣传资料，向居民宣传文明交通知识和交通法规。劝导行人在行人等候区等候，不要闯红灯，文明有序过马路。向居民发放文明出行宣传册，邀请行人在宣传横幅上签名承诺。通过文明出行宣传，使行人能够遵守交通规则，形成良好的出行习惯。

2. 制作社区安全出行地图

咨询交通局的有关专家并到社区进行实地考察，将社区内人流密集、交通拥堵、易发生危险的路段在地图上标记出来，制成居民安全出行网络图及安全出行常识手册，向社区居民发放。

3. 汽车驾驶员培训

（1）汽车驾驶员职业病预防保健操。很多私家车驾驶员往往担负着较大的工作与家庭压力，由专业老师指导他们进行职业病预防保健操的锻炼，使驾驶员在健康、轻松的环境下安全行车。这套预防保健操也适用于职业司机（出租车司机、客运货运司机等），从而预防职业病给司机带来的健康隐患。

（2）汽车驾驶员心理减压培训。某些驾驶员的工作简单重复，精神需要高度集中，在遇到道路拥挤等复杂路况的时候，容易产生烦躁情绪，从而给行车安全带来负面影响，已成为当前不可忽视的安全隐患。在社区举办汽车驾驶员心理减压培训，邀请心理专家对驾驶员进行心理压力疏导及情绪调节培训，缓解驾驶员的心理压力，提高他们的心理素质、抗压能力及自我调节能力。

4. 交通秩序维护服务

（1）对不文明交通行为进行劝导。招募大学生志愿者组建文明出行志愿服务队，配合民警和协管员，在市区容易发生拥堵的非机动车道和行人斑马线处，在早晚高峰时段，开展交通秩序维护、文明出行劝导活动，对行人横穿马路和乱扔果皮纸屑等不安全和不文明行为进行劝导。通过劝导，提升居民的文明交通意识，创造良好的文明交通环境。

（2）协助困难人群过马路。行动不便的老年人、残疾人独自过马路不安全，由交通安全志愿者协助他们过马路；残疾人自助轮椅上坡存在不便，由交通安全志愿者给予帮助。

（3）为过往行人提供指路服务。外地人初到一个城市，由于不熟悉地形，常常不知道如何才能到达目的地。在流动人群和外来务工人员较多的路口，由交通志愿者为过往的行人指路，告知他们行走方向和乘车路线，并提供地图供行人参阅。

（4）在人流密集地点设置站点。在交通拥堵、人流密集易发生危险的地点设置安全引导站点，在出行高峰时段组织志愿者提供安全出行服务。

5. 社区道路交通治理

很多老旧小区存在道路狭窄、基础设施落后、缺乏配套停车位的问题，随着汽车保有量的日益增长，有些私家车停靠在主干道路边，导致车辆拥堵和行车困难。针对这些情况，应采取一定的措施进行治理。

（1）重新规划停车位。对于老旧小区缺乏停车位的问题，协调相关主管部门对停车泊位进行重新规划，对路面进行拓宽改造，增加社区的停车位，从而在一定程度上缓解停车难的问题。

（2）设立单行线。为缓解道路交通拥堵，打通社区道路微循环，联络派出所、交警大队、社区居委会、物业公司和业主委员会共同讨论，将小区的门分别设成出入口并张贴标牌。在早晚交通高峰时段，将社区的干道设成单行线，防止在路窄的情况下双向来车堵死，使整个小区行驶的车辆流动起来。

第十三章　社区心理健康服务项目设计

一、社区心理健康服务的背景信息

（一）社区心理健康服务的相关概念

社区心理健康服务是指社区的心理健康工作人员，运用社会学、心理学和精神卫生学的相关原理、技术和方法，来保持和促进居民心理健康的社会服务活动。社区心理健康服务对于预防居民心理疾病、提高居民心理健康水平、维持社区健康发展等方面具有重要意义。社区心理健康服务是针对全体居民的社会服务，包括心理状态正常者和心理疾病患者，其形式包括心理健康教育、心理咨询、心理干预等。

（二）我国社区心理健康服务的相关法律政策

《中华人民共和国精神卫生法》于 2013 年 5 月 1 日起实施，后于 2018 年修正。该法是促进精神卫生事业发展、规范精神卫生服务、维护精神障碍患者合法权益的重要法律。精神卫生法设专章论述心理健康促进和精神障碍预防："用人单位应当创造有益于职工身心健康的工作环境，关注职工的心理健康；对处于职业发展特定时期或者在特殊岗位工作的职工，应当有针对性地开展心理健康教育。各级各类学校应当对学生进行精神卫生知识教育；配备或者聘请心理健康教育教师、辅导人员，并可以设立心理健康辅导室，对学生进行心理健康教育。学前教育机构应当对幼儿开展符合其特点的心理健康教育。医务人员开展疾病诊疗服务，应当按照诊断标准和治疗规范的要求，对就诊者进行心理健康指导；发现就诊者可能患有精神障碍的，应当建议其到符合本法规定的医疗机构就诊。村民委员会、居民委员会应当协助所在地人民政府及其有关部门开展社区心理健康指导、精神卫生知识宣传教育活动，创建有益于居民身心健康的社区环境。"①

2016 年 12 月 30 日，国家卫生计生委、中宣部、中央综治办、民政部等 22 个部门共同印发《关于加强心理健康服务的指导意见》。该意见是我国首个加强心理健康服务的宏观指导意见，明确了专业社会工作参与心理健康服务的路径和方法，强调了专业社会工作在提供心理健康服务、完善心理健康服务体系中的重要作用，对于加强心理健康领域社会工作专业人才队伍建设、推动心理健康领域社会工作实务发展具有重要意义。该意见提出，要重视和发挥社会组织和社会工作者在心理危机干预和心理援助工作中的作用，在突发事件善后和恢复重建过程中，要依托各地心理援助专业机构、社会工作服务机构、志愿服务组织和心理援助热线，对高危人群持续开展心理援助服务。该意见明确要积极配备和使用社会工作者，回应重点人群心理健康服务需求。要通过培训专兼职社会工作者和心理工作者、引入社会力量等多种途径，为空巢、丧偶、失能、失智、留守老年人、妇女、儿童、残疾人和计划生育特殊家庭提供心理辅导、情绪纾解、悲伤抚慰、家庭关系调适等心理健康服务。护理院、养老机构、残疾人福利机构、康复机构要积极引入社会工作者、心理咨询师等力量开展心理健康服务②。

2016 年，中共中央、国务院印发的《"健康中国 2030" 规划纲要》指出，加强心理健康服务体系建设和规范化管理，加大全民心理健康科普宣传力度，提升心理健康素养。2019 年，《国务院关于实施健康中国行动的意见》将心理健康促进行动列为 15 个重大专项行动之一，为全面提升居民心理健康素养，正确应对常见精神障碍及心理行为问题，积极开展心理咨询、治疗和危机干预，着力健全社会心理服务网络，逐步完善精神社区康复服务，大力开展心理健康教育提出了总体要求。2020 年，《国务院关于深入开展爱国卫生运

---

① 《中华人民共和国精神卫生法》（中华人民共和国主席令第 62 号），2012 年 10 月 26 日通过。

② 22 部门印发《关于加强心理健康服务的指导意见》[EB/OL].（2017 - 01 - 24）[2023 - 09 - 04]. http://www.gov.cn/xinwen/2017 - 01/24/content_5162861.htm#1.

动的意见》指出，建立健全政府、社会组织、专业机构、高等院校和科研院所共同参与的心理健康咨询服务机制，充分发挥"互联网＋"作用，为群众提供方便可及的心理健康服务；加强心理健康服务志愿者队伍建设，支持拓展心理健康宣传疏导等志愿服务。2022年，国务院办公厅印发的《"十四五"国民健康规划》指出，要提高精神卫生服务能力；做到推广精神卫生综合管理机制，完善严重精神障碍患者多渠道管理服务；按规定做好严重精神障碍患者等重点人群救治救助综合保障；提高常见精神障碍规范化诊疗能力，鼓励上级精神卫生专业机构为县（市、区、旗）、乡镇（街道）开展远程服务；建立精神卫生医疗机构、社区康复机构及社会组织、家庭相衔接的精神障碍社区康复服务模式。

（三）社区心理健康服务的需求

随着人们工作、生活及家庭压力的不断加大，社会矛盾日益增多，居民的心理问题已经成为一个普遍问题。家庭矛盾、夫妻关系、情感纠葛、子女教育、婆媳关系、老年人照顾、事业挫折、邻里冲突、不幸事件、抑郁症等心理问题，给人们带来烦恼与痛苦，都需要心理健康服务。但是，很多居民缺乏心理健康知识，不掌握情绪管理、人际沟通与相处、适应能力提升等基本的心理调节方法，在处理问题时缺乏理性的应对方式，这种状况对于家庭和社区的和谐发展是不利的。

当前，社区居民对自己的心理健康状况越来越关注，越来越多的居民需要心理健康服务，尤其是空巢老人、留守儿童、单亲家庭等群体，迫切希望社区能够提供心理辅导、心理减压、情绪疏导等心理服务。

二、社区心理健康服务项目设计

社区心理健康服务项目的类型包括成立社区心理咨询师队伍、设立社区心理健康服务场所、社区心理健康知识宣传、开展社区心理健康服务、社区重点人群心理健康服务等。

（一）成立社区心理咨询师队伍

邀请有国家认证资质的心理咨询师、心理学专业毕业的社会工作者、来自高校的心理咨询教师等，组建一支较为稳定的社区心理咨询师队伍。同时，配备若干名心理健康服务志愿者。平时安排不少于一人的心理咨询师在社区常驻办公，免费为社区居民提供心理服务。定期组织心理咨询师走进社区，了解居民的心理状态。心理咨询师遵循"尊重理解、真诚保密、助人自助"的辅导原则，为有需求的居民开展心理健康咨询辅导，耐心地为他们答疑解惑，提供及时有效的心理咨询服务。

（二）设立社区心理健康服务场所

在社区设立专门的心理健康服务场所。该场所分别设置以下具体场地：（1）心理咨询室。建立符合专业水准的心理咨询室，为社区居民提供温馨、放松、独立的倾诉环境。邀请专业心理咨询师定期坐班，并向社区居民开放。心理咨询室开设各种心理咨询服务。居民可以预约到咨询室接受面对面服务，由心理咨询师进行面谈式的心理咨询与辅导，开展一对一心理咨询。居民也可以通过网上咨询、电话咨询、信函咨询的方式进行咨询。（2）心理测量室。心理测量室配备心理健康测评软件，能够进行心理健康、人格特征、情绪、职业倾向、精神病等多方面的测评。了解和掌握居民的心理状态，为心理工作的开展提供参考依据。（3）沙盘游戏室。沙盘游戏作为一种非语言的心理沟通方式，是目前国际上比较流行的心理分析技术与心理治疗方法。沙盘游戏最基本的配置包括一个或两个沙箱（一个干沙，一个湿沙）、各种各样的小玩具模型，通常包括人物、动物、植物、建筑物、交通工具、家具设备、生活用品、抽象图形（如三角、五星、球体等）、自然界物件如石子以及各种象征符号等。（4）情绪宣泄室。情绪宣泄室是为了帮助人们达到心理的相对平衡，有助于将消极能量转化为积极能量。配备的宣泄器具包括物品和拟生两大类，前者包括沙袋、海绵墙、拳击手套、绒毛玩具、充气发泄棒等，后者包括充气人、塑胶人、充气小动物等，供来访者击打、发泄。（5）身心反馈训练室。身心反馈训练室为居民提供一个放松的环境，通过身心放松软件的运用，了解居民的心理健康状态，进行相应的调节。身心反馈训练室配备有身心反馈软件系统、音响、投影仪、电脑、放松椅等。

（三）社区心理健康知识宣传

有些有心理健康问题的居民缺乏主动求助意识，家属也没有意识到他们存在的问题。因此，心理健康服务的普及工作还需要进一步推进。在社区定期开展心理健康知识宣传活动，传播心理健康知识和促进身心和谐发展的技能，提高居民对心理健康的重视程度。

1. 社区心理健康知识宣传普及

社区心理健康服务可以充分利用各类宣传平台，在社区宣传栏张贴心理健康知识海报，集中展示心理健康图片，向居民发放心理健康知识手册、心理健康知识宣传单，向社区居民宣传、推广和普及心理健康知识，促使广大居民形成心理健康观念，提高心理健康意识。

2. 社区心理剧

心理剧已成为调节人际关系的一种新方法。社区心理剧与一般的话剧、情景剧不同，它是由社区居民扮演生活中的某个角色，让参与者即兴发挥，体会角色的情感与意识，从而改变自己的行为。社区居民在心理咨询师的带领下，通过表演戏剧的方式实现心理疏导。

（四）开展社区心理健康服务

由于生活节奏加快，生活压力加大，很多传统观念受到冲击，致使很多居民不同程度地存在一些心理问题，迫切需要心理咨询服务。

1. 建立社区居民心理健康档案

为社区居民建立心理健康档案，心理健康档案是指对个体心理发展变化特点、心理测量结果、心理咨询与辅导记录等材料的集中保存和整理，这些材料能够如实反映社区居民的心理面貌。在建档工作中，重点关注社区中的空巢老人、失独老人、独居老人、精神病患者等特殊群体。选择或编制符合社区特色的心理健康调查量表，定期进行普测，掌握每个居民的心理健康状况，筛选有心理问题倾向的人员，建立社区心理健康数据库系统。对有心理危机的居民能够早发现、早干预，对他们给予重点关注和提供相应的心理咨询服务，防止极端情况发生。

2. 社区心理健康讲座

在社区开展心理健康讲座，讲座重点针对社区中的老年人、青少年、残疾人等不同群体。邀请心理咨询师为居民讲解心理健康知识，围绕居民的情绪问题、夫妻关系、亲子关系、工作关系等方面，讲解什么是心理健康、心理健康的标准、如何辨识和对待身边有心理问题的人群、如何应对生活中常见的心理问题。通过心理讲座，使更多居民受益，引导居民树立健康心态，提高他们的心理健康意识。

3. 社区居民心理健康状况测评

对社区居民的心理健康状况进行测评，为社区居民心理疾病的预防和康复、提升社区居民的心理健康水平提供基础依据。使用专业心理健康测评软件，为居民提供心理测评服务，例如人格测评、心理健康测评、抑郁测评、焦虑测评、职业测评、婚姻测评、考试焦虑测评、爱情关系合适度测评、家长教育方法测评等，使大家关注和预防心理疾病。通过专业测评，可以自动筛选测验结果异常的居民，及时发现危机因素，便于跟踪处理。制定相关干预措施，防止居民的心理危机爆发，减少损失。

4. 社区居民团体心理活动

（1）社区心理健康座谈会。在社区举办居民心理健康座谈会，座谈会包括主题分享和互动环节，中间穿插心理游戏。心理咨询师和居民交流在生活中如何保持健康心态，居民讲述自己的心理难题和困难。大家共同探讨在面对困难时，如何形成积极情绪和良好心态，如何调节工作与家庭关系，如何处理好亲子教育。通过座谈会，使社区居民了解更多的心理健康知识，树立积极的人生态度。

（2）团体心理体验活动。团体心理体验活动是通过团体活动提供心理帮助与支持的一种形式，通过团体活动带给每个人不同的心理感受，使个体在团体中通过观察、学习、体验等方式，更好地认识自我、调整自我、接纳自我。心理体验活动可以分成若干小组，在导师的引导下参与体验活动。心理体验活动可以重点结合家庭生活、亲子教育、职场工作等热门主题，借助团体动力学的指导和干预，引发个体觉察、身体感受、非言语沟通等多种团体互动和体验。参与者可以潜移默化地体会到婚姻关系、家庭关系、亲子关系、职场关系的道理，促进有效人际沟通。

5. 社区居民心理咨询服务

社区的很多居民都存在心理问题，迫切需要心理咨询服务。有些老年人由于长期独居、空巢、交际圈小等原因，存在着不同程度的抑郁、焦虑等情绪；有些未成年人存在厌学、沉迷于网络、存在逆反心理等问题；有些居民遭遇家庭成员死亡、交通事故、下岗失业等重大生活变故，面临家庭纠纷、邻里纠纷、工作压力等问题。针对这些问题，心理咨询师定期来到社区，了解社区居民的心理状况，为在学习、生活、工作等方面有心理困扰的居民提供鉴别、咨询和疏导服务，提高社区居民的心理健康水平。

6. 沙盘游戏

沙盘游戏既是一种心理测量工具，也是心理治疗与心理教育的手段。沙盘最早应用于儿童，目前已广泛应用于成年人，并没有年龄限制。通过一盘细沙、一架子各式各样的模具，加上治疗师的关注与投入，使居民在沙盘游戏中化解身心失调、社会适应不良等问题。治疗师为居民们介绍沙盘游戏的玩法和规则，以及各种模具的类别和摆放位置，使居民感到安全、自由，让他们明白有充分的条件可以选择任何模具来做任何形式的创造。然后，治疗师帮助居民以一种自发游戏的心态来创造沙盘世界，以及自由地表达内在感受。接下来，居民开始摆放沙盘世界，治疗师尽可能保持一种守护性和陪伴性的观察和记录，并努力让居民自己和沙盘交流。在这简易的设置中，居民们内心的世界得以呈现，心灵的充实与发展、治愈与转化也获得了可能。①

7. 设立心理咨询热线

在社区开通24小时心理咨询热线，由专业心理咨询师和具备资质的志愿

---

① 沙盘游戏促健康 [N]. 包头日报，2017 – 02 – 16.

者承担接线咨询工作。社区居民可以拨打电话寻求心理帮助，以电话咨询的形式为存在心理问题的居民打开心结。接线员引导来电的咨询者释放心理能量，正确认识自我，重建观念与行为模式，实现调整心态、应对危机、完善人格的目标。

心理咨询热线重点为抑郁症、焦虑症、强迫症、社交恐惧症、创伤后应激障碍等心理疾病的患者提供心理咨询，解答居民关于家庭关系、婚姻关系、职场人际关系、青少年网瘾问题、儿童成长的心理问题，以及自杀问题和突发公共卫生事件的心理危机干预。

8. 社区居民心理宣泄服务

居民在遇到工作压力、家庭生活纠纷、邻里矛盾的时候，通过心理宣泄室的设施服务，可以在一定程度上排解心理压力。心理宣泄室是一个封闭的、充分隔音的房间，在里面居民可以放纵大喊。心理宣泄室设置击打区、呐喊区、烦恼抒写区等区域，配备假人模型、沙袋、拳击手套等发泄用品。想发脾气的人，可以在宣泄室内用宣泄棒捶打假人模型。发泄之后，居民可以很快调节内心的不良情绪，缓解枯燥生活带来的心理压力，放松心情，有益于居民的身心健康。宣泄室同时配备呐喊仪，它可以监测宣泄前后的压力变化，测定和分析宣泄者呐喊声音的强弱、频率和持续时间，可以根据宣泄者呐喊声音的大小，自动匹配有针对性的辅导方案，消除宣泄者的焦虑、紧张和自卑等不良情绪。

9. 紧急事件心理救援

在发生重大灾害性事件、社区内突发事件、群体性上访事件、居民冲突事件时，由心理救援队去安抚紧急事件当事人的情绪，再由其他相关部门介入解决实际问题。在有些社区，由于拆迁安置、劳动就业、家庭矛盾等引发的矛盾冲突时有发生，这可以通过心理危机干预去解决，从而预防恶性事件的发生。

（五）社区重点人群心理健康服务

社区中存在不同年龄、不同阶层的人，一些人存在心理上的困难和问题，如青少年的学习压力、青年人的就业与恋爱问题、婚姻家庭问题、老年人的自我价值失落感等。根据社区居民的需要和家庭特点，开展重点人群心理健康服务，传递心理健康观念，鼓励其自信心和正确的自我评价，防止过激行为。

1. 社区成年人心理健康服务

（1）婚恋问题心理健康服务。离婚率的不断提升，给子女教育、家庭和睦、社会和谐带来了一定的负面影响。由心理咨询师为社区居民提供婚恋心理咨询，例如恋爱择偶、家庭暴力、第三者插足等婚姻家庭问题，帮助这些家庭解决婚姻障碍。

（2）亲子关系心理健康服务。孩子是父母的影子，父母是孩子的第一任老师。亲子关系是家庭幸福与否的重要因素，一个家庭有了良好的亲子关系，孩子才会健康成长。但是，很多年轻父母因为忙于工作，父母缺位而引发家庭矛盾的现象日益突出。在社区开设亲子沟通训练课程，以沙龙、游戏和讲座等不同形式，有效提升家长与子女的沟通和表达能力。通过培训，提高父母和子女的心理健康水平，重塑良好家庭关系。

（3）职场白领心理减压。在现代社会，白领们的工作节奏越来越快，承受的压力越来越大，工作变得单调枯燥，长此以往很容易出现心理和情绪问题。与辖区企业合作，为职工举办多种主题的心理沙龙和小组活动。协助参与者深入认识自己，促进自我不断成长；通过压力分析，了解生活和工作中压力的来源；通过了解工作对自己的影响，解决职业发展中的困扰；通过集思广益，探寻减轻压力、快乐工作的途径和方法。通过这些活动，帮助白领们培养积极心态、参与社区生活，学会自我调适减轻压力的方法。

（4）社区工作者心理健康服务。由于居民的需求越来越多，社区工作者需要解决的问题也越来越多。有些社区工作者长期处于高压、高负荷的工作状态，存在不同程度的心理问题。对社区工作者开展缓解工作压力讲座，讲解如何正确处理工作中的人际关系，工作中如何与居民进行有效沟通；对有心理问题的社区工作者进行心理咨询，使社区工作者正视心理健康问题，使他们的心情得到放松，学会舒缓工作压力。

2. 社区老年人心理健康服务

我国居家养老的老年人逐渐增多，有些老年人由于独居、子女不在身边或陪伴时间减少、退休后交际圈变小等原因，存在着不同程度的抑郁和焦虑情绪。有时候性格变得警戒、怀疑，或者固执保守，生活变得孤单、寂寞和忧郁。他们对身体的衰老、功能的衰退不能适应，有对死亡的恐惧。调查显示，我国70~79岁年龄段的老人，尤其是独居老人和失能老人，对解闷聊天等精神慰藉服务的需求最大，需求量达到40.3%[①]。

了解社区老年人的心理需求，由心理咨询师为老年人提供定期的心理疏导服务，缓解他们退休后的内心苦闷以及空巢家庭的孤独失落感。由心理志愿者陪伴老年人聊天，倾听他们的心声，使老年人把内心的烦躁、郁闷和生活中的烦恼表达出来，释放自己的不良情绪；为老年人排忧解难，提升社区老年人的身心健康水平。

3. 社区青少年心理健康服务

青少年期虽然身体发育较快，但他们的思想尚未成熟，对社会的认识能力、辨别是非能力不强，自我控制能力差。同时，青少年的好奇心和模仿欲比较强，很容易受到同伴或不良社会风气的影响，形成不良习惯和不良嗜好。一些青少年存在着对校园生活不适应、厌学、人际关系处理不当、沉迷于网络游戏、与父母关系紧张、青春期叛逆等问题，有些青少年甚至走向了吸毒、偷窃等违法犯罪之路。

引导青少年调适情绪、直面困难，帮助他们解决生活烦恼，调整不合理认知。为青少年提供学业心理支持，包括提升学习动力、训练注意力和记忆力、缓解学业压力等，使青少年能够重燃对学习的兴趣，恢复正常的学习生活；提醒青少年警惕生活中的不良行为，从小事做起，加强自身修养，做到明事理、辨是非；引导青少年正确看待成长中遇到的困难、挫折和荣誉；开展青少年职业生涯规划，改善人际关系不佳的问题；对于单亲孩子，带领他们说出彼此的优点，使他们认识到自己的优势，增强他们的自信心。

---

① 叶晓彦. 老年心理咨询室为啥不招待见？[N]. 北京晚报，2015 - 09 - 21.

4. 社区残疾人心理健康服务

有些残疾人因为伤残的躯体导致行动不便，接触社会和人群的机会不多，情绪低落，郁郁寡欢，导致心理上的自卑。有的残疾人认为自己给家庭带来了精神和经济的双重负担，容易对生活失去信心。如果不及时对他们进行心理疏导，很容易产生严重的心理问题。

为残疾人开展心理健康服务，关注社区残疾人、残疾人家属和助残志愿者的心理健康。通过交友谈心、个案心理疏导、心理体验式培训、心理测评、心理援助热线等方式，满足残疾人精神与心理健康层面的需求，使残疾人善于发现自己的长处和优势，保持积极向上的心态，能够认识到自己生命的价值，重拾生活信心。

5. 社区患病居民心理健康服务

有些疾病患者的心理存在焦虑、恐惧和抑郁的情况。他们对自己的疾病感到担心、疑虑以至惊恐不安，因心理压力导致情绪低落、悲观绝望，对外界事物不感兴趣，言语减少，不愿与人交往，甚至出现自杀倾向或行为。

（1）一般患病居民心理健康服务。要把患病居民的心理压力作为心理问题处理，而不要作为疾病进行处理。为社区患病居民提供心理指导，帮助患者分析，指出如何正确对待诱发疾病的精神刺激；解除患者的顾虑，多给予鼓励和安慰，有效预防、及时控制和消除患者的心理问题；防止过激行为，如自杀、自伤及攻击行为等。

（2）精神疾病患者心理健康服务。截至 2014 年底，全国登记在册的严重精神障碍患者达到 429.7 万例，96.9% 的患者病情稳定或基本稳定。[①] 严重精神障碍患者主要包括精神分裂症、偏执性精神病、分裂情感性障碍、双相情感障碍、癫痫所致精神障碍和精神发育迟滞伴发精神障碍 6 种疾病。按照现有条件，大多数精神病患者需要在家和社区进行康复。由心理科专家深入社区对精神病患者的身心状况进行检查，对精神疾病患者进行心理健康知识的讲座，为精神疾病患者提供定期疏导，为严重的精神病患者建立个案管理档

---

① 全国在册严重精神病患人数披露［N］. 扬子晚报，2015 - 10 - 11.

案。由于精神疾病患者的家人也容易产生焦虑、抑郁的情绪，在有条件的情况下，可以对精神疾病患者的家人进行专业的心理辅导。

6. 社区服刑人员心理健康服务

社区服刑人员除了与普通人一样要面对来自生活、家庭的压力，还要面对来自外部的歧视，以及自己内心的焦虑、紧张和自卑等不良情绪。有些社区服刑人员存在明显的情绪不稳定，容易产生过激行为，给社区矫正工作带来了一定的难度和风险。

对社区服刑人员开展心理测试、心理讲座，对存在心理问题的社区服刑人员开展团体心理辅导和个体心理咨询等。帮助社区服刑人员缓解心理压力，疏导不良情绪，增强他们适应社会的能力。通过互动、心态讲解、自我认知等方式，引导社区服刑人员管理好自己的情绪，控制好自己的行为，促进社区服刑人员心理素质的良性转化，将他们改造成为心理健康的守法公民。

7. 上访人员心理健康服务

某些上访人员经常会出现情绪失控的现象，甚至会采取暴力攻击、自残等极端行为。心理咨询师用专业技能矫正上访人员的不良认知，有效缓解上访人员的愤怒、焦虑、抑郁等不良情绪，减少上访人员投诉或缠访闹访等意外情况出现。

第十四章　社区法律服务项目设计

一、社区法律服务的背景信息

（一）社区法律服务的相关概念

法律服务一般有广义和狭义两种含义。广义上的法律服务是指律师、公证员、基层法律服务人员等国家法律工作者，运用法律专业知识和技能，依法为当事人提供法律帮助，保障当事人的合法权益。广义的法律服务包括法律诉讼业务和包括咨询、公证、代理等在内的非诉业务以及人民调解、基层法律服务、法律援助等。狭义的法律服务是指提供法律知识和技能的专业人员，针对涉及民事或刑事案件的特定对象，如青少年、贫困人群、老年人、女性以及其他困难群体和罪犯、犯罪被害人等特殊群体，为他们维护合法权益而采取法律手段的行为和制度提供服务。本书中的社区法律服务采取广义的法律服务概念。

在社区法律服务中，通过对社区法律服务的需求调研，运用各种资源来解决社区法律问题、满足社区居民的法律需求，进而促进社区稳定与和谐发展。社区法律服务具有较强的公益性，其定位是为社区居民提供公益性的法律服务，而不是营利性的第三产业。社区法律服务除了传统的普法宣传以外，还包括很多专业性的法律服务内容。因此，社区法律服务工作者应具备专业法律知识。

（二）我国社区法律服务的相关法律政策

我国社区法律服务方面的相关法律主要是《中华人民共和国人民调解法》

《中华人民共和国老年人权益保障法》《中华人民共和国未成年人保护法》《中华人民共和国律师法》《中华人民共和国刑事诉讼法》《法律援助条例》等法律。

2002 年 4 月，中央文明办、中央综治办、文化部、卫生部、国家体育总局、中国科协、共青团中央、全国妇联 8 部门联合下发《关于开展科教、文体、法律、卫生"四进社区"活动的通知》，要求在全国开展科教、文体、法律、卫生"四进社区"活动，明确了法律服务作为加强社区建设的重要地位。同年 6 月，中央综治办、中央文明办、司法部、全国普法办联合下发《全国"法律进社区"活动工作方案》。此后，全国各地从实际出发，因地制宜地开展了丰富多彩的"法律进社区"活动，大部分城市社区都建立了社区法律服务站，明确了社区法律服务的内容。2022 年，国务院办公厅印发的《"十四五"城乡社区服务体系建设规划》指出，推动村（社区）普法宣传、人民调解、法律援助、公证等法律服务全覆盖。随着社区建设的发展，各地的社区法律服务的领域不断扩大，社区法律服务的形式更加趋向多样化。

（三）社区法律服务的需求

随着经济社会的发展，社区居民需要处理的各类关系和产生的各种矛盾纠纷日益增多，居民的涉法问题大量增加。在这种情况下，社区居民用法律手段解决矛盾纠纷的需求突显，希望能够在社区中得到专业的法律服务。

目前，我国社区中常见的法律纠纷主要分为三类：一是物业纠纷，如违章停车、楼道与应急通道堆物、物业费滞纳等；二是家庭生活纠纷，如婚姻家庭纠纷、抚养关系纠纷、继承关系纠纷、邻里纠纷、交通事故纠纷等；三是经济财产纠纷，如房屋买卖合同纠纷、房屋租赁、劳资纠纷等。这些问题都与法律有关，与居民的合法权益维护密切相关，一旦处理不当，不仅对当事人产生不利影响，对其家庭以及社区都可能带来不良后果。

法律服务是政府为民服务的"民心工程"，是司法行政部门组织实施的重要工程，健全社区法律服务体系，才能使这项工作得以顺利实施，真正维护困难群体的合法权益。法律进社区是直接面向社区、面向群众，满足人民群众的法律需求，维护人民群众合法权益的一项便民利民工程，对于提高社区居民的法律意识，指导他们正确处理法律问题具有重大意义。

二、社区法律服务项目设计

社区法律服务的项目类型包括成立社区法律志愿服务队伍、社区法律宣传活动、社区法制培训讲座、社区法律咨询、社区法律援助、辅助政府法律工作等。

（一）成立社区法律志愿服务队伍

1. 成立社区公益法律服务团

律师是我国民主法治建设的重要生力军，充分发挥好律师的作用，是建设和谐社会的重要基石。邀请律师和退休的老法官加入公益法律服务团，涵盖民事、商事、刑事、行政、国家赔偿等各方面。有针对性地成立法律类别工作组，面向群众开展法律服务活动，解答群众法律咨询、排查化解矛盾纠纷，让群众感受法治温暖，共享法治建设成果。

2. 设立社区法律顾问

按照"一社区一法律顾问"的原则，在政府协调下，就近安排律师事务所律师与社区相互结对子，签署合作协议。为社区配备的律师作为社区的常驻顾问，其职责包括：担任人民调解组织的法律顾问，为社区居民免费提供法律咨询，为符合条件的居民提供法律援助，参与化解疑难矛盾，为有需求的居民代写法律文书。

3. 建立社区人民调解工作室

当前，我国调处化解社会矛盾的手段主要有三种：一是司法调处，是指人民法院的司法审判和司法调解；二是行政调处，包括行政复议、行政仲裁和行政调解；三是社会调处，主要是指人民调解。在社区现有人民调解委员会的基础上，发动有基层调解工作经验的社区居民加入人民调解工作队伍。发挥社区老党员人员熟、情况明、阅历丰富的优势，以"德法相融、以法为主"的方法，引导人民调解员积极参与劳动争议、征地拆迁、医疗卫生、知识产权等领域纠纷的调解工作。引导居民用合法合规的方式处理纠纷，把多数的矛盾纠纷化解在基层和萌芽状态。

4. 设立社区普法联络员

在每个社区发展一名社区法律联络员，可邀请在社区居住的法律工作者和高校法律专业毕业生担任。普法联络员可参与典型法律援助案件的服务和代理工作，提高公益法律服务的专业化水平，不断强化普法培训的广度和深度，使社区普法更加实用、有效。

（二）社区法律宣传活动

目前，社区居民的法律意识越来越强，但掌握的法律知识仍然比较有限。通过开展社区法律宣传活动，提高社区居民的法律意识，增强居民运用法律武器维护自身合法权益的观念。普法宣传对象主要是法律意识薄弱的群体如老年人、青少年等，容易受到不法分子的侵权。

1. 社区户外法律宣传活动

充分利用"3·8"妇女维权周、"3·15"消费者权益保护日、"5·1"国际劳动节、"12·4"全国法制宣传日等纪念日，通过在社区设立现场咨询点、悬挂宣传标语、展出图片展板、发放宣传单、现场解说、现场声像媒体等形式，宣传与居民生活密切相关的法律法规。向居民宣传《中华人民共和国人民调解法》，使居民了解人民调解工作。通过宣传，在社区营造浓厚的法律学习氛围，提高居民对法律法规的认识。

2. 社区法律知识竞赛

组织社区居民参加法律知识竞赛，通过以竞促学、以考促学的方式，围绕老年人权益保障法、未成年人保护法和妇女权益保障法等法律进行问答，提高社区居民对法律法规的知晓程度和运用法律维护自身权益的能力。社区法律知识竞赛可分为初赛和决赛两个阶段，竞赛可设必答题、抢答题、案例分析题、观众互动题等题型。

3. 社区法律知识情景短剧

发动社区居民参与情景短剧表演，请专业人士给予排练指导，由居民们自编自导自演，向居民传播法律知识。相对而言，情景短剧的方式更加生动形象，语言诙谐幽默、通俗易懂，使大家能够在轻松快乐中学习，更容易得到居民的共鸣，能够起到良好的普法宣传效果。

4. 模拟法庭

模拟法庭以真实案例为庭审素材，是一种新颖的普法教育形式。在社区利用模拟法庭的平台，针对居民关心的热点案例定期开庭。模拟法庭的法官、书记员、原告、被告和第三人均由普法志愿者和律师担任。在模拟法庭上，"原告"与"被告"各自陈述，第三人发表意见，合议庭查明案件事实、核实双方证据、听取双方辩论意见，最后陈述、合议、宣判。通过模拟法庭，将民事诉讼简易程序演示给社区居民，使居民能够近距离学习法律知识。

5. 发放法律专题材料

律师收集整理居民普遍关心的法律问题，结合法律咨询服务中的常见问题及解决方式，将法律咨询中的常见热点问题编写成法律手册，发放给社区居民，方便居民在遇到类似法律问题时能够及时解决。

（三）社区法制培训讲座

在社区开展法制讲座，邀请律师、公证员、司法鉴定人等法律服务工作者走进社区，配以一定的案例，为居民解读相关法律知识。通过培训讲座，使居民懂得运用法律工具维护自身利益，同时也向居民传递法治理念。

1. 针对社区各群体法制培训讲座

（1）社区外来务工人员法制讲座。在"5·1"国际劳动节举办外来务工人员法制讲座。在劳资纠纷较多的地方，讲解劳动合同签订、劳动关系履行及终止、社会保险、劳务派遣、劳动争议处理、劳动仲裁、意外人身伤害、工伤责任等法律知识。通过典型案例，向外来务工人员普及法律维权知识，解决他们的实际困难。同时，对恶意讨薪、打架斗殴、盗窃财物等工地多发案件进行警示，引导他们自觉守法、护法。

（2）社区未成年人法制讲座。在"6·1"国际儿童节举办未成年人法制讲座。目前，未成年人中普遍存在着法律意识淡薄的问题，部分青少年存在偷盗、沉迷网络、遇事不冷静的问题。通过讲解未成年人保护法、预防未成年人犯罪法的主要内容，有效预防未成年人犯罪，提高社区未成年人的守法意识。分析未成年人走上违法犯罪道路的原因及预防措施，特别是对未成年人中多发的盗窃、抢劫、故意伤害等犯罪问题进行讲解。通过讲座，使未成年人能够知法守法，维护自身的合法权益和人身权利不受侵害。

（3）社区老年人法制讲座。在农历九月初九"重阳节"举办老年人法制讲座，围绕老年人权益保障法等相关法律，为老年人讲解婚姻、遗产继承、子女赡养、财产分配等关系到老年人切身利益的问题。解析保险、购房、保健品、购买理财产品、旅游等老年人消费的纠纷高发领域，提醒老年人要注意各种消费陷阱，预防金融诈骗和变相传销，建议老年人稳健投资，理性选购保健品和理财产品。

（4）社区残疾人法制讲座。在"12·3"世界残疾人日举办残疾人法制讲座。通过法制讲座，向残疾人和居民介绍残疾人保障法的主要内容以及有关残疾人的法规政策，加强残疾人对法律法规的学习和理解，提升残疾人的自我保护意识，形成保障残疾人权益的社会氛围。

（5）街道工作人员法制讲座。以依法治国为主题，对街道党政领导干部、机关工作人员、社区书记主任等开展行政法、行政诉讼法等法律知识讲座，提高基层组织依法行政、依法管理的水平，使基层公务员形成崇尚法律的观念。对街道干部进行警示教育，使他们能够远离贪污腐败。

（6）社区人民调解员法制培训。人民调解是一项具有中国特色的法律制度。人民调解是指人民调解委员会通过说服、疏导等方法，促使当事人在平等协商的基础上自愿达成调解协议，解决民间纠纷的活动。在人民调解员法制培训中，阐释人民调解基础实务和法律基本知识，介绍人民调解文书规范制作、调解技能及应用原则。通过培训，使人民调解员了解熟悉政策，互相通报交流调解信息，提升人民调解员的业务素质，更好地发挥基层调解组织在维护社会稳定中的作用。

2. 社区婚姻家庭法制讲座

（1）婚姻法制讲座。结合相关法律法规，重点讲解婚姻家庭纠纷的主要类型、婚姻家庭纠纷调解的技巧、婚姻家庭纠纷调解的相关法律知识等内容，以及离婚纠纷中财产分割、夫妻一方个人财产、夫妻共同财产等问题。通过婚姻法制讲座，提高居民对婚姻家庭法律知识的认知。

（2）反家暴法制讲座。在"3·8"妇女节举办反家暴法制讲座。《中华人民共和国反家庭暴力法》已经于2016年3月1日正式实施，该法明确了家庭暴力的性质和法律责任，为遭受家暴之苦的受害者提供了有力保护。邀请律师解读反家庭暴力法，讲解家庭暴力的特点、发生家庭暴力的原因、家庭暴力的法律认定、证明家庭暴力的证据种类、预防与制止家庭暴力的对策、讲解家暴受害者申请人身保护令、在离婚诉讼中主张赔偿权利的方法。通过培训，使社区居民认识到家庭暴力的危害性，提高他们依法维护合法权益的能力。

3. 房产问题法制讲座

（1）征地及房屋拆迁法制讲座。在面临征地拆迁的社区，举办征地拆迁法制讲座。讲座内容结合征地拆迁工作面临的形势和运行的体制机制，讲解《最高人民法院公布的征收拆迁十大案例》一书以及宪法、物权法、城市房地产管理法、城乡规划法等法律法规对房屋征收与补偿的相关规定。同时对《国有土地上房屋征收与补偿条例》的适用范围、基本原则、相关主体、房屋征收与补偿、保护被征收人的居住条件等方面进行解读。

（2）房屋买卖和租赁法制讲座。在房屋买卖和租赁中，因售房广告、认购书的描述和签订、房屋价款及支付、房屋交付、延期办证、惩罚性赔偿、二手房买卖、商品房买卖合同解除及房屋按揭、租赁期间租金及支付、装修装饰、转租等问题发生的纠纷，在生活中比较常见。律师通过讲解其中的注意事项，提升居民在房屋买卖和租赁中的法律意识。

（3）保障房相关问题法制讲座。向社区居民介绍公租房、廉租房的入住条件，以及租费标准、租住注意事项、退出管理机制等政策规定，提醒住户群众遵守公租房管理使用办法，积极配合公租房、廉租房动态管理，家庭情况出现变更及早申报登记。通过讲座，使居民能更好地了解保障房的准入、退出等各项机制。

4. 针对辖区单位法制讲座

（1）企业法律知识讲座。为有效保障辖区单位的合法权益和促进辖区单位的健康发展，在社区举办企业法律知识讲座。结合当前经济形势，帮助企业进一步掌握法律知识，运用法律工具解决企业发展过程中遇到的突出问题。对合同法、劳动法、担保法、税收征管法等法律法规进行解读，对企业在实践中遇到的经济纠纷、劳务纠纷和企业用工纠纷等问题进行讲解，同时开展预防经济犯罪的法制宣传。通过讲座，促使企业依法经营、依法管理、依法解决纠纷。

（2）物业纠纷法律讲座。在物业管理矛盾突出的社区，针对辖区的物业企业和业主委员会，举办物业法律知识讲座。讲座结合《物业管理条例》，针对当前物业管理纠纷多发的具体领域，讲解物业管理中的常见问题，指导物业企业规避物业管理工作中的法律风险。

5. 其他主题法制讲座

（1）消费者权益保护法制讲座。在"3·15"消费者权益保护日举办消费者权益保护法制讲座。通过讲座，倡导广大居民树立理性消费理念，避免盲目消费、上当受骗等现象的发生。向居民讲解消费者权益保护法的主要内容，包括消费者应该注意的问题、消费者的权利和义务、常见的消费陷阱、网络购物的注意事项等内容，使居民在日常生活中更好地维护自己的权利。

（2）交通法制讲座。在"12·2"全国交通安全日举办交通法制讲座。向居民讲解交通法律法规知识，包括道路交通的一般规定、行人和车辆通行规定、超限超载认定标准、文明出行拒乘黑车等；介绍交通事故解决流程、交强险的作用、交通事故责任认定、赔偿标准、诉讼程序等，使居民增加对交通法律知识的了解。

（3）社区综治信访维稳法制讲座。举办针对社区调解员和社区工作人员的综治信访维稳法制讲座，提高信访维稳人员的业务能力，发挥人民调解员在化解邻里纠纷和维护社会稳定中的作用。向居民讲解防抢、防诈骗、反邪教、禁毒等内容，在社区营造平安建设人人参与的氛围。

（四）社区法律咨询

1. 接待社区居民法律咨询

律师在每周固定时间到社区法律咨询室接待居民的现场法律咨询，咨询过程中做好相关登记。通过律师的专业解答，为居民提供婚姻家庭、遗嘱修订、青少年权益保护、邻里纠纷、民事赔偿法律责任认定、征地拆迁等常见纠纷的法律建议，为辖区企事业单位职工提供劳动争议法律咨询建议。通过与居民面对面的沟通，为居民解答法律困惑，避免亲情、家庭的破裂，满足社区居民的法律咨询需求。

2. 上门法律咨询服务

（1）上门服务困难群体。针对社区老年人、残疾人和低保家庭等困难群体的法律诉求，根据他们的电话预约情况，由律师把法律服务送到他们的家中，实现法律服务零距离，打通法律服务"最后一公里"。

（2）特殊纠纷案件上门服务。对矛盾尖锐、牵涉人员较多的案件，尤其是有外出上访滋事倾向的特殊纠纷案件，由律师上门提供法律咨询服务，对复杂疑难纠纷进行及时处理，把上访隐患化解在基层。

3. 设立社区法律咨询热线

在社区宣传栏公布法律援助电话，设立法律服务意见收集箱。社区居民可以直接拨打顾问律师的咨询电话进行咨询，或者由社区工作人员统一汇总后反馈给顾问律师，再统一进行预约解答。对热线中了解到的可能引起违法上访或恶性刑事案件的矛盾，及时向社区居委会通报，并进行前期介入和跟踪，维护社会稳定。

4. 辖区单位法律咨询

及时了解辖区单位的法律需求，为他们提供法律咨询服务。针对企业运营中的合同签订、风险规避、诚信经营等问题，指导企业有效防范、化解各种经营风险和合同纠纷，促进企业间的良性竞争和互利共赢。强调企业应尊重消费者的合法权益，严格遵守国家财政、税收等方面的法律规范，提高企业的诚信和服务意识。通过法律咨询服务，为企业节省相关法律成本，促进企业的健康运行。

（五）社区法律援助

开展法律援助进社区活动，帮助符合法律援助条件的居民及时得到服务，增强居民通过正规合法渠道维护自身权益的意识。法律援助案件的类型主要包括民事案件、刑事案件和执行案件，法律援助的内容包括文书代写、诉讼代理、后续追踪等。

1. 社区矛盾纠纷排查

社区居民的日常生活中，经常遇到关于房产、消费、养老、继承、邻里关系的矛盾纠纷。如果这些纠纷得不到及时解决，将对和谐社区的建设产生负面影响。以减少和消除矛盾纠纷为切入点，对社区居民进行矛盾纠纷排查，使需要帮助的居民快捷、方便地得到法律服务。对需要和符合法律援助条件的，及时给予处理。

2. 社区重点人群法律援助

困难群体对专业法律援助有较大的需求。针对社区中有法律需求的特困家庭、农民工、残疾人、老年人、未成年人等群体，建立特殊需求人员数据库，畅通法律援助申请渠道。

（1）社区老年人法律援助。2015 年，司法部、全国老龄办印发了《关于深入开展老年人法律服务和法律援助工作的通知》，对深入开展老年人法律援助工作作出了全面部署。结合这一政策，在社区开展老年人法律援助工作，重点关注高龄、空巢、失独及经济困难老年人，帮助老年人有效化解赡养、财产继承、医疗、保险、监护等领域的纠纷，增强老年人的法律意识。

（2）社区妇女儿童法律援助。依据妇女儿童权益保护法、未成年人权益保障法、反家庭暴力法等法律，由律师参与妇女儿童法律维权。反家庭暴力法第十三条明确规定，"家庭暴力受害人及其法定代理人、近亲属可以向加害人或者受害人所在单位、居民委员会、村民委员会、妇女联合会等单位投诉、反映或者求助。有关单位接到家庭暴力投诉、反映或者求助后，应当给予帮助、处理"。这为帮助妇女进行维权提供了法律依据。对妇女遭受家庭暴力、单亲母亲抚养孩子向离异男方索取抚养费等纠纷，为当事人提供相应的法律援助。

（3）社区残疾人法律援助。根据社区中的肢体残疾、精神残疾、视力残疾、言语残疾、听力残疾、智力残疾、多重残疾等各类残疾人的情况，统计残疾人的家庭和生活状况等基本信息，了解他们的法律援助需求。为有法律需求的残疾人提供法律援助，消除他们在获得法律服务方面的经济条件障碍、物质环境障碍和语言障碍，使残疾人能够利用法律武器维护自身合法权益。

（4）社区外来务工人员法律援助。随着经济发展，城市中的外来务工人员日渐增多，针对外来务工人员的法律援助已成为法律援助的一个重要部分。对于外来务工人员的欠薪和工伤案件，在查明经济状况后，为他们提供法律援助。律师深入建筑工地、外来人口聚居地、劳动力市场等地点，开展农民工交通事故、工伤、欠薪等方面的法律援助宣传。针对外来务工人员追讨拖欠工资时间集中、工地分散的问题，在每年清欠工作集中时段，加强法律援助人员力量，确保请求法律援助的外来务工人员能够得到援助。

（六）辅助政府法律工作

通过专业法律服务，为街道、社区居委会依法管理社区事务提供相关法律意见或帮助，协助政府解决公共服务中的热点、难点问题。

1. 社区重大事项决策建议

党的十八届四中全会提出，建设完备的法律服务体系，积极推行政府法律顾问制度。律师事务所选派优秀律师进驻社区，充分发挥律师的法律专家作用，参与社区重大问题和热点难点问题的研讨决策，对社区重大事项的决策提出法律建议，对社区各类管理制度给予法律建议。避免因社区管理者决策失误或决策违法带来的不良影响和经济损失，进一步促进社区的民主法治建设。

2. 离婚登记法律咨询

处于离婚中的夫妻双方，如果对离婚后的财产分割、子女抚养等事项处理不好，容易引起矛盾激化。民政部门婚姻登记处工作人员存在法律专业性不强和服务单一的问题，可以发挥律师在涉法涉诉中化解社会矛盾的作用。具体方式是：由专业律师在民政局婚姻登记处的办公场所内，在夫妻双方正式离婚之前，由律师进行离婚登记法律咨询，为离婚当事人提供离婚协议书中关于子女抚养、财产分割、债权债务处理等方面的专业法律咨询，维护婚姻当事人的合法权益。

3. 律师参与庭前调解工作

由办案能力强、调解经验丰富的律师参与合议庭的庭前调解工作，律师以专家辅助人的身份，发挥专业和职能优势，在法院组织下或受法院委托，对双方当事人进行法律释明，开展先行调解、和解等工作。律师和法官合作开展案件庭前调解，能够提高法院的审判效率、案件调解成功率和当事人对法院裁判的认同感。

第十五章 社区婚姻家庭服务项目设计

一、社区婚姻家庭服务的背景信息

家庭是社会的细胞，是维护社会稳定的基石，在建设和谐社会中发挥着重要作用。婚姻是家庭的核心，婚姻关系的稳定、和谐是建立美满幸福家庭的基础。婚姻关系的好坏，直接影响到家庭生活的质量。

（一）社区婚姻家庭服务的相关概念

婚姻和家庭是一种社会关系，以共同生活为内容，两性结合和血缘联系为特征。婚姻是男女两性的结合，这种结合以建立配偶关系、共同生活为目的，并且是受法律保护的社会关系。婚姻关系一旦得到确认，当事人双方将在这种关系中保持一种相对稳定的状态。家庭是以婚姻关系为基础、以血缘关系和共同生活为纽带所组成的社会单位，由一定范围的亲属所组成，是人们生活的基本组织形式[①]。

婚姻家庭关系既有自然属性，也有社会属性。其中，自然属性是指人类对异性的生理需求，以及生殖和繁衍后代的需求；社会属性是指在特定社会关系条件下形成的特征，是社会关系、法律制度赋予婚姻家庭的属性。

根据《中国统计年鉴2021》，全国共有家庭户49416万户，其中"一人户"家庭有125490007户，超过1.25亿，占比超过25%。[②] 根据2020年第七

[①] 蔡晓红. 婚姻家庭与人的发展问题研究 [M]. 北京：中国文史出版社，2007.

[②] 李金磊. 中国一人户数量超1.25亿！独居者为何越来越多？[EB/OL].（2022－01－14）[2023－09－04]. http://chinanews.com.cn/cj/2022/01－14/9652147.shtml.

次全国人口普查数据，中国家庭户均规模 2.62 人，比 2010 年减少 0.48 人 ①。

（二）我国社区婚姻家庭服务的相关法律政策

我国关于婚姻家庭的法律主要是《中华人民共和国民法典》《中华人民共和国反家庭暴力法》《中华人民共和国妇女权益保障法》《中华人民共和国母婴保健法》《中华人民共和国老年人权益保障法》《中华人民共和国未成年人保护法》等。

新中国成立后的第一部重要法律即为 1950 年 5 月颁布的《中华人民共和国婚姻法》。该法规定："废除包办强迫、男尊女卑、漠视子女利益的封建主义婚姻制度，实行男女婚姻自由、一夫一妻、男女权利平等、保护妇女和子女合法利益的新民主主义婚姻制度。" 1980 年 9 月和 2001 年 4 月，我国对婚姻法进行了两次修改。2001 年婚姻法针对婚姻家庭领域出现的新情况和新问题，在内容上作了相应的修改，对重婚、家庭暴力及离婚补偿等方面作出了规定，并且提出了"夫妻应当互相忠实，互相尊重"，约定了婚姻关系的组成双方享有的权利和应承担的义务，充实了离婚制度方面的内容，加大了对危害婚姻家庭行为的惩罚和打击力度，加强了离婚时过错赔偿制度。

2016 年 3 月 1 日，《中华人民共和国反家庭暴力法》正式施行。该法的实施表明国家禁止任何形式的家庭暴力，家庭暴力不再是家庭私事，而是具有严重危害的社会问题。家庭暴力受害者应得到国家公权力的保护，预防和制止家庭暴力是我国保护人权、维护社会安定的重要职责之一。2020 年 5 月 28 日，第十三届全国人大第三次会议表决通过了《中华人民共和国民法典》，自 2021 年 1 月 1 日起施行，《中华人民共和国婚姻法》同时废止。2021 年，民政部、国家发改委印发《"十四五"民政事业发展规划》，明确要求加强婚前指导、婚前保健、婚姻家庭关系调适和离婚辅导，减少婚姻家庭纠纷。

---

① 汪文正. 中国家庭户平均规模降至 2.62 人 家庭变小背后原因有哪些 [N]. 人民日报海外版，2021 – 05 – 20.

（三）社区婚姻家庭服务的需求

由于计划生育政策的实施，我国家庭的规模越来越小，从之前的联合家庭、主干家庭变为现在的核心家庭占据主流，家庭成员的数量越来越少。

与此同时，广大群众的思想观念和生活方式发生了巨大转变，婚姻家庭关系也出现了新的变化。公民的自我独立意识增强，自主婚姻已经成为婚姻关系的主流，夫妻平等的婚姻意识已经根植于婚姻生活中，民主、平等的婚姻关系已经初步形成。但是，婚姻家庭中仍然存在诸多问题，这些问题影响着人们的生活，比如大龄青年婚恋、家庭暴力、婚外情、结婚率降低、离婚率上升、婚姻破裂、家庭分裂等问题，以及单亲家庭、重组家庭、空巢家庭、失独家庭等特殊家庭，这些问题困扰着家庭成员，也给家庭稳定和社会秩序带来危害。

社区婚姻家庭服务是指为提升婚姻质量、促进家庭关系和谐所提供的各种类型服务，包括婚恋交友服务、婚前和婚后辅导、家庭关系调适、心理辅导、增进家庭福利等。

二、社区婚姻家庭服务项目设计

社区婚姻家庭服务项目的类型包括成立社区婚姻家庭志愿服务队、社区婚姻家庭宣传、社区相亲交友服务、社区婚姻家庭心理服务、社区婚姻家庭法律服务、社区家风建设与子女教育、特殊情况家庭服务等。

（一）成立社区婚姻家庭志愿服务队

在社区成立幸福婚姻家庭志愿服务队，邀请婚姻家庭咨询师、心理咨询师作为专家指导，招募具备一定婚姻家庭经验、热心公益服务的居民作为婚姻家庭志愿者，他们是婚姻家庭关系的咨询师和调解员。婚姻家庭志愿者定期到社区开展婚姻心理咨询和婚姻法律咨询，开设婚姻家庭大课堂，组织居民开展亲子关系沙龙、婚姻关系沙龙等，帮助居民解决婚姻家庭中遇到的问题。

（二）社区婚姻家庭宣传

1. 婚姻家庭法律政策宣讲

针对社区居民对婚姻家庭法律了解不够的情况，向居民宣传普及婚姻法、妇女权益保障法、反家庭暴力法等法律知识。向居民讲解家庭矛盾、家庭暴力、家庭财产纠纷等法律问题，使居民学会运用法律知识处理婚姻家庭关系。

2. 健康婚姻宣讲

在社区开展健康婚姻知识讲座，以心理学为基础，指导社区居民树立积极、健康的恋爱婚姻观，分析家庭生活中经常出现的矛盾及产生原因；介绍夫妻及家庭成员间沟通障碍的形态，重点讲解夫妻相处之道、婆媳相处之道、外遇危机化解方法、家庭暴力化解方法等。通过讲座，促进社区婚姻家庭关系的和谐发展，提升夫妻双方的家庭责任感。

（三）社区相亲交友服务

1. 搭建网络交友平台

生活在都市的单身男女在平时承受了较大的工作压力，抽不出时间和精力去相亲。在社区建立微信群、QQ群、网上社区等网络平台交友，使单身人士在任何时间都可以参与相亲，为男女青年提供更真实有效的网络交友圈。为提高效率，每天在微信群里详细介绍一位男生、女生，由大家进行选择。在线上交流之后，大家再开展线下的面对面交流活动。

2. 建立相亲人员信息数据库

为了方便相亲人员查阅资料，将所有资料进行整理和输入电脑，对所有人员进行分类管理，按照年龄、职业等项目进行分类，并核实人员信息确保信息真实有效。制作相亲人员电子相册，利用多媒体技术方便大家查阅。

3. 举办单身青年相亲交友会

大龄未婚青年是指已经超过"适婚年龄"，但是在婚姻上还暂时处于缺位的青年，女性为28～49岁，男性为30～49岁。很多青年白领因生活节奏较快、工作环境封闭、社交圈狭窄，加之价值观、婚恋观的变化，交友难、婚恋难已经成为他们的普遍问题。

摆脱单身状态是青年男女的由衷期盼。在七夕节、情人节等节日，在社区举办单身青年相亲交友会，为忙于工作而疏于终身大事的青年男女提供健康的交友平台，以解决部分青年的单身问题，帮助他们组建家庭，走向幸福。活动环节可以包括：设立展示男女嘉宾个人资料和供大家交流的沟通区，以面对面的方式进行交流；嘉宾才艺表演，用个人魅力吸引异性目光；开展活泼有趣的男女互动游戏，比如一起夹气球、猜谜语、抢椅子，增进彼此之间的了解；活动最后，主持人请男女嘉宾牵手及人气嘉宾颁奖。

4. 成立中老年人相亲交友俱乐部

随着我国人口老龄化的加快，独居单身老人的再婚问题引起社会的高度关注。很多老年人在丧偶或离异后，心中的苦闷无处发泄，久而久之容易患上抑郁、痴呆等疾患。在社区成立中老年相亲交友俱乐部，主要面向独居、丧偶、离异的单身中老年群体，定期通过相亲联谊、聊天交友、舞会活动、外出郊游、互动游戏等形式，在轻松愉悦的氛围中寻找自己的心上人，重新建立幸福美满的婚姻。对于大多数成员，虽然不是那么容易找到另一半，但是他们通过丰富多彩的交流活动也能得到愉快和满足。

5. 婚恋交友指导

不少单身男女在寻找另一半多年未果之后，开始选择参与婚恋指导课程。在社区开设婚恋指导班，为单身男女进行恋爱评估，引导单身男女树立正确的交友观和婚恋观，对形象礼仪、约会、交流沟通、恋爱行为等进行指导，鼓励他们积极主动地追求爱情。通过指导，为单身人士有效解决婚恋问题提供帮助。

（四）社区婚姻家庭心理服务

在家庭关系中，夫妻关系的影响是最大的。要保持家庭和睦持久，夫妻恩爱是重要的前提条件。然而，由各种原因导致的婚外恋、离婚、单亲家庭、家庭暴力等问题日益严重，传统婚姻家庭结构受到严重挑战，破坏了家庭结构的稳定。

1. 设立社区婚姻心理咨询室

为促进社区婚姻家庭和谐，在社区开设婚姻心理咨询室，由婚姻咨询师为社区居民提供咨询服务。婚姻心理咨询室通过一对一辅导、重点咨询指导等方式，对居民在婚姻家庭中的恋爱、择偶、夫妻关系、婚姻危机、离婚再婚、家庭重组等各种问题进行解答，从而调解婚姻纠纷、化解矛盾。

2. 设立婚姻心理咨询热线

由于情感、婚姻家庭问题都具有较大的隐私性，很多人不愿意面对面进行咨询，而是愿意打电话进行咨询。在社区设立婚姻心理咨询热线，由婚姻心理咨询师定期值班，接听社区中关于婚姻家庭的咨询电话，为处于彷徨中的人们指点迷津。

3. 社区婚姻关系辅导

（1）婚前指导。当前，我国出现的离婚率较高、闪婚率较高，多数是由于婚前没有做好心理准备。实际上很多婚姻问题不是婚后才产生的，而是婚前就已经隐藏着。针对这些情况，由婚姻咨询师对即将结婚的情侣进行婚前指导，提前化解婚姻矛盾。在基层婚姻登记窗口试点设立婚姻指导室，其主要服务内容包括：进行婚前性格评估，对情侣双方性格、交往现状、沟通模式等进行深入了解和评估；开展婚前培训，发放婚前教育教材、宣传品；帮助新婚夫妇正确理解婚姻的价值，适应婚后生活，完成从恋爱到婚姻的转变。

（2）婚内辅导。婚内辅导主要包括两个方面：①夫妻关系调适。邀请心理咨询师，在社区开展婚姻关系辅导，提供婚内心理调适服务，结合典型案例向夫妻双方讲解如何正确处理夫妻关系。帮助夫妻掌握经营婚姻、化解婚姻危机的技巧，使他们能够正确处理婚姻家庭问题。帮助夫妻双方提高婚恋情商，建立美满幸福的婚姻关系。②夫妻纠纷调解。多数家庭的婚姻纠纷是由家庭琐事日积月累引起的，孩子抚养及教育等问题很容易引发夫妻矛盾。在夫妻关系破裂之前，由婚姻调解员介入调解是解决夫妻纠纷的重要途径。通过调解，能够缓和夫妻双方之间的紧张关系，有效化解夫妻矛盾，维持家庭关系的和谐稳定。

（3）离婚疏导。近年来，我国的离婚率一直呈递增趋势。城市生活压力和快节奏增加了夫妻间的矛盾和压力，进一步加快了离婚登记的增长。与此同时，"闪婚""闪离"现象也大量出现。"80后"离婚率高多与其成长经历有关，"80后"多为独生子女，集体生活经历少，习惯以自我为中心，对婚姻的期待高，婚姻生活稍有不顺便会用离婚来解决。

由心理咨询师担任社区婚姻调解员，为准备离异的夫妻进行离婚前的心理疏导，以缓解夫妻矛盾，恢复家庭功能。采取当事人回避的疏导方式，在个人疏导成功的基础上，再进行双方当事人面谈，分析他们各自所存在的问题并达成共识。通过疏导，给这些夫妻一个冷静期、缓冲期，引导双方共同努力、尝试作出改变，减少冲动离婚的发生，从而更好地挽救家庭。

4. 家庭矛盾调解

（1）婆媳矛盾疏导。在一起生活的婆婆和儿媳常因家庭琐事产生矛盾。社会工作者可以先了解情况，对婆媳双方的矛盾进行调解，对她们进行说服教育，讲道德、讲人情，使婆媳双方认识到家庭和睦的重要性，意见不合时要积极沟通、冷静处理、各让一步。邀请公婆、父母们一起参加婆媳关系工作坊，能够让大家有清楚的角色、关系和权利认知，增进彼此理解，学会良好沟通。

（2）家庭纠纷调解。在"陌生人"社会环境中，家庭矛盾纠纷很难被外界发现，纠纷调解难度增大，如何化解家庭矛盾纠纷成了社区治理的一个难题。有些家庭成员由于价值观念不同，导致争吵不断、矛盾升级。社会工作者与社区民警共同到纠纷当事人家中了解情况，耐心做双方的思想工作，促使双方达成和解协议。比如在赡养关系纠纷中，从情理、感情出发，通过"疏、劝、帮、教"的调解模式，尽可能调解老人与子女间的纠纷。同时，对纠纷进行回访，有效减少矛盾纠纷的二次发生。

（五）社区婚姻家庭法律服务

很多婚姻关系当事人是在准备离婚或进行诉讼离婚时才提出法律咨询，法律介入时间过晚，其在婚姻关系中的合法权益难以得到及时保护，而人民法院所进行的诉前调解因婚姻关系濒临破裂，往往难以取得实际效果。

1. 社区婚姻家庭法律讲堂

在社区开展婚姻家庭法律讲座，向社区居民讲解婚姻家庭中常见的法律纠纷，以婚姻法、继承法、妇女权益保障法等法律为核心，重点讲解结婚的条件、夫妻共同财产与个人财产、子女抚养、离婚损害赔偿、子女探视权履行、债权债务享有及承担等问题。引导婚姻双方理性表达合理诉求，依法维护自身权益。

2. 社区婚姻家庭法律咨询服务

帮助婚姻当事人了解婚姻关系中的各项合法权益，审查婚前财产协议或离婚协议，帮助调解婚姻纠纷，进而减少矛盾纠纷。指派专职律师为社区居民提供婚姻法律咨询服务；开通婚姻法律电话专线、专服邮箱、微信公众号，为社区居民提供线上咨询服务。

3. 社区反家暴法律服务

由于家庭暴力的隐私性比较强，很多遭受家暴的受害人不愿意向外界寻求法律帮助。律师走进社区，把反家暴法律知识传递给每个家庭成员，分析家庭暴力的概念和类型、家庭暴力的原因和现状、预防和制止家庭暴力的对策，剖析家庭暴力的特点和危害性，以及遭受家庭暴力应该如何求助等问题。为有家暴倾向或出现过家暴行为的家庭提供法律援助，进一步提高居民依法维权的能力。

（六）社区家风建设与子女教育

家庭是国家发展、民族进步、社会和谐的基石，修身齐家是干事创业的基础。家风是一个家庭的传承，好的家风可以影响几代人，甚至关系到一个家族的兴旺。习近平总书记强调："不论时代发生多大变化，不论生活格局发生多大变化，我们都要重视家庭建设，注重家庭、注重家教、注重家风。"[①]

1. 家风建设

（1）评选幸福家庭榜样。幸福家庭榜样人物能够在社区弘扬文明立家、平安保家、勤俭持家、尊老敬老的传统美德，在平凡中感动大家。有些家庭

---

① 习近平. 不论时代发生多大变化都要重视家庭建设 [EB/OL]. (2015 – 02 – 17) [2023 – 09 – 04]. http://politics. people. com. cn/n/2015/0217/c70731 – 26580958. html.

对社区、社会和国家作出了突出贡献，是值得社区群众学习的榜样。通过家庭自荐、邻里推荐、居民代表推荐等方式选出候选家庭，然后由居民代表和社区"两委"工作人员组成的评选委员会进行评选，评选出"幸福家庭"。通过评选活动，倡导社区家庭的内部成员之间、家庭与社会之间形成新型的和谐关系。

（2）幸福家庭事迹宣讲。深入社区挖掘有良好口碑的道德模范和慈孝家庭，进行人物专访。将典型事迹汇编成故事集，树立典型。组建幸福家庭事迹宣讲团，由婚姻家庭生活幸福的家庭成员作为宣讲员，讲述自己以及身边的幸福家庭事迹，让大家从中有所感悟和学习。

（3）幸福婚姻经验分享。以座谈会、联欢会等形式，邀请青年家庭、婆媳家庭、金婚夫妇等家庭成员向社区居民分享婚姻生活经验，比如青年夫妻的爱情故事、和谐家庭的相处之道、金婚夫妻的足迹历程等幸福婚姻故事，向大家分享自己的幸福感悟，为社区的其他家庭带来启发。

（4）家庭故事情景剧。由家庭成员参与一起编排家庭故事，表演家庭情景剧，现场扮演夫妻、子女、双方父母等角色。在家庭语境中体现彼此的角色、需求和关爱，助力家庭和睦；通过家庭主题活动、家庭故事会等方式，促进家人间的沟通与理解。

（5）幸福家庭摄影展。在社区举办家庭故事摄影照片展览，号召居民拿出珍藏照片参与展览。在摄影展上，分享三世同堂、四世同堂的家庭幸福故事照片，在平凡的生活场景中展现幸福家庭瞬间，引导居民从生活的点滴中感受亲情的温暖。

（6）家庭才艺秀。在社区举办家庭才艺展示活动，社区居民以家庭为单位登上社区舞台，通过舞蹈、小品、歌唱等才艺表演形式，展示家庭成员魅力以及家长和孩子之间的默契配合，体现家庭团结和谐的精神面貌，增进父母与子女之间的理解和沟通。

（7）社区家庭趣味运动会。在社区举办家庭趣味运动会，活动内容以趣味性、体现亲子互动和展现家庭默契为主，设置袋鼠跳、接力套圈、接力夹弹子和接力吹气球等项目。通过活动，使家庭成员能够共同体验游戏的欢乐，增进孩子与父母之间的感情。

2. 子女教育指导

（1）亲子教育指导。随着现代社会生活节奏加快，很多家长由于工作繁忙而忽视了与孩子的沟通，一些家庭出现了重智轻德、重知轻能、过分宠爱、过高要求等情况，导致儿童成长问题频发。在社区开设亲子教育指导课，针对孩子在不同年龄阶段的特点，通过生活中的例子和趣味互动游戏等形式，为年轻父母们讲解在日常教育中如何与孩子建立良好的沟通方式，当孩子遇到问题时家长如何引导纠正，家长如何为孩子言传身教，等等。使家长们认识到，父母对孩子性格发展和心理成长的重要作用，促进孩子健康成长。

（2）隔代教育指导。隔代教育不同于亲子教育，它是由老年人实施抚养和教育孙辈的活动，是当前中国家庭教育中比较普遍的现象。隔代教育的优势在于老年人的时间充裕、做事细心、经验丰富，但其弊端是老年人容易形成纵容溺爱、思想观念陈旧，对孩子个性发展造成负面影响。在社区通过隔代教育讲座、隔代教育工作坊、隔代教育分享会等活动，更新老年人的教育观念，使老年人认识到先进育儿理念的合理性，从而降低隔代教育导致的家庭摩擦，增进与儿女之间的理解，共同教育好下一代。

3. 二胎家庭辅导

我国自 2016 年 1 月 1 日起实施全面放开二胎政策，这对于计划生育政策是一项重大改革，对我的人口发展有着重要影响。但是随着全面二胎政策的实施，很多家庭面临着对第一胎子女心理教育的问题，也出现了一些家庭悲剧。针对二胎家庭和准备孕育二胎的家庭，开展针对二胎的观念引导、理智孕育、调整心态、解决困难的讲座、座谈和沙龙，走出二胎养教的误区。

（七）特殊情况家庭服务

在社区婚姻家庭服务中，要对特殊情况家庭给予特别关注。特殊情况家庭主要是指失独家庭、单亲家庭、残障家庭、低收入家庭等。针对这类家庭的服务不能标签化，在活动中不能让服务对象感到被另类化，要注重特殊情况家庭与正常家庭之间的交流和融合。

1. 社区失独家庭服务

"失独家庭"主要是指失去独生子女且不再生育或领养孩子的家庭。失独家庭是我国计划生育政策实施以来逐渐显现的一个特殊群体。据测算，我国的失独家庭已超百万，每年约产生 7.6 万个失独家庭[①]。由于丧亲打击，失独父母往往表现出生理脆弱、心理脆弱、人际脆弱、经济脆弱和养老风险等问题。失独家庭服务是一个系统工程，如何帮助失独者重归社会，重新找回家庭幸福生活，是亟待解决的社会问题。

（1）失独家庭心理慰藉服务。与一般空巢家庭的空虚、孤独相比，失独家庭显得更为寂寞和苦闷。由于失独家庭存在情感上的痛苦，很多失独老人并不愿意提起往事和接受心理服务。针对这种情况，由专业心理咨询师定期对失独老年人开展团体心理辅导、个体心理咨询；对失独家庭进行哀伤处理和危机干预，通过劝解和疏导的方式，使失独家庭正视现实，走出悲观与封闭，重新鼓起生活勇气；对失独家庭定期进行节日慰问，定期打电话问候，陪老人聊天。对失独家庭的关爱可以在一定程度上缓解他们的精神痛苦，使他们感受到社会温暖。

（2）失独家庭文体健身服务。结合失独家庭成员的文体爱好，发动社区中的文体志愿者，开展形式多样的文体娱乐活动。鼓励失独家庭成员参加乒乓球队、电脑班、书画班、合唱团等，为失独者找到能够发挥其特长的平台，培养他们的兴趣爱好，使他们的身心能够更加健康。

（3）失独家庭生活照料服务。失独家庭往往要独自承担养老压力，由于缺乏照料，导致生活上存在诸多不便。组织志愿者深入失独者的家中，定期了解他们的身体状况和需求，为失独家庭的成员提供基本的家政服务，例如打扫卫生、义务理发、做饭等服务，帮助他们购买生活必需品，解决急难问题。通过服务，改善失独家庭的生活状况，提升他们的生活品质。

（4）失独家庭住院陪护服务。由志愿者为失独家庭特别是其中的困难家庭提供住院陪护的服务，降低其由于无子女照料而导致出现二次事故的风险。

2. 社区单亲家庭服务

近年来，随着我国离婚率的逐年升高，出现了越来越多的单亲家庭。单

---

① 李东舰. 中国失独家庭已超百万个 每年新增 7.6 万个家庭［N］. 中国青年报，2015 - 10 - 14.

亲家庭是指仅由一位母亲或一位父亲所教养的家庭。由母亲或父亲单个抚养的孩子即为单亲家庭子女。单亲家庭的主要成因是离婚、分居、丧偶、未婚先孕。目前，中国单亲家庭已超过 1 亿，且每年还在以上千万的数量增加。心理危机、子女教育缺失已经成为单亲家庭面临的最突出问题，单亲家庭教育的结构缺失导致青少年无人教育或疏于教育。

（1）单亲家庭慰问帮扶。由于单亲家庭的生活来源主要依靠父母中的一方，很多单亲家庭存在着经济困难的问题。对困难单亲家庭进行帮扶，帮助他们解决生活中的实际困难，定期开展有针对性的慰问。比如在春节、中秋节等节日，为单亲家庭子女送去慰问品，使他们感受到社会的温暖。

（2）单亲家庭心理疏导。单亲家庭的子女容易形成内向、自卑、孤僻、怯懦的性格特征，心理不平衡使他们长期处于冷漠、孤独的心理状态中，很容易形成自暴自弃的心理定式，特别需要定期的心理辅导与帮助。由心理咨询师对单亲家长和子女进行心理疏导，通过沙盘操作、游戏互动等方式反映孩子的心理情况；对单亲家庭成员开展心理讲座，帮助他们改善不良情绪，走出心理阴影，积极融入社会生活。

（3）单亲家庭法律服务。社区中的很多单亲母亲习惯了独立生活，即使遇到不公也很少寻求法律帮助，这对单亲家庭的发展是不利的。在某些情况下，社区可以介入，比如父母离异的未成年人由监护方抚养，抚养费过低时，由社区介入予以干预。对单亲家庭的未成年人进行帮扶时，从切实维护未成年人的合法权益出发，督促监护人依法履行法律抚养责任。对不履行对未成年人进行抚养教育的家庭，由社区向街道司法部门和民政部门汇报、协调，协助未成年人享受生活保障金和完成义务教育，必要时可申请法律干预。另外，由于当前未成年人犯罪案件中有一半左右来自单亲家庭，要加强对单亲家庭子女的犯罪预防教育，使他们能够知法、懂法、守法。

第十六章　社区多元共治项目设计

一、社区多元共治的背景信息

（一）社区多元共治的相关概念

治理的思想是因 20 世纪 70 年代西方国家管理危机的发生而兴起的，并伴随着非政府组织的壮大、信息技术革命和全球化发展而逐渐强大，成为流行全球的社会思潮。美国学者詹姆斯·N. 罗西瑙（James N. Rosenau）在《没有政府的治理》（*Governance Without Government*）一书中认为："治理是指一切活动领域里的管理运行规则，包括显规则和潜规则，它不仅依赖于权威的法律制度，更重视主体间的重要性程度。"[①] 在治理理论中，治理的主体是多元的，政府不是公共权力的唯一中心；治理的过程着重于协调各种利益，而不仅仅是执行刚性的规则；治理要求公民的有效参与，政府与私营部门、非政府组织处于同一平等地位。

在社区治理中实施多元共治，是指政府、各类社会组织以及居民共同参与社区事务管理的社区治理模式，该模式的特点是存在多个管理主体和多个管理中心，并且这些主体按照各自的方式和职责对社区事务进行管理，该治理模式的本质是在社区管理中实现管理主体多元化。

---

① 詹姆斯·N. 罗西瑙. 没有政府的治理 [M]. 张胜军，刘小林，等译. 南昌：江西人民出版社，2001.

（二）社区多元共治的相关法律政策

2004 年，党的十六届四中全会首次提出"社会建设""社会管理体制创新""构建社会主义和谐社会"，体现了中国共产党对经济建设与社会建设关系的崭新认识，即在以经济建设为中心的同时，要重视并加强社会建设。2013 年，党的十八届三中全会首次正式使用"社会治理"概念取代以往的"社会管理"，并提出要改进社会治理方式，坚持系统治理，加强党委领导，发挥政府主导作用，鼓励和支持社会各方参与，实现政府治理和社会自我调节、居民自治良性互动。这标志着党和政府的社会建设理念进一步走向现代化，也为如何建立新的社会治理体制指明了方向。2015 年，党的十八届五中全会提出"构建全民共建共享的社会治理格局"，进一步丰富了社会治理格局的内涵，突出了社会治理对民生发展的重要意义。

2016 年 3 月，《中华人民共和国国民经济和社会发展第十三个五年规划纲要》指出："完善党委领导、政府主导、社会协同、公众参与、法治保障的社会治理体制，实现政府治理和社会调节、居民自治良性互动。""依法保障居民知情权、参与权、决策权和监督权，完善公众参与治理的制度化渠道。对关系公众切身利益的重大决策，以居民会议、议事协商、民主听证等形式，广泛征求公众意见建议。完善村务公开、居务公开、民主评议等途径，加强公众监督评估。"

2017 年 4 月，中共中央、国务院发布的《关于加强和完善城乡社区治理的意见》指出："提高社区居民议事协商能力，凡涉及城乡社区公共利益的重大决策事项、关乎居民群众切身利益的实际困难问题和矛盾纠纷，原则上由社区党组织、基层群众性自治组织牵头，组织居民群众协商解决。"

2021 年，民政部、国家发改委印发《"十四五"民政事业发展规划》指出，加快形成基层社会治理新格局；基层民主制度化、规范化、程序化建设持续加强，基层群众性自治组织特别法人制度建立并不断完善，城乡社区协商内容逐步充实、形式更加丰富、主体日益广泛，与其他协商形式衔接更加紧密。

（三）社区多元共治的需求

随着我国经济体制的转型，公共权力逐渐从政府向社会转移，居民自治组织得到发展，出现大量的新增公共服务需求。在这种情况下，原有的一元化管理方式已经不能适应新型社区治理的要求，迫切需要新的治理模式。

但是，从我国城市社区建设的实际来看，社区治理仍然存在着几个方面的不足：一是治理的主体仍然以政府为主，单纯依赖政府投入资源，形式比较单一；二是管理手段比较单一，以行政手段为主；三是社会力量参与不足，社会组织发展比较滞后，公民的主动参与性不够。如果政府总是包揽一切社区服务事务，社区居民只是被动地接受服务，而不能作为服务的提供者，就会加深居民对政府的依赖性，不利于培养居民的参与意识和责任感。

在社区实施多元共治，有利于推动居民自治和自我服务，完善基层社会管理格局，满足各种类型居民的需求，使社区中的各种矛盾得到缓和。多元共治可以实现资源共享，既相互分工，也相互合作，使社区治理成为一项系统的工作，促进社区治理工作的健康发展。

二、社区多元共治项目设计

社区多元共治项目主要包括文明劝导队、居民议事厅和居民自管会三类项目。

（一）文明劝导队

1. 文明劝导队的作用

文明劝导队，能协助政府部门对各种不文明行为进行善意提醒和规劝，是当前各地治理社区内不文明现象的一种重要措施。文明劝导队也称为市民劝导队、文明疏导队，通常都有统一的队旗，队员统一佩戴袖标。文明劝导队的作用体现在以下两个方面：

（1）充分发挥居民自治的作用。文明劝导队以居民身边事为切入点，充分发挥居民自我管理、自我服务、自我教育、自我监督的主体作用，对居民的各类不文明行为进行耐心劝阻，引导、督促居民养成良好的行为习惯，是居民自治的一种重要形式。

（2）形成文明创建长效机制。尽管公安、城管、交通等政府部门对不文明现象也在进行整治，但治理效果往往比较难以持久，经常出现治理—反弹—再治理—再反弹的困局。文明劝导队对城市管理中的薄弱环节持续进行监督，拓展城市管理工作的监督方式，有利于形成文明城市创建的长效管理机制。

2. 文明劝导队的劝导事项

在有些社区，乱摆摊点、游商扰序、乱停乱放、散发小广告等不文明现象时有发生，成为社区管理中的顽疾。在这种情况下，文明劝导队可以对社区中的不文明现象进行劝导。

（1）交通秩序的劝导。劝导汽车驾驶人员按规则行车，在指定地点停靠。向汽车驾驶人员宣传文明礼仪和交通安全法规，劝导他们能够自觉做到不随意掉头行驶、不逆向行驶、车辆停靠到位、不酒后驾车。纠正居民、行人乱穿马路、自行车和行人闯灯越线等不文明行为。

（2）矛盾纠纷的劝导。社区工作纷繁复杂，一名社区民警往往要负责几万人的社区，很多时候难免分身乏术。文明劝导队能帮助社区民警将一些小纠纷、小矛盾及时化解在萌芽状态，避免双方矛盾激化甚至形成恶性事件。文明劝导队队员可以走进居民家中调解家庭纠纷、邻里纠纷，对居民做思想工作。

（3）文明经商的劝导。劝导进入社区的游商游贩在规定区域内经营，不沿街叫卖，不占用人行道和其他设施。劝导临街门店业主和经营人员自觉落实"门前五包"责任制，保持门前清洁规范，垃圾定时定点投放，不随意倾倒垃圾和污水。

（4）居民文明行为的劝导。向居民宣传普及居民文明礼仪知识和城市管理相关规定，引导广大居民自觉遵守。对某些居民存在的言语粗俗、乱吐乱扔、乱倒垃圾、乱张乱贴、乱涂乱画、随地便溺、噪声扰民、攀摘花木等行为，当面予以劝导。

3. 文明劝导队的运作管理

（1）明确组织领导。由所在辖区城管、公安、工商、卫生等相关职能部门联合组成文明劝导队工作领导小组，指导社区的文明劝导工作。文明劝导队设队长1人、副队长2人，队员15～30人，均由社区内热心公益服务的居民担任。

（2）设立专门小组。根据社区实际需要，文明劝导队可以设立多个专门小组，每个劝导小组设正副组长各1名。专门小组可以包括：环境卫生监督组、违章行为劝导组、家庭矛盾调解组、安全防范宣传组、重点人员帮教组、社区信息收集组。

（3）严格遴选队员。文明劝导队在招募队员时，要制定严格的队员遴选标准，进入劝导队中的队员应具备基本的思想政治意识、社会责任意识和遵章守纪意识，同时也要具备较好的口头表达能力、人际沟通能力和压力承受能力。

（4）开展日常巡查。根据辖区分布情况和文明创建工作实际需要，每天安排一定数量的文明劝导队队员在社区内重点区域进行巡查，发现不文明现象之后，及时对当事人进行劝阻。

（5）及时反馈处置。针对那些不听劝导的当事人，以及能够即时整改但拒不整改的，文明劝导队队员及时向社区居委会反馈；如果社区居委会无法协调处理，由居委会再向街道办事处反馈，由街道办事处协调有关部门派人依法依规处置，确保问题得到有效解决。

（6）加强队员业务培训。由文明、城管、交警、药监、工商、文化、卫生等职能部门对文明劝导队队员进行业务培训，为队员讲解日常劝导中所需要的相关法律法规知识、安全知识和环境知识，以及应具备的劝导技巧和文明礼仪。及时解答劝导队队员在工作中遇到的各类问题，提高劝导队队员发现问题和解决问题的能力。

（7）建立文明劝导网络平台。建立社区文明劝导微信群，文明劝导队队员每天把文明劝导的图片及事件处理情况及时发送到工作群，街道、社区主管部门及时处理，使不文明行为能得到快速的纠正和处理。

（8）调动劝导队队员的积极性。文明劝导队队员在进行劝导的时候，要动员和带动更多居民自觉参与社区管理和社区文明建设。开展优秀队员评选活动，对劝导效果突出的劝导队队员进行表彰，保持和调动劝导队队员的工作热情。

（二）居民议事厅

我国居民议事协商的开展存在一些问题，比如，居民议事协商机制不健全，缺乏制度保障；在议事过程中普遍缺乏议事引导和协商方法；社区社会组织、驻区单位和社区居民缺乏参与社区公共事务的渠道。2013 年，民政部印发了《关于加强全国社区管理和服务创新实验区工作的意见》，明确提出加强议事协商，推进基层协商民主实践，健全民情恳谈、社区听证、社区论坛、社区评议等对话机制。在这一背景下，我国很多地方从强化居民自治入手，推行居民议事厅制度，开辟了一条征求民意、优化决策、化解矛盾、改进工作的新途径。

1. 居民议事厅的作用

居民议事厅是一个居民议事平台，通过居民主动参与社区事务管理，发挥居民在调解矛盾、反映群众诉求、维护社区治安等方面的作用，从而在社区形成民主参与、民主自治的氛围。

（1）提高居民参与社区治理的主动性。以往政府层层下达通知，到最后即使是社区居委会的通知，居民也会认为是行政命令而从内心产生排斥或不关心。通过居民议事厅，社区居民可以直接参与社区事务管理，经过大家共同商讨后拿出有效方案。在居民议事厅中，居民既是社区事务的参与者，也是社区事务的监督者，这对于促进居民参政议政、化解社会矛盾、实现社区和谐都有积极作用。

（2）发现社区热点和难点问题。居民议事厅能使社区及时准确地发现居民群众中的热点和难点问题，收集居民最关注的问题以及对社区工作的意见建议。

（3）促进社区治理问题的科学解决。相对于只有个别人参加的闭门决策，居民议事厅能够提高决策的公正性和科学性，从而降低因为决策失误而产生的成本。而且，通过议事厅产生的决策，居民对其有着先天的信任感，使得决策的执行更为容易，降低了决策的执行成本。

（4）有效化解社区的矛盾纠纷。当前，居民的利益和诉求越来越多元化，原有的管理模式难以满足居民的需要。通过居民议事厅，居民对矛盾纠纷进行协商讨论，有利于充分表达各方的关切点，最后取得协商一致，使纠纷得以顺利解决。

（5）增强社区内部的互信与融合。很多居民互相不认识、不熟悉，通过议事可以增进居民之间的交流，促进居民之间的相互融合。同时，居民议事厅还能化解居民对基层政府的不信任或误解，提高基层政府与居民之间的互信程度。

2. 居民议事厅的运行机制

（1）收集民意和确定议题。由社区居委会委员、网格员等通过走访社情民意收集居民的意见建议，也可由社区居委会下属六大委员会、居民小组、楼（院）委会、社区社会组织、网格议事会、社区单位、业主委员会、物业服务企业等通过不同渠道收集社区各方面的意见和建议。社区居委会对收集的意见建议进行分类讨论，按照社区协商议事的基本内容，确定协商议题和协商的基本方法。确定协商议题后，由提出方按照要求填写《议题申请备案表》，相关社区组织应做好居民议事厅开厅的有关准备工作[①]。

（2）居民议事厅的程序。居民议事厅应建立明确的、规范的程序，以保障议事协商的有序开展。社区居民议事厅的程序主要包括以下几个环节：①在居民议事厅开会前，社区居委会发布《协商议题公示单》，公示时间原则上不少于三天。同时，社区居委会还可以根据协商议题，向政府部门、辖区单位、居民等利益相关方发出邀请。②公示单包括协商议题、时间、地点、参加人员、主持人等，并注明对协商内容感兴趣的居民和社区各类组织可以到社区居委会报名参与协商讨论。③社区居委会接受社区居民和社区社会组织的申请参与协商议事，并做好登记。④居民议事厅开会前，社区居委会根据协商议题确定会议形式及主持人。⑤居民议事厅协商讨论达成共识后，由主持人填写《居民议事厅协商共识纪要》，并在社区公示，公示时间原则上不少于三天。《居民议事厅协商共识纪要》作为档案留存。⑥确定参与协商事项

---

① 北京市东城区创建全国社区治理和服务创新实验区领导小组：《东城区关于推行"多元参与、协商共治"社区自治模式的通知》（东社创组发〔2014〕3号），2014年9月30日。

是否进入一事一评一反馈程序。进入程序的，确定评估小组成员。[①]

（3）居民议事厅的参加人员。居民议事厅的参加人员就是利益相关方，由民主推荐产生，主要由社区居民代表（包括不同年龄段的居民）、驻区单位代表、业主委员会代表、物业公司代表、社区社会组织代表及议事相关事件当事人等组成，他们代表各自不同的群体。要明确议事成员的入选标准，即什么样的居民能够成为议事成员。居民议事厅的运转，关键是有居民自己的带头人。为此，要在社区内挖掘热心居民，将他们培养成为社区领袖，从而带动更多居民参与社区建设。

（4）居民议事厅的主持人。居民议事厅设主持人 1 人，根据议题内容，由社区居委会下属的 6 个委员会的主任担任。根据议题需要，社区居委会可请社会组织或其他组织负责人担任主持人。

（5）居民议事厅代表的权利和义务。居民议事厅代表的权利包括：提出议题权、监督评议权、表决权、调查权、列席权、反映意见和建议权、督办权等。居民议事厅代表的义务包括：遵守国家法律法规和政策、联系居民和辖区单位、按时参加会议、执行居民代表大会的决定决议、反映督办事项等，充分发挥居民代表在社区治理中的作用。

（6）居民议事厅的讨论议题。根据前期了解到的社区居民共同关心的问题，设计相应的讨论议题。居民议事厅可以讨论的议题很多，主要讨论具有公共性的重要问题：一是社区发展的全局性问题。例如社区发展规划、公共服务设施建设、兴办社区公益事业、社区治安问题、社区公益金使用、制定社区居民公约等。二是民生问题。例如楼道堆放杂物、随意张贴小广告、建筑装修垃圾无序堆放、垃圾清运及卫生死角、垃圾分类问题、餐饮单位空气污染、广场舞噪声扰民、文明养犬问题、小商贩占道经营、停车位管理及出行难、共享单车乱停放、电梯及楼道设施老化、群租房问题、小区门禁安装及维护、监控摄像头缺失及损坏、违章建筑私搭乱建、在小区内种菜、邻里矛盾纠纷等。三是监督公共服务。涉及社区绿化以及水、电、气、暖等与居民日

---

① 北京市东城区创建全国社区治理和服务创新实验区领导小组：《东城区关于推行"多元参与、协商共治"社区自治模式的通知》（东社创组发〔2014〕3 号），2014 年 9 月 30 日。

常生活密切相关的公共服务事项，由居民对相关部门服务质量进行监督和评议。

但是，并不是居民关注的所有议题都适合拿到居民议事厅来讨论，有些问题涉及国家层面的政策制定，并不是社区和街道层面能解决的，比如户籍制度、异地参加高考等。对基层无法解决的这些问题进行讨论是不切实际的，也与社区居民的实际能力不相符合。

（7）居民议事厅的议事规则。在初步操作居民议事厅之前，为避免居民开会时出现跑题、一言堂、随意打断、争吵和人身攻击等问题，要探索形成符合本地特点的、高效的、公平公正的社区议事规则，以约束议事厅的参与人员，从而提高社区议事效率，有效推动基层民主协商。

这些社区议事规则主要包括：①中立原则：主持人在听取大家意见后总结。②发言许可原则：经过主持人许可后再发言。③一事一议原则：每次讨论一个议题。④表决通过原则：针对不同的意见大家举手表决。⑤机会均等原则：主持人应尽量让意见相反的双方轮流得到发言机会，以保持平衡。⑥立场明确原则：发言人应首先表明对当前观点的立场是赞成还是反对，然后说明理由。⑦发言完整原则：不能打断别人的发言。⑧限时限次原则：每人每次发言的时间有限制（比如约定不得超过 2 分钟）。每人对同一观点的发言次数也有限（比如约定不得超过 2 次）。⑨遵守裁判原则：主持人应制止违反议事规则的行为，这类行为者应立即接受主持人的裁判。⑩文明表达原则：不得进行人身攻击，不得质疑他人动机、习惯或偏好；辩论应就事论事，以当前待决问题为限。⑪充分辩论原则：表决须在讨论充分展开之后方可进行。⑫多数裁决原则：在简单多数通过的情况下，动议的通过要求"赞成方"的票数严格多于"反对方"的票数（平局即没通过），弃权者不计入有效票。

很多居民从未参与过社区的议事协商活动，对议事规则的认识不足。因此，要培养居民形成对议事规则的尊重及程序正义的理念，定期为议事厅成员作议事规则的培训指导，引导居民在规则之下有序参与公共事务、有序参与议事。

（8）居民议事厅的议事环节。议事的过程主要包括 5 个环节：①动议并陈述议题。动议者举手经主持人允许后提出动议，动议必须是具体的、明确的、可操作性的行动性建议，陈述议题并简要阐述理由，时间不得超过 3 分钟。②附议。附议仅用在刚刚有人提出动议后。附议表示附议人赞成该动议。附议不需要发言权，不需要陈述理由，只需举手并喊一声"附议"。动议必须有3人以上附议，才能成立，若不满3人，则视为动议不成立。③反对。主持人对动议向议事代表询问有无反对意见：无反对者直接进入表决；有反对者需陈述理由，有3人以上人员有反对意见进入辩论环节。④辩论。为保证辩论的公平性，主持人应要求动议方和反对方各选出不少于3名成员进行辩论，双方人数应保持相同。辩论过程中需遵守以下规则：正反双方需交替发言；每一方个人发言不超过3分钟；每一方总辩论时间不得超过10分钟。⑤表决。只有主持人可以提请表决，每一个成立的议题需表决结束后再进行下一议题的提议；表决票数相等则动议未通过，得票数多一方获胜。[①]

（9）居民议事厅的项目方案实施。经居民议事厅民主协商，形成协商共识纪要，由社区居委会负责组织协调分类，形成不同的社区项目，并组织居民和社区社会组织参与项目实施。①协商事项可由社区社会组织承接的，以项目的形式，由下属委员会指导的社区社会组织承办，社区社会组织吸收居民参与项目实施。②协商事项可由社区居民通过努力自己解决的，由下属委员会组织居民成立社区行动小组，制订行动方案，形成社区项目并实施。③现有社区社会组织无法承接的，由社区居委会向街道申请，采取政府购买服务的方式，委托社会组织承接实施。④涉及社区重大事项的，经居民议事厅协商讨论达成共识后，提交社区居民代表会议决议。⑤协商共识需由政府各职能部门协助解决的事项，由社区居委会提请街道办事处协调相关职能部门实施解决。[②]

（10）居民议事厅的反馈评估。有些居民议事厅之所以无法吸引居民持续参与，是因为每次议事的实施都没有反馈评估。协商共识纪要交由社区社会组织、专业社会组织或者居民成立社区行动小组，以项目形式参与实施的，实行一事一评一反馈的评估方式。由社区居民监督小组成员、参与实施的居

---

① 连玉明，朱颖慧. 中国社会管理创新报告 No. 2：社会改革与城市创新［M］. 北京：社会科学文献出版社，2013.

② 北京市东城区创建全国社区治理和服务创新实验区领导小组：《东城区关于推行"多元参与、协商共治"社区自治模式的通知》（东社创组发〔2014〕3号），2014年9月30日。

民代表组成协商共治评估小组，评估小组由 5~9 人的单数组成，实行一事一评一反馈，参与协商评估小组评估后形成评估报告，反馈给"居民议事厅"，并在社区予以公示。[①]

（三）居民自管会

居民自管会是指在社区居委会的具体指导下，居民广泛主动参与社区家园建设，进行自我管理、自我教育、自我服务和自我监督的居民自治组织。

1. 居民自管会成立的必要性

多数的居民自管会是基于老旧小区管理服务滞后而设立的。以北京市为例，北京市政府文件明确提出了老旧小区的定义："老旧小区是指 1990 年（含）以前建成的、建设标准不高、设施设备落后、功能配套不全、没有建立长效管理机制的老旧小区（含单栋住宅楼）。"[②] 北京市的小区中，有一半以上是老旧小区，多数没有物业管理。很多老旧小区由于建设年代久远、产权单位众多，居民多以老年人、中低收入者为主，家庭经济条件有限，进驻的物业公司往往遭遇收费难，物业服务公司也不愿进驻，这里成了城市建设管理的落后地带。在这种情况下，老旧小区的公共道路、公共设施都长期处于滞后状态。老旧小区存在违章搭建多、绿化面积少、公共照明不足、出行难等问题，安全隐患多，居民意见比较大。

2012 年，北京市创新公共服务提供方式，创新管理机制，创新工作平台，在 34 个社区开展试点，探索物业自主式、社区自治式、产权单位自助式等老旧小区自我服务管理模式，效果显著。[③] 2013 年 9 月 7 日，北京市社会建设工作领导办公室发布了《关于开展老旧小区自我服务管理试点工作的意见》，鼓励老旧小区开展自治服务管理，提倡居民自治、公众参与。

---

① 北京市东城区创建全国社区治理和服务创新实验区领导小组：《东城区关于推行"多元参与、协商共治"社区自治模式的通知》（东社创组发〔2014〕3 号），2014 年 9 月 30 日。

② 《北京市人民政府关于印发北京市老旧小区综合整治工作实施意见的通知》（京政发〔2012〕3 号），2012 年 1 月 21 日。

③ 张景华，董城. 北京创新老旧小区自我服务管理模式［N］. 光明日报，2014 - 03 - 30.

2. 居民自管会的管理模式

居民自管会只有建立明确的管理模式，才有可能真正发挥作用。关于居民自管会的管理模式，主要涉及以下几个方面的问题。

（1）居民自管会的人员组成。居民自管会的成员由社区居委会人员、产权单位人员和居民代表等组成，成员为 5～9 人。居民自管会的成员由居民投票选举产生。

（2）居民自管会的管理模式。居民自管会的具体模式由各社区根据自身特点和亟待解决的问题来确定，目前主要有两种模式：①聘请专业公司进行专项管理的模式。将社区内的各类服务进行分项管理、服务外包，聘请若干个专业公司，做好社区的安全防范、绿化保洁、维修维护、停车管理等工作。由专业化管理机构进入社区，与居民自管会共同担起社区服务的工作。例如，针对停车管理的问题，可以通过聘请停车公司、增加停车位等方式，解决社区停车难题。②志愿服务与专业公司服务相结合的模式。采取居民志愿服务队和专业公司服务相结合的方式，逐步解决社区的保洁、维修等问题。在社区组建治安巡逻、停车管理、环境美化、维修服务、矛盾调解和文化宣传等多支志愿服务队，服务队队员都由社区居民组成。

（3）居民自管会的资金来源及管理。社区日常的治安维护、保洁清扫和维修保养等事项都需要资金支持，资金是否充足就比较重要。在居民自管会运作的前期，政府发挥导向作用，承担很大一部分资金，剩余资金分摊到各户，在运行过程中，再向居民收取一定的停车费和卫生费等费用[①]。北京市海淀区对于成立居民自管会的老旧小区，政府持续补贴 3～5 年时间。在这期间，居民只需缴纳为数不多的管理费用。当居民切身体验到自我服务管理带来的便利后，政府补贴将逐步退出，由居民按市场价承担相应费用[②]。从 2009 年开始，北京市朝阳区的区级和街道两级对居民自管会共投入资金 1.5 亿元，

---

① 北京市社工委在 2016 年 11 月发布的《关于开展老旧小区自我管理服务试点工作的意见》要求，在物业服务企业未进驻的小区，小区服务管理组织、产权单位可以适当收取一定数额的停车、垃圾处理、卫生等服务费用，用作小区绿化、保洁、治安、停车管理等方面的运行经费。

② 王海燕. 海淀 1300 老旧小区建自管会［N］. 北京日报，2015 - 04 - 07.

其中朝阳区一级投入的资金达 1.05 亿元[①]。

很多社区出台了小区自我服务管理公约，明确缴纳费用的方式。居民自管会把各个项目的收支情况向居民公示，包括购买服务和政府补贴的金额、居民缴纳的金额以及每笔费用的支出情况。但是，由于居民自管会没有法人资质，在收费之后如果居民要求出示发票则难以出具。有些社区成立了民办非企业单位，将其引入物业管理中，从而解决了这一问题。

3. 居民自管会运作的实施步骤

居民自管会在明确了管理模式之后，就要按照一定的步骤进行实际操作。居民自管会要实现良性运行，主要是通过以下几个步骤开展工作。

（1）开展社区物业服务需求调研。社会工作者通过入户调查、居委会座谈等方式，对社区物业服务的需求进行调研，掌握社区物业需求情况。

（2）引导建立居民自管会。在街道办事处的支持下，与社区居委会进行充分合作，同时争取产权单位和驻区单位的支持，动员和吸收关心社区事务、责任心强、民意基础好、有居民自治经验的居民参加，成立居民自管会。

（3）建立居民自管会的运行机制。居民自管会建立之后，要建立相应的运行机制，明确资金来源渠道和人员分工，使居民自管会有自己的名称和规范的章程，有固定的人员和场地，建立健全各项管理制度。

（4）促进居民自管会的良性运转。结合老旧小区综合整治工作，指导居民自管会或社区以"有安全防范、有绿化保洁、有维修维护、有停车管理、有创新服务"为基本目标，创新小区物业服务机制，通过服务外包、聘请专职人员、培育志愿服务队等多种方式，协助做好与居民利益相关的社区停车管理、房屋修缮、清洁卫生、绿化养护、秩序维护、下水管道疏通、水电故障排除等工作，逐步满足社区居民对物业服务的需求，不断改善社区的居住环境。

（5）推进社区志愿服务活动。在社会工作者的支持下，积极开展社区志愿服务活动，引导辖区单位互助共建，营造社区的志愿服务氛围。

---

① 王梦遥. 朝阳 181 老旧小区全是"准物业"当家［N］. 新京报，2015－11－13.

附录：项目书模板

×××××资助社会组织开展公益服务项目申报书

申报单位：×××××
项目名称：社区互助式养老模式构建
填表日期：×××年××月××日

项目简介（概述项目希望解决的问题，以及计划通过何种方式达到什么目标）

　　本项目针对老龄化社会的养老现状——社区内日益呈现的高龄化、空巢化趋势以及社区内需要照料的失能、半失能老人数量剧增等问题，运用本机构自主开发的"互助式养老模式"的功能，充分利用居住在社区内的老年人资源，通过运动、饮食等生活方式的养成，通过优秀传统文化、老年心理关怀等精神方式的引导，通过各种助老技能培训，使社区内较年轻、健康的老人成为"助老志愿者"，为社区建立一支老年志愿者团队，承担社区内助老、助困、助残的任务。

一、项目背景

（一）项目实施的必要性

2011 年，第六次全国人口普查显示，我国60 岁及以上老年人口已达1.78 亿，占总人口的13.26%，加强社会养老服务体系建设的任务十分繁重。由于老年人数量日益增多，养老院等配套服务资源供给不足，大量老年人生活在自己的社区中，而社区内缺乏有效的服务手段。我国总人口中慢性病的患病率仅为169.8‰，而老年人中为540.3‰，城市高达789.3‰。社区内高龄、空巢、失独、孤残老人急需关怀、照料、陪伴，同时社区低龄老人面临健康、心理、精神层面的不同压力，急需健康有效的生活方式倡导。

（二）受益群体需求分析：服务的人群及其数量、具体需求等

据本机构在××街道××社区开展的抽样调查，社区内60～75 岁的较年

轻、有自理能力的老人 2000 人普遍需要改善健康状况，需要更和谐的家庭关系和邻里关系；80 岁以上高龄老人 600 人，需要陪伴、照料等服务。

二、项目方案

（一）项目目标：项目实现后期望达成的具体成效，要求清晰、明确、可实现

以健康促进为基础树立积极养老观念，提升社区老人生活质量，成立社区互助社，发挥小组互助功能，构建社区互助养老模式。

（二）项目成果

具体指标（从哪些方面衡量项目目标得以实现，可量化）	佐证材料
1. 提升 150 位以上老年志愿者生活质量 执行产出：1）动员会 6 场，300 人次 2）体质检测 2 场，100 人次 3）互助健身 150 场，50 人/场，7500 人次 4）健康指导课程 6 场，50 人/场，300 人次 5）健康生活指导沙龙 100 场，10 人/场，1000 人次 6）社区文化建设宣导，6 期 7）心灵小语驿站 6 场，25 人/场，150 人次 在以上 150 位老人中招募 50 名以上退休老人，组建老年志愿者团队 成效指标：1）通过 6 场动员会宣传社区互助式养老模式，让 150 位老人了解新型社区养老方式 2）50 位老人体质检测报告监测健康指标变化 3）互助健身：健康指数、幸福指数提升至 90% 4）健康生活指导课程：老人掌握一日流程饮食起居方法，养成健康生活方式 5）社区文化建设宣导：通过社区宣传栏刊登互助式养老的新形式，让老人融入社区生活，提高社会活动参与度 6）心灵小语驿站：从情绪管理方面引导和帮助老人，纾解压力，放松心情，幸福养老 通过以上运动、饮食、起居、情绪管理、奉献爱心等方式让 50 位以上老年志愿者树立积极养老观念，提高健康基础	1. 50 位老年志愿者体检报告 2. 50 位老年志愿者幸福指数调研报告

续表

具体指标（从哪些方面衡量项目目标得以实现，可量化）	佐证材料
2. 成立 50 人的社区自组织"互助社" 执行产出：1）入户陪伴培训 10 场，50 人/场，500 人次 　　　　　2）二十四节气健康饮食 15 场，50 人/场，750 人次 成效指标：1）50 位互助社成员掌握入户陪伴、精神慰藉、家务劳动等方面的助老技能 　　　　　2）50 位互助社成员掌握二十四节气健康饮食知识及养生技巧，在为老服务中发挥专业作用	1. 自组织互助社定期举办养生、心理等培训课程 2. 50 位老人掌握精神慰藉、家务劳动等助老技能
3. 50 位志愿者服务社区高龄、空巢、独居老人达到 1000 小时 执行产出：1）社区老人养老需求调研 10 场，20 人/场，200 人次 　　　　　2）养老需求数据库建设，建立养老需求大数据库 　　　　　3）温暖编织坊 6 场，20 人/场，120 人次 　　　　　4）助老百家宴 3 场，100 人/场，300 人次 　　　　　5）入户志愿服务 15 场，20 人/场，300 人次 成效指标：1）50 位互助社志愿者志愿为老服务 1000 小时 　　　　　2）影响社区内老人加入社区互助式养老 　　　　　3）形成社区养老需求数据库，对接社区服务商加入社区养老服务体系	1. 200 位社区高龄、空巢、独居老人的养老需求调研报告 2. 助老服务 1000 小时图文记录摘要

（三）项目实施计划：活动开展的时间、活动内容（包括活动目的、形式、地点、参与人次等）

计划开展的活动			
	活动时间	活动内容（包括活动目的、形式、地点、参与人次等）	资金安排
项目实施计划	第一阶段：互助团队建设 2016 年 7—9 月	1. 项目说明会：动员社区老人参与；形式——邻里喜乐会；地点——社区活动中心；6 场，50 人/场，300 人次	纪念品：30 元/人 × 50 人/场 × 6 场 = 9000 元 师资：500 元/次 × 6 次 = 3000 元 物料：3000 元
		2. 身体/心理/中医体质检测：健康指标对比；形式——体检；地点——社区医务服务站；2 场，50 人/场，100 人次	检测费：450 元/人 × 2 场 × 50 人/场 = 45000 元
		3. 互助健身：锻炼身体，提升生命活力；形式——早操晨练；地点——社区广场；150 场，50 人/场，7500 人次	服装费：200 元/人 × 50 人 = 10000 元 健身指导师劳务费：400 元/次 × 15 次 = 6000 元
		4. 健康指导课程：养生知识掌握；形式——沙龙；地点——社区活动中心；6 场，50 人/场，300 人次	师资劳务费：500 元/次 × 6 次 = 3000 元 物料费：3780 元

		计划开展的活动	
	活动时间	活动内容（包括活动目的、形式、地点、参与人次等）	资金安排
项目实施计划	第一阶段：互助团队建设 2016年 7—9月	5. 健康生活指导沙龙：健康生活方式养成；形式——养生沙龙；地点——社区活动中心；100场，10人/场，1000人次	活动经费：100元/场×100场＝10000元 教学辅助用品：100元/人×50人＝5000元（播放器、手册、养生食材；其中播放器4000元，手册、养生食材1000元）
		6. 社区文化建设宣导：人人参与社区建设；形式——社区宣传；地点——社区内宣传栏；6次	展板海报设计费：500元×6次＝3000元 展板海报制作费：500元×6次＝3000元 媒体费：12000元
		7. 心灵小语驿站：提升老人心理水平；形式——沙龙；地点——租用场地；6场，25人/场，150人次	场地费：1000元×6场＝6000元（场地有特殊要求） 师资费：500元×6场＝3000元 物料费：1500元
	第二阶段：互助团队能力培训 2016年 7—12月	8. 入户陪伴培训：掌握助老技能；形式——课程讲座；地点——社区活动中心；10场，50人/场，500人次	师资费：500元/次×10次＝5000元 教材：20元/套×50套＝1000元
		9. 二十四节气健康饮食：掌握助老技能；形式——课程讲座；地点——社区活动中心；15场，50人/场，750人次	食材：30元/人×15场×50人/场＝22500元 物料费：1875元 指导老师劳务费：300元×15人＝4500元
	第三阶段：互助团队居家养老服务 2016年7月至2017年3月	10. 社区老人养老需求调研：精准提供养老需求调研报告；形式——入户调查；地点——社区家庭；10场，20人/场，200人次	志愿者培训（督导老师）：10场×300元/场＝3000元 问卷采集费：50元/份×200份＝10000元 纪念品：20元/场×5人×10场＝1000元 问卷设计、分析：25元/份×200份＝5000元
		11. 养老需求数据库建设：数据管理	数据库建设合作费：20000元
		12. 温暖编织坊：为120位老人制作围巾等；形式——互助社组织完成；6场，20人/场，120人次	物料费：20元/人×120人＝2400元 指导老师劳务费：500元/人×6人＝3000元

续表

计划开展的活动		
活动时间	活动内容（包括活动目的、形式、地点、参与人次等）	资金安排
第三阶段：互助团队居家养老服务 2016 年 7 月至 2017 年 3 月	13. 助老百家宴：社区助老 形式——百家宴；地点——社区活动中心；3 场，100 人/场，300 人次	物料费：30 元/人 × 3 场 × 100 人/场 = 9000 元 志愿者补贴：50 元/人 × 22 人/场 × 3 = 3300 元 煤火场地费：1000 元/场 × 3 场 = 3000 元
	14. 入户志愿服务：互助社入户助老服务 形式——精神慰藉、助买菜、义务理发、助洁助浴等；15 场，20 人/场，300 人次	志愿者补贴：20 人/场 × 35 元/人 × 15 场 = 10500 元 服装费：50 元 × 50 人 = 2500 元
	15. 完成以上工作体系人员成本：2 人 × 9 个月 × 5000 元/月	工作人员成本：90000 元
	16. 完成以上工作体系其他成本： 通信费：200 元/人·月 × 4 人 × 9 = 7200 元 印刷费：300 元 × 9 月 = 2700 元 交通费：2250 元 会议费：1000 元	通信费：7200 元 印刷费：2700 元 交通费：2250 元 会议费：1000 元

（四）风险分析及应对预案：分析项目执行中可能遇到的风险及如何应对

风险 1：招募的老年志愿者因为家庭或个人原因退出志愿团队

预案：按照 1∶3 的比例招募志愿者，即需要组建 50 人的团队，会招募 150 人的志愿者进行培训，允许人员自然流失。

风险 2：在服务社区内高龄、孤残老人时发生意外

预案：按照"社区助老服务标准化"要求培训助老志愿者，并在服务前与被服务对象签署免责协议。

风险 3：因突发事件导致项目资金不足以完成全部项目内容

预案：第一时间上报项目购买方寻求解决办法，同时通过宣传、呼吁等方式，吸纳社会资金和人员进行补足。

（五）项目预期成效，主要从三个方面进行阐述

1. 预计的直接受益人数及单个服务对象的服务成本、间接受益人数量

活动主要面向××街道××社区的老年群体。直接受益人有两类：较年

轻的老年志愿者50人以及他们所服务的高龄、孤残老年群体200人，直接受益人数250人（老年志愿者50人、被服务老人200人），单个对象的服务成本1362.8元（总费用340704元除以直接受益人数250人），间接受益人为老人们的家庭成员、邻里之间以及整个社区生活的居民。

2. 对受益对象经济状况/行为能力/心理状况等方面预计能带来的改变

预计改变：根据2015年××街道××社区项目实施的结果统计，老年志愿者医疗费用减少80%，幸福指数提升100%。

3. 预计对社会带来的影响

节省国家医保支出，促进社会和谐健康稳定。

（六）项目创新性和推广性：项目的特点，与其他同类社会服务项目的独创与区别及项目的手法、模式，可复制推广的地区、领域

本项目的创新性是改变以往的助老服务模式，让老人帮助老人，最大限度节省社会资源。本项目体现了公益"双赢"局面，即被助者对服务满意，助人者也同样从中获益。本项目模式清晰，步骤合理。我们已经将模式简化为简便易学的五个步骤，非常便于复制和推广。模式运作成功后，可推广到全市乃至全国的所有社区。

三、项目团队

（略）

四、项目预算

项目预算				
	资金种类			金额（万元）
资金来源	申报资金			23.78
	配套资金	自有资金		9
		社会募集资金		2.07
	合　计			11.07

续表

资金预算支出明细	
项目	金额（万元）
申报资金支出	
社会服务支出（以受益对象为单位的服务活动支出）	23.00
1. 项目说明会，6 场，300 人次	1.2
2. 体质检测，2 场，50 人/场，100 元/人	4.5
3. 互助健身，150 场，50 人/场，7500 人次	1.0
4. 健康指导课程，6 场，50 人/场，300 人次	0.378
5. 健康生活指导沙龙，100 场，10 人/场，1000 人次	1.5
6. 社区文化建设宣导，6 次	1.8
7. 心灵小语驿站，6 场，25 人/场，150 人次	0.75
8. 入户陪伴培训，10 场，50 人/场，500 人次	0.1
9. 二十四节气健康饮食，15 场，50 人/场，750 人次	2.4375
10. 社区老人养老需求调研，10 场，20 人/场，200 人次	1.6
11. 养老需求数据库建设	2.0
12. 入户志愿服务	0.54
项目执行人员的人工成本	3.8
执行项目的交通费	0.225
执行项目的通信费	0.72
执行项目的会议费	0.1
执行项目的印刷费	0.27
税费（3.8%）	0.86
执行项目需要购置的器材设备（应列明细）	
申报资金支出合计	23.78
配套资金支出	
社会服务支出（以受益对象为单位的服务活动支出）	
13. 温暖编织坊，6 场，20 人/场，120 人次	0.24
14. 助老百家宴，3 场，100 人/场，300 人次	1.2
项目执行人员的人工成本	9.63

项目	金额（万元）
配套资金支出	
执行项目的交通费	0
执行项目的通信费	0
执行项目的会议费	0
执行项目的印刷费	0
执行项目的其他费用	0
配套资金支出合计	11.07
资金支出合计	34.85

参 考 文 献

［1］丁元竹．社区的基本理论与方法［M］．北京：北京师范大学出版社，2009.

［2］冯桂平．社区服务功能及实现的理论综述［J］．学理论，2011（3）：39－43.

［3］李程伟，徐君．社区服务导论［M］．北京：中共中央党校出版社，2005.

［4］林恩慈．参与式社区发展之道：基于汇丰社区伙伴计划的社区建设实践［M］．上海：华东理工大学出版社，2016.

［5］罗伯特·登哈特，珍妮特·登哈特．新公共服务：服务，而不是掌舵［M］．北京：中国人民大学出版社，2004.

［6］沈千帆．北京市社区公共服务研究［M］．北京：北京大学出版社，2011.

［7］孙建．我国社区服务存在的问题及对策研究［J］．云南行政学院学报，2009，11（2）：92－94.

［8］宋庆华．沟通与协商：促进城市社区建设公共参与的六种方法［M］．北京：中国社会出版社，2012.

［9］汪大海．社区管理学［M］．北京：北京师范大学出版社，2011.

［10］王国枫．我国社区服务的科学定位［J］．黑龙江社会科学，2005（1）：113－116.

［11］王思斌．社会工作概论［M］．北京：高等教育出版社，1999.

［12］夏建中．社区概念与我国的城市社区建设［J］．江南论坛，2011（8）：7－8.

［13］夏建中．中国城市社区治理结构研究［M］．北京：中国人民大学出版社，2012.

［14］修宏方．城市社区服务的现实困境及对策分析［J］．学术交流，2010（8）：133－136.

［15］徐永祥．社区发展论［M］．上海：华东理工大学出版社，2000.

［16］徐永祥．论社区服务的本质属性与运行机制［J］．华东理工大学学报（社会科学版），2002（4）：50－54.

［17］杨月明．我国社区环境污染问题初探［J］．科技信息，2012（30）：115－116.

［18］俞可平．治理与善治［M］．北京：社会科学文献出版社，2000.

［19］詹姆斯·N. 罗西瑙．没有政府的治理［M］．南昌：江西人民出版社，2001.

［20］周五一．社区服务定位的研究状况述评［J］．甘肃行政学院学报，2010（5）：13－25＋126.